근대 엔지니어의 탄생

근대 엔지니어의 탄생

초판 1쇄 인쇄일 2013년 9월 5일 **초판 1쇄 발행일** 2013년 9월 10일

지은이 김덕호 외
펴낸이 박재환 | **편집** 유은재 이정아 | **관리** 조영란
펴낸곳 에코리브르 | **주소** 서울시 마포구 서교동 468-15 3층(121-842) | **전화** 702-2530 | **팩스** 702-2532
이메일 ecolivres@hanmail.net | **블로그** http://blog.naver.com/ecolivres
출판등록 2001년 5월 7일 제10-2147호
종이 세종페이퍼 | **인쇄·제본** 상지사

ISBN 978-89-6263-103-6 94900
ISBN 978-89-6263-102-9 (세트)

책값은 뒤표지에 있습니다. 잘못된 책은 구입한 곳에서 바꿔드립니다.

근대 엔지니어의 탄생

문지영 · 이정희 · 송충기 · 박진희 · 이은경 · 이내주 · 김덕호 · 이관수 지음

에코리브르

차례

독일: 국가, 교육 그리고 수공업

영국: 전문 단체와 신사-엔지니어의 이상

미국: 유럽 따라잡기와 엔지니어의 팽창

머리말

사람들은 일반적으로 엔지니어[1]가 국적을 초월해 하는 일이 비슷하다고 생각하는 경향이 있다. 그래서 한국이나 중국의 엔지니어가 미국이나 프랑스의 엔지니어와 같은 생각을 하거나 비슷한 사회적 지위를 누릴 거라고 가정한다. 그러나 현실을 조금만 들여다보아도 사정이 그러하지 않다는 것을 알 수 있다. 그럼에도 우리가 엔지니어의 보편성을 믿는 이유는 과학기술을 하나인 양 포장한 작금의 왜곡된 시각 탓도 제법 크다.

한편, 현재 한국 사회가 당면한 엔지니어 및 공학 관련 문제를 해결하기 위해서는 엔지니어 사회의 일반적 특성이나 엔지니어 문화 자체에 대한 우리 사회의 이해를 높이는 것이 중요해 보인다. 현대 사회에서 '과학기술'은 중추적 역할을 하고 있지만, 정작 '과학기술'이라는 수레바퀴의 한 축을 담당하는 엔지니어가 구체적으로 어떤 일을 하고 있으며 어떤 과정을 통해 배출되고 있는지, 또 이들의 사회적 정체성은 어떻게 규정되고 있는지를 알기 위한 노력은 별로 없었다. 그 결과 관련 문제에 대한 대책이 사회적 · 역사적 이해와 무관하게 대증 요법 수준으로 제시되었던 것으로 보인다.

일찍이 찰스 P. 스노(Charles P. Snow)가 《두 문화》에서 (인)문학적 문화와 과학적 문화 사이의 메울 수 없는 간극 문제를 지적한 것은 제법 알려져 있다. 하지만 그가 과학적 문화 안에서도 서로 다른 두 문화가 존재하며 갈등하기도 한다는 사실을 지적한 점은 덜 주목받았다. 그의 표현을 사용하자면 '기초과학자'와 '응용과학자'의 문화는 사뭇 다르다. 이를테면 전자는 공학이나 기술에 무지하며 나아가 "응용과학이란 2류 두뇌의 소유자에게 알맞은 직업"[2]이라는 편견을 감추지 않는다. 이러한 지적을 주목하지 못한 점 자체가 엔지니어에 대한 우리 사회의 무지를 잘 보여준다고 할 수 있다.

하지만 과학기술사 연구는 공학을 응용과학으로 보는 견해가 사실과 다름을 보여준다. 공학은 산업혁명 이전 혹은 산업혁명이 진행되면서 철교나 증기 기관을 만들던 장인 기술 혹은 기예(arts and crafts)로부터 분리되어 나온 신설 학문이다. 게다가 초기 공학의 역사는 과학을 응용해서 발달한 것이 아니라, 오히려 거꾸로 독자적으로 발달한 공학 지식에서 새로운 과학이 등장한 중요한 사례가 다수 있었다. 증기 기관에 대한 경험적 지식이 체계적인 공학적 지식으로 발달하고 여기서 열역학이 등장한 것이 대표적인 사례이다. 이런 식으로 19세기 역사를 다시 들여다보면 기술과 공학이 과학의 응용에 불과하다는 전통적 혹은 상식적 견해는 재고해야 한다.

본 연구는 역사적으로 엔지니어가 근대의 산물이자 근대를 만든 주요 세력 중 하나라는 것을 보여준다. 그동안 우리 사회에서는 '과학기술'이라는 이름 아래 과학자들을 집중적으로 조명해왔다. 따라서 본 연구는 상대적으로 제대로 주목받지 못한 엔지니어 집단을 성찰할 수 있는 계기를 제공할 것이다. 근대 엔지니어는 산업 사회라는 인류사의 새로운 문명을 이끈 역사의 주역이었다. 그들은 생산 관계의 변혁을 가능케 한 기술 혁신을 이끌어 근대 산업 사회의 물질적 토대를 만들었다. 이들이 이루어낸 혁신적 기술은 산업 사회의 두 계급 모두에게 영향을 미쳤다. 즉, 자본가에게는 새로운 이윤 창출을 가능케 해주고 동시에 노동자에게는 육체적 고통을 덜어주기도 했다. 이들은 기술 혁신 과정을 통해 산업 사회의 새로운 가치인 합리주의와 실용주의를 추구했고 산업 사회의 역할 모델로서 기능했다. 이런 엔지니어의 사회적 역할은 그동안 자본 계급과 노동 계급에 초점을 맞춘 기업사나 노동사를 통해 간접적으로, 그것도 미미하게만 반영되었다. 본 연구는 근대 산업 사회를 형성한 주역이자 때로는 자본과 노동의 중재자로서, 때로는 새로운 생산 패러다임을 이끌어낸 혁신가로서 엔지니어란 존재를 다각적으로 분석할 것이다.

과학자 집단 및 과학자 사회가 지닌 여러 특성은 과학사 분야의 연구 성과에 힘입어 비교적 잘 알려져 있다. 이에 비해 엔지니어에 관한 연구는 정책학이나 경영학의 관점에서 그들을 어떻게 잘 관리할 것인가에 집중되어 있을 뿐 엔지니어 사회 자체에 대한 연구의 축적은 미미한 편이다. 우리 사회는 '과학기술' 혹은 '과학기술자'라는 용어에 너무도 익숙해 과학과 기술이 각기 다른 학문 영역이라는 점 그리고 과학자와 기술자라는 두 집단이 역사적으로 수천 년 동안 서로 다른 길을 걸어왔다는 점을 무시해왔다. 아울러 기술자 혹은 장인이 비록 수천 년 넘게 존재해왔다 해도 엔지니어와 공학은 근대의 산물이라는 것 또한 크게 인식하지 못했다. 그러다 보니 우리 사회에서도 과학자와 기술자, 나아가 엔지니어 간의 차이를 식별하지 못한 채 동일한 집단으로 간주하는 경향이 강하다. 마치 '연구 개발(research and development)'을 하나의 과정인 양 오해하듯 말이다.

우리 공동 연구자들은 엔지니어를 과학자와 분명하게 구분하지 않는 우리 사회의 신화에 대해 문제를 제기하고자 한다. 나아가 공학과 엔지니어에 대한 우리 사회의 무지와 몰이해를 넘어서, 과학과 과학자 뒤에서 그릇된 이미지에 싸여 있는 공학과 엔지니어의 정체성과 위상을 바로잡는 작업에 기여하고자 한다.

학문으로서 공학의 정착 과정은 국가별로 뚜렷이 구별된다. 우리가 산업화에 성공한 여러 국가 중에서도 특히 프랑스, 독일, 영국, 미국을 택한 나름의 이유도 거기에 있다. 이 4개국은 1870년대에서 제1차 세계대전까지 전 세계 제조업 생산량의 대부분을 차지할 정도로 산업혁명과 전 세계의 산업 발달을 주도했기 때문이다. 따라서 본 연구는 엔지니어에 대한 역사적·사회적 이해를 높이기 위해 근대 엔지니어의 원형으로 볼 수 있는 프랑스, 독일, 영국, 미국의 엔지니어를 연구 대상으로 다루면서 다음과 같은 질문에 답하고자 한다.

근대를 구축하는 데 커다란 공헌을 한 엔지니어는 어떻게 탄생했는가? 그들은 누구이며 어떻게 양성되었고, 그들의 사회적 정체성은 어떻게 구성되었는가? 그들은 출신 국가에 관계없이 과연 동일한 길을 걸었을까 아니면 국가별로 각기 다른 길을 걸었을까? 우리는 이러한 질문에 대한 답변을 추구하는 과정에서 근대화론자들의 주장과 달리, 마치 20세기 비(非)유럽 국가에서 전개된 근대화의 길이 하나가 아닌 것처럼, 엔지니어의 탄생 과정 역시 보편적이라기보다는 국가별로 독특한 방식으로 서로 다른 경로를 통해 전개되었음을 보여줄 것이다.

우리가 이 책에서 다루는 시기는 제1차 산업 혁명기, 즉 18세기 후반에서 1870년대 혹은 1880년대까지이다. 특히 이 시기의 토목공학과 기계공학에서 근대 엔지니어가 탄생하는 과정을 분석할 것이다. 또한 이 시기의 주요 유럽 국가와 미국에서는 엔지니어 양성의 무게 중심이 장인의 작업장(workshop)에서 대학 및 기술학교의 실습실(laboratory)로 이동했음을 보여줄 것이다. 아울러 이러한 기술의 실천 공간으로서 작업 공간의 이동이 시기뿐만 아니라 내용이라는 측면에서도 국가별로 많은 차이가 있음을 보여주고자 한다.

엔지니어란 누구인가: 역사적 접근

수천 년 동안 내려온 장인의 기술이라는 관점에서 보면 엔지니어에 의한 공학의 탄생은 혁명적이라고 부를 만큼 놀라운 과정이었다. 이것은 곧 전통적 장인에서 근대적 엔지니어로 사회적 위상이 이동했음을 의미한다. 엔지니어의 지위를 과학자만큼의 지위로까지 끌어올릴 수 있었던 것도 바로 공학 덕분이었다. 엔지니어 형성 과정은 우리가 다루는 4개국 모두에서 벌어진, 근대의 시작을 알리는 주목할 만한 일이었다. 또한 이 과정은 산업화 이전 혹은 산업화와 더불어 진행되었다. 엔지니어 집단이 제1차 산업혁명의 직접적 영향 아래 형성되었다고 보기는 어려워도 제2차 산업혁명이 엔지니어 집단의 성장에 직접적으로 영향을 미쳤던 것은 부정할 수 없는 사실이다. 따라서 어떤 의미에서 보면, 산업혁명을 수행하는 데 엔지니어가 필요했기 때문에 엔지니어는 대개의 경우 전문가 집단으로서 산업 사회의 주요한 자리를 차지할 수 있었다.

흥미롭게도 엔지니어는 자신들을 전문가(professionals) 집단으로 자리매김하고 스스로를 동질적 집단이라고 생각하는 반면, 기술사가들은 엔지니어 집단은 동질적 집단이 아니며 또한 언제 어디서나 전문가로 기능했다고 생각하지 않는다. 또한 기술사가들은 과학은 이론 지향적이고 순수한 학문이며, 공학은 실천 지향적이고 과학을 응용한 학문이라는 관념이 공학과 과학의 현실을 반영한 것이라기보다 19세기 후반에 자리 잡았던 사회문화적 현상으로 파악한다. 우리 또한 기술사가들의 생각과 같다. 기본적으로 18세기 후반에서 1880년대까지 유럽의 주요 국가와 미국에서는 작업장에서 실행된 장인의 기술로부터 전통적인 대학 혹은 신설 기술학교에서 만들어진 공학이라는 체계적 학문으로 무게 중심이 이동했으며, 장인에서 엔지니어로 초점이 바뀌었다고 본다. 그럼에도 불구하고 이들이 특정 국가에서 정착하는 과정은 국가별로 뚜렷이 구별된다. 대략 1870년대 이후 각국의 엔지니어는 여러 상황적 변화에 따라 위로는 경영자부터 밑으로는 노동 계급과 우호적 관계를 유지했다. 예를 들어, 엔지니어는 프랑스의 경우처럼 최상의 엘리트로 분류되는가 하면, 영국의 경우처럼 '기술 노동자(technical worker)'로서 전문가 집단이라기보다 노동 계급으로 분류되기도 한다. 요컨대 영국에서 엔지니어는 육체노동자이면서 동시에 화이트칼라에 속하는 전문가 모두를 의미한다.

이러한 변화 과정은 우리 역사학계에서 거의 주목을 받지 못했다. 우리 공동 연구자들은 18세기 후반 이후 새로이 등장한 엔지니어의 정체성과 사회적 위상의 변화 과정을 추적할 것이다. 새로 정립되기 시작한 공학은 장인들이 행해온 기술과 어떤 관계를 설정했을까? 즉, 새로 출현한 엔지니어는 어떤 방식으로 자신들을 전통적 기술을 지닌 장인과 차별화하려 했는지 확인하고자 한다. 또한 엔지니어가 자신들의 정체성을 어떤 방식으로 표현하고자 했는지도 조사할 것이다. 나아가 엔지니어 양성과 관련해 전공별 단체—예를 들어 토목공학 협회나 기계공학 협회—와 대학 혹은 신설 기술학교와의 관계는 어떠했는지 살펴볼 것이다. 더불어 국가와는 어떤 관계를 유지했는지도 연구 주제 중 하나이다. 그리고 엔지니어 형성과 기존의 국가별 제도—예컨대 교육 기관, 기업, 중앙 혹은 지역 정부 부서 등—는 어떤 연관성을 갖고 있었는지, 요컨대 공학의 제도화 문제에 대해서도 살펴볼 것이다. 그래야만 국가별 다양성과 차이를 읽을 수 있기 때문이다.

우리는 또한 다음과 같은 질문에 대한 해답을 찾도록 노력할 것이다. 도대체 엔지니어의 사회적 정체성은 왜 국가별로 차이가 나는 것일까? 엔지니어는 공학과 과학의 관계를 어떻게 이해했는가? 왜 엔지니어의 사회적 위상과 역할에서 국가적 특이성과 차별성은 영구적인 것처럼 보이는가? 만약 그렇지 않다면 언제 어떤 상황까지 이런 국가적 특이성과 차별성이 지속될까? 공학이라는 과학에 기초한 신생 학문이 여러 유럽 국가와 미국에 널리 정착하는 상황에서는 국가적 특이성과 차별성이 약화하거나 나아가 소멸했을까?

국가(적) 스타일

많은 학자들은 이러한 국가적 차이가 드러나는 특징을 엔지니어 '문화', '시스템', '패턴' 혹은 '스타일' 등 다양한 방식으로 표현했다. 예컨대 기술사가 이다 크라나키스(Eda Kranakis)는 '공학 문화'라는 표현을 사용해 프랑스와 미국 공학의 차이를 연구했다. 크라나키스가 볼 때 프랑스에서는 수학적 이론이 선행되고 그런 다음 실험 연구와 디자인이 뒤따른 반면, 미국에서는 실험 연구가 이론을 선도했다. 아울러 '공학 문화'는 어느 정도 '민족 문화'의 영향을 받기 때문에 일련의 '사회적 · 제도적 요소'가 중요하다고 보았다. 따라서 크라나키스는 프랑스와 미국 엔지니어의 차이가 바로 이러한 요소가 서로 다른 방식으로 결합했기 때문이라는 점을 강조했다.[3]

예컨대 프랑스 엔지니어의 주요 활동은 기계나 구조물 같은 인공물을 이론적으로 해명하는 데 초점을 맞추고 있었다. 그들은 이러한 방식의 설계는 왜 저러한 결과를 가져오는가라는 질문을 던지고, 그것을 이론, 특히 수학적 이론으로 표현하고자 했다. 그들에게 실험은 이론이 맞는지 확인하는 부차적 도구로 간주되었다. 반면 미국의 엔지니어는 이론적 접근을 신뢰하지 않는 경향이 있었다. 이론의 틀로는 경험 세계의 다양성을 제대로 담아낼 수 없다고 보았기 때문이다. 기술적 문제를 대하는 태도 또한 두 국가의 엔지니어는 서로 달랐다. 미국의 엔지니어가 설계를 어떤 방식으로 변경하면 더 좋은 결과를 얻을까라는 질문을 던지고 이를 알아내기 위한 수단으로 실험을 적극 활용한 반면, 프랑스 엔지니어는 다양한 경험적 현상을 해명하는 준거 틀(frame of reference)로서 이론을 만들고, 그 이론을 통해 그러한 현상들 사이의 관계를 명확히 하고자 했다. 즉, 프랑스의 공학이 이론-연역적이었다면, 미국의 공학은 실험-귀납적이었다.

공학 이론의 역사를 개괄하다 보면, 그 어떤 나라보다도 프랑스 엔지니어의 중요성을 거듭 깨닫게 된다. 심지어 그들 중 몇몇은 과학 분야에까지 영향을 미쳤다. 서양 과학의 역사에서 비중 있게 거론되는 샤를-오귀스탱 쿨롱(Charles-Augustinde Coulomb, 1736~1806)이나 사디 카르노(Sadi Carnot, 1796~1832) 등은 모두 프랑스 엔지니어이다. '쿨롱의 법칙'으로 널리 알려진 샤를-오귀스탱 쿨롱은 무엇보다도 요새나 성채 등을 만들던 엔지니어로 경력을 쌓지 않았던가. 하지만 발명의 영역 혹은 실질적 기술 개발의 역사로 시야를 돌리면 이야기가 판이하게 달라진다. 혁신적 인공물의 발명이나 특허 영역에서 프랑스 엔지니어의 기여는 앞서와 달리 찾기가 쉽지 않다. 특히 19세기 중반 이후 국제적으로 팽창일로에 있던 산업 연구 분야에서 프랑스 엔지니어의 활동은 두드러지지 못했다. 미국의 상황은 이와 정반대이다. 공학 이론 측면에서, 특히 교과서 형태로 정식화할 수 있는 보편 이론 영역에서 19세기 미국의 엔지니어가 남긴 성과는 대단치 않다고 볼 수 있다. 반면 미국의 엔지니어는 다양한 산업 연구 영역에서 실로 풍성한 연구 결과를 도출했고, 상당수의 실질적 기술 개선을 이끌어냈다.

이렇듯 미국과 프랑스의 엔지니어 모두는 기술에 대한 과학적 접근이라는 목표를 추구했지만 이를 달성하기 위해 택한 경로가 서로 달랐고, 그 결과 미국과 프랑스는 상이한 공학 문화를 갖게 되었다.

다시 한 번 강조하지만, 기술자의 지위를 과학자와 동등한 수준인 엔지니어로 끌어올릴 수 있었던 것도 바로 공학이었다. 엔지니어 형성 과정은 서구 열강에서 비슷한 시기에 벌어진, 근대의 시작을 알리는 주목할 만한 일이었다. 또한 이 과정은 산업화와 더불어 혹은 산업화에 이어서 진행되었다. 그렇기 때문에 앞에서 언급한 것처럼, 엔지니어 집단이 제1차 산업혁명의 직접적 영향 아래 형성되었다고 보기는 어려워도, 제2차 산업혁명은 엔지니어 집단의 성장과 직접적인 관련이 있다. 이런 의미에서 엔지니어는 대개의 경우 산업혁명의 요구 아래 전문가 집단으로서 산업 사회의 주요한 자리를 차지할 수 있었다.

엔지니어는 사회적 위계부터 교육받는 방식에 이르기까지 국가별로 다양한 전통과 형태를 유지했다. 가령 프랑스나 독일에서 엔지니어는 '국가 엔지니어(state engineer)'로 대표되지만, 영국이나 미국에서는 '민간 엔지니어(civilian engineer)'를 의미한다. 전자의 경우 엔지니어는 공교육을 통해 양성되었다. 반면, 영국에서는 개인이 장인을 찾아가 개별적으로 현장 실습을 통해 교육받는 사교육을 선호했다. 비록 19세기 후반에는 옥스퍼드나 케임브리지 대학이 아닌 신설 대학에서 그 역할을 맡게 되었지만 말이다. 미국의 경우는 19세기 전반까지만 해도 웨스트포인트와 몇몇 대학을 제외하고는 현장에서 엔지니어를 양성했다. 그러다 19세기 후반 특히 남북전쟁(1861~1865) 이후에는 우후죽순처럼 세워진 주립대학을 통해 엔지니어를 대규모로 양성했다.

산업 사회로의 진입이라는 새로운 환경 아래 출현한 근대 엔지니어는 근대 이전의 장인과는 다른 사회적 임무를 담당하면서 새로운 문제에 직면했다. 요컨대 선발 산업국과 후발 산업국이라는 차이에 따라 서로 다른 과제를 맡게 된 것이다. 아울러 엔지니어는 각국의 환경에 따라 자신들의 이익을 대변할 수 있는 공학 단체를 결성하는 등 집단적으로 자신의 사회적 정체성을 구축하기도 했는데, 그 양상 역시 국가별로 차이가 있었다.

본 연구는 엔지니어에 대한 역사적 · 사회적 이해를 높이기 위해 근대 엔지니어의 효시를 이룬 프랑스, 독일, 영국, 미국을 비교 검토하면서 '근대 엔지니어의 탄생'이라는 주제를 조망하고자 했다. 이 과정에서 다른 분야와 구분되는 공학과 엔지니어의 특성을 파악하는 동시에 기술적 · 사회적 맥락에 따른 차이 또한 고려함으로써 각국의 근대 엔지니어가 탄생하는 과정에서 나타난 나름의 맥락과 독특함을 추적하고자 했다. 위의 4개국에서는 산업 혁명기 이래, 국가별로 시기의 차이는 있지만 대략 1880년대까지 기술 인력 양성의 방향이 사적 훈련에서 공적 교육으로 전환했다는 공통점을 지닌다. 그럼에도 각국은 다음과 같은 차이점을 보여준다.

영국의 엔지니어는 자수성가한 기술자들의 사회적 지위 향상 노력을 통해 형성되었다. 하지만 이들 초창기 엔지니어를 배출한 도제 제도가 강력하게 유지되면서 전문 엔지니어 양성을 위한 대학에서의 공학 교육이 매우 더디고 불완전하게 진행되었으며, 엔지니어의 사회적 지위 또한 전문 직업인으로 정착하는 데 그쳤다.

프랑스의 엔지니어는 상층부의 국가 엔지니어와 중하층의 민간 엔지니어가 뚜렷하게 구별되었다. 18세기 말 이래 프랑스는 '새로운 인간형'으로서 국가 엔지니어를 양성했다. 이들은 '혁명'(프랑스 혁명, 산업혁명)과 '전쟁'(나폴레옹 전쟁)이라는 두 가지 키워드로 대변되는 정치적 · 경제적 변화의 부산물이었다. 국가적 차원의 엘리트로 성장한 국가 엔지니어는 19세기 중엽부터는 민간 엔지니어와 경쟁하면서 학교 서열과 교육 내용이 계급적으로 분리되는 경향을 보였으며, 엔지니어 집단 내부에 다양성과 계층화가 진행되었다.

독일 엔지니어의 경우는 19세기 초부터 정부가 강력한 주도권을 쥐고 엔지니어 양성과 수급에 나섰다는 점이 두드러진다. 프랑스와 달리 독일의 국가적 지원은 19세기 초부터 시작된 민간 엔지니어 양성으로도 이어졌다. '교육을 통한 산업 부흥'이라는 모토 아래 바우 아카데미부터 폴리테크닉 학교, 고등기술학교로 이어지는 다양한 근대 엔지니어 양성 기관이 발달했다. 이들 교육 기관과 엔지니어의 사회적 지위는 긴밀한 연관을 맺고 있었다.

유럽의 사례를 추종하려 한 미국에서는 그와 같은 선진 모델을 채택하면서 미국적 엔지니어를 형성했다. 미국의 근대 공학 교육은 프랑스를 모방하면서 시작되었다. 하지만 사회적으로는 영국식 도제 훈련 방식의 영향이 컸다. 이리 운하 건설 사업 같은 공공 토목 프로젝트는 사회적 측면에서 엔지니어 양성 공간 역할을 수행했지만, 연방 정부는 1862년의 모릴 법을 통해 주립대학이 공과대학을 만드는 데 필요한 재정 문제를 해결해주었다. 모릴 법 덕분에 이들 대학에서 엔지니어가 대규모로 배출되었다.

위에서 언급한 이런 차이는 4개국의 산업화 정도, 국가 역할의 차이, 사회 계층 구조의 역사적 · 문화적 차이 등과 연관이 있는 것으로 보인다.

근대 엔지니어의 기원

근대 엔지니어의 궤적을 추적하려면 다른 어느 국가보다도 프랑스에서 시작해야 할 것이다. 기술을 국가적 차원에서 접근해 전문가적 집단으로 키워내고자 하는 의지를 지구상에서 가장 먼저 선보였기 때문이다. 특히 16세기 초에 시작된 프랑스의 공학 교육은 18세기에 도약기를 거치면서 공학의 제도화를 일궈냈고 유럽의 다른 국가들보다 훨씬 앞서 토목학교, 공병학교, 포병학교, 광업학교, 해군공병학교, 수로측량학교 같은 전문학교를 설립해 인재를 양성하는 등 다른 유럽 국가에 공학 교육 체제의 역할 모델을 제공했다. 앙시앵 레짐 최초의 엔지니어 양성을 위한 전문학교는 1747년에 창설한 토목학교였다. 그러나 토목학교의 경우 부르주아 계층의 자제는 기존 토목 엔지니어의 추천서를 통해 선발했고, 실용주의에 입각한 교과 과정으로 운영했다. 이들은 졸업 후 주로 과학자, 엔지니어, 경제 및 기술 관료로서 국가에 봉사했다. 이성적 · 합리주의적 분위기가 팽배했던 계몽주의 시대의 엔지니어는 높은 교육적 성취와 과학 지식으로 만인의 존경을 받았고, 세간에는 '공학 교육＝엘리트 교육' 또는 엔지니어를 '엘리트 중의 엘리트'로 인식하는 풍조가 조성되었다. 영국의 도제 제도와 대조를 이루며 주로 이론 교육에 집중했던 프랑스의 공학 교육과 국가 엔지니어의 단체정신은 엔지니어로 하여금 공익과 애국심에 바탕을 둔 자신들의 직업적 의무를 이행하는 데 충실함으로써 높은 도덕적 우월성을 획득하고 지휘관 또는 지도자로서 자신의 책무를 진지하게 받아들이는 데 기여했다.

프랑스 근대 엔지니어의 탄생 과정은 1789년 대혁명, 1794년 에콜 폴리테크닉 창설, 이후 나폴레옹 시대 그리고 19세기 초의 산업화가 가져온 민간 엔지니어 양성이라는 새로운 공학 교육 체제의 변화를 통해 설명할 수 있다. 프랑스 혁명이 일어난 후 유럽 국가들과 전쟁을 벌이는 상황에서 공학 교육 체제 개혁의 필요성이 크게 대두되었다. 그 가운데 근대 공학 교육의 요람으로 평가받는 에콜 폴리테크닉의 초기 역사는 프랑스에서 국가 전략상 과학기술 정책 및 교육에 대한 국가 지도자나 정부의 강력한 의지가 어떻게 이공계 우대 전통을 확립하고 발전시켜나갔는지를 잘 보여준다.

국가 주도의 엔지니어 양성과 공학의 발전은 오늘날의 독일어권 국가들에서도 볼 수 있다. 독일 지역에서 근대 엔지니어라는 직업은 주로 정부와 군대에서 건축과 토목을 담당하는 전문 집단에서 비롯되었다. 합스부르크 왕국의 수도 빈에는 1670년 세운 엔지니어 장교 양성 기관이 존재했으며, 이를 모델로 작센 공국은 왕실에 필요한 성(城)과 교량 등의 건축을 담당할 전문 인력을 양성하기 위한 목적으로 1743년 드레스덴에 엔지니어 아카데미를 설립했다. 이어 1770년에 세운 '뷔르템베르크 사범학교', 같은 해 프로이센에 설립한 '광산 아카데미', 1788년 포츠담에 세운 '왕립 엔지니어 아카데미' 등을 그 사례로 들 수 있다. 그렇지만 이들 전통적인 기관에서는 근대 초기에 나타난 새로운 기술을 전수할 체계적인 교과 과정과 전문 인력 그리고 교육 체계가 없었다. 바야흐로 폭발적으로 늘어나는 기술자 수요에 대응하기 위해 한층 폭넓고 체계적인 양성 기관이 필요했는데, 그것이 바로 1799년 베를린에 설립한 '바우 아카데미'였다. 이 기관은 1879년 베를린 공대의 전신인 베를린 고등기술학교로 통합되기 전까지 주로 토목과 건축을 담당하는 인력을 배출했다.

일반적 인식과 달리 영국의 산업혁명은 엔지니어 집단을 키우지 못했다. 세계 최초의 산업혁명은 공식적인 엔지니어 양성 교육 기관이 아니라 산업 현장의 숙련 장인들 손에 의해 이루어졌기 때문이다.

산업혁명 이전 영국에서 엔지니어라고 일컫는 사람들은 공병 장교, 즉 군사 엔지니어뿐이었다. 군대에서는 전쟁에 필요한 성을 짓고, 참호를 파고, 도로를 건설하는 공병단을 운영했다. 시간이 지나면서 공병단의 중요성이 커지자 울위치 왕립 군사 아카데미와 채텀 공병학교를 세워 이론과 실기를 겸비한 엘리트 교육을 실시했다. 그리고 1770년대 중반에는 왕립공병단을 조직했다. 공병 장교들은 산업혁명 시기에 특히 식민지의 도로, 철도 건설 등 기술 분야 업무에 깊이 관여했다. 반면 산업혁명 이전의 기술자는 전통적으로 내려오는 기술을 기반으로 주문받은 제품이나 서비스를 제공하는 수공업 장인들이었다. 이들의 교육 정도나 기술 수준은 공병 장교에 비할 바가 못되었다.

그러나 1770년경 민간 토목 분야에서 군사 엔지니어와 유사한 일을 하는 전문 기술자가 등장했고, 이들이 영국 근대 엔지니어의 기원이 되었다. 이들은 1750년대 이후 대대적으로 만들기 시작한 도로, 특히 운하 건설을 통해 부와 명성을 쌓았다. 이들이 건설한 거대한 수문과 계곡을 가로지르는 다리는 분명 그 이전의 수공업 장인이 보여준 기술 활동과 질적으로는 물론 양적으로도 달랐다. 이들은 군사 엔지니어와 자신을 구별하기 위해 스스로를 '민간 엔지니어'라고 불렀다. 그런데 당시 대부분의 민간 엔지니어는 곧 토목 엔지니어였기 때문에 토목 엔지니어가 엔지니어를 대표하게 되었다.

따라서 영국에서 근대 엔지니어라고 부를 수 있는 집단이 등장한 것은 18세기 후반부터다. 그 이전에 군대에서 자체적으로 양성해 전함 및 병기 생산에 활용한 군대 기술 인력을 일종의 엔지니어로 볼 수 있으나 이들의 수와 활동 영역은 매우 제한적이었다. 근대 엔지니어는 1760~1770년대부터 운하 및 도로 건설 같은 토목 분야, 증기 기관이나 면방직 분야의 설비 제작 같은 기계 분야 그리고 광산 개발이나 철도 부설 같은 대형 토목 사업 등 민간 분야에서 나타나기 시작했다. 영국에서 최초로 전국적인 명성을 얻은 엔지니어는 존 스미턴이었다. 스미턴은 1771년 토목 엔지니어 단체(SCE)라는 조직을 주도해 엔지니어를 전통적인 장인과 구별되는 존재로 인식하는 계기를 마련했다.

위의 세 국가들에 비해 사실상 미국은 언급할 자격조차 없었다. 영국의 식민지로서 독립을 선언한 1776년 이전까지 미국은 엔지니어는 커녕 충분한 수의 장인 기술자도 확보하지 못한 상황이었다. 따라서 영국의 식민지였던 시기 동안 미국에는 엔지니어라고 볼 수 있는 직업군이 존재하지 않았다. 게다가 공학으로 분류할 수 있는 모든 분야에 엔지니어가 존재했던 것도 아니다. 즉 낮은 수준의 장인으로 여길 수 있는 사람은 비교적 광범위하게 분포했지만, 고도의 기술적 능력을 지닌 집단은 없었다.

미국의 경우 독립 국가로 발돋움한 이후에야 그나마 토목과 기계 분야에서 엔지니어로 볼 수 있는 집단이 등장했지만, 그 시기와 양상은 사뭇 달랐다. 토목 분야가 최소한 몇 십 년 앞서 엔지니어 층을 형성했으며, 전문가로서 단체의 구성 또한 훨씬 빨랐다. 토목 엔지니어와 기계 엔지니어에 대한 미국 사회의 수요가 사회적 변화와 맞물려 전개되었기 때문이다.

미국의 근대 공학 교육은 19세기 초 프랑스의 사례를 모방한 웨스트포인트와 렌셀러 공과대학에서 시작되었지만 장인적 지식을 체계화하려는 시도도 나타났다. 장인 계층 내부에서는 미국 독립 이전부터 기계공 강습소 운동이 있었지만, 19세기 중엽 주요 기계공 협회가 공공 도서관(뉴욕)이나, 학술 기관(필라델피아의 프랭클린 인스티튜트)으로 변질되었다. 이렇듯 상위 계층에서 하위 기술 집단을 계몽하고 향상시키려는 시도나 하위 기술 집단의 신분 상승 시도는 그다지 성공을 거두지 못했다. 그보다는 소수의 사업 엘리트와 그들의 기술적 파트너가 인적 결합을 통해 식민지 시기와 구별되는 엔지니어로 성장했다.

엔지니어의 양성

산업화 시기에 나타난 새로운 형태의 기술교육, 즉 공학 교육은 각국의 산업 및 경제 발전과 인과적으로 연결되어 있었을까? 거칠게 답한다면, 유럽의 대부분 고등 기술교육 기관이 가졌던 우선적 관심은 그 시대 산업이 요구하는 종류의 훈련을 제공하는 것이 아니었다. 요컨대 반복적으로 공론화된 국력에 대한 우려가, 즉 상대적 쇠퇴에 대한 우려가 새로운 형태의 교육 기관에 대한 공적 투자를 이끌어낸 경우가 더 많았다. 덕분에 신설하는 기술교육 기관은 대부분 특권을 유지코자 하는 기존 엘리트의 보수적 태도에 의해 형성되었으며, 따라서 이들 기관은 사회적·문화적 보수주의 성향을 갖게 되었다. 그 결과, 대학의 학문 경력주의와 위계 구조는 실제적 훈련보다 이론을 강조하는 쪽으로 나아갔으며, '학문화(academization)' 과정이 전개되었다. 그리하여 원래는 산업을 위해 만든 학교가 공학의 중심지로 진화하게 되었다.

프랑스 근대 공학 교육 및 엔지니어 양성에서 국가적 모멘텀은 프랑스 혁명과 나폴레옹 전쟁이었다. 1789년 혁명 당시 길드 제도를 폐지하면서 전통적인 장인 기술도 크게 위축되었는데, 혁명 정부는 근대적 의미의 전문가 집단을 양성하기 위해 새로운 엔지니어 양성 기관을 설립함으로써 '근대 공학의 제도화'를 향한 길을 본격적으로 열어놓았다. 이미 16세기 초에 제도화하기 시작한 프랑스 공학 교육의 역사를 보면, 당시 다른 유럽 국가에서는 존재하지 않던 공학 교육의 초기 모델을 형성·발전시켜왔음을 알 수 있다. 프랑스 혁명과 나폴레옹 전쟁 당시 프랑스 정부는 과학과 기술의 융합을 지향하고 부르주아의 참여를 통한 '과학의 민주화'를 추구하면서 국가 이념을 공학 교육 체제에 고스란히 반영했다. 그 결과 1794년 설립한 '에콜 폴리테크닉'은 국가 엔지니어를 양성하는 엘리트 교육의 장으로서 수학을 중시하는 이론적·연역적 교육 방식을 통해 국가 엔지니어 양성 기관으로서 특권과 독점을 누리게 되었다.

19세기 초 산업 시대가 열리면서 '지연된 산업화'에 대한 각계의 우려가 커지자 정치경제학적 측면에서 새로운 유형의 엔지니어 양성을 위한 공학 교육 체제가 요구되었다. 민간 분야에서의 경력을 폄하하던 국가 엔지니어는 당시의 성장 산업 분야에서 배제되었으며, 선도적인 기업가들 역시 지나치게 이론적이고 사무적인 국가 엔지니어를 외면했다. 산업화가 진행되면서 민간 산업체에 종사할 다양한 인력 양성이 필요했고, 이러한 요구에 부응해 수학 위주의 이론 교육보다 실용적 응용 교육의 필요성을 충족시킬 수 있는 기술공예학교나 중앙공예학교 같은 새로운 엔지니어 양성 기관이 설립되었다. 그중 1829년에 설립한 중앙공예학교는 최초의 민간 엔지니어 양성 기관으로서 수학 위주의 이론 교육에 대항해 현장 위주의 실습 교육을 지향했다. 기술공예학교 졸업생은 '산업계의 하사관'으로서, 또 중앙공예학교 출신은 '공장과 제작소의 의사'로서 기계나 금속 혹은 철도 산업 등의 분야에서 중요한 역할을 담당했다.

독일에서는 국가에 의한 기술 관료 양성 체제를 갖춤으로써 본격적으로 근대적 엔지니어 양성이 이루어졌다. 16~17세기 과학혁명의 전개는 기술 지식의 체계화에도 영향을 미쳐 도제를 통한 경험 전수가 아닌 공식지로서 기술 지식의 전수를 가능하게 만들었다. 과학 이론을 따라 기술에서도 원리를 찾고 이 원리를 훈련하는 교육 제도의 필요성이 대두하면서 제도화된 기술 교육이 등장했다. 이렇게 등장한 최초의 기술 교육 기관은 '엔지니어 아카데미' 같은 군사 기술 장교 양성 학교였다. 이들 학교의 역할은 왕실에서 벌이는 대규모 사업을 관리 감독하는 기술 관료를 양성하는 것이었다. 이들 학교의 출현으로 작업장에서 도제식으로 전수하던 기존 장인의 기술 교육과는 다른 방식으로 기술 지식을 전수받는 근대 엔지니어가 출현했다.

그렇지만 전통적인 전문기술학교들도 바우 아카데미와 같은 근대적인 방식의 전문 교육 기관으로 바뀌어 전문적인 기술교육에 힘쓰게 되었을 뿐만 아니라, 이어 19세기 초반 산업화의 결과로 기계를 다루는 직종이 등장하면서 이들 '기술자'를 교육하는 기관이 필요해졌다. 이들을 위한 기술학교로 1821년 프로이센의 베를린에 설립된 '실업학원'과 그 이외 지역에 들어선 '폴리테크닉 학교'가 있었다. 독일의 근대 엔지니어가 집단으로서 모습을 갖추게 된 것은 이들 학교들이 프랑스의 에콜 폴리테크닉과 합스부르크 왕국의 폴리테크닉 학교 제도를 본받아 엔지니어 양성을 시작하면서부터라고 할 수 있다. 1825년 카를스루에 폴리테크닉 학교 설립을 시작으로 19세기 중엽까지 독일의 여러 공국들은 주요 도시에 폴리테크닉 학교를 설립했다. 하지만 이들 교육 기관이 초기부터 '고등'기술학교였다고 보기는 어렵다. 그러나 개교 후 '학문화'의 과정을 통해 대학교와 상응하는 고등기술학교로 역동적인 발전을 거듭했다. 다만 프로이센의 경우에는 다른 독일 공국들과 달리, 기술 관료와 산업 엔지니어 양성이 바우 아카데미와 '실업학원'으로 분리된 채 진행되었다. 그렇지만 이곳에서도 마찬가지로 학문화를 통해 1879년 두 곳이 통합되면서 고등기술학교의 모습을 갖추었다.

이렇듯 독일 엔지니어는 기본적으로 국가에 의해 탄생했다. 국가가 근대화의 필요성 때문에 공식적인 교육 기관을 통해 엔지니어를 양성한 것이다. 따라서 적어도 초창기 독일 엔지니어는 "국가의, 국가에 의한, 국가를 위한" 직업이었다.

반면, 영국에서는 국가가 엔지니어 양성에 관심을 기울이지 않았다. 이 지역에서는 또한 오랫동안 엔지니어가 될 수 있는 공식 경로가 존재하지 않았다. 대학 수준의 공학 교육이 1870년대까지 극도로 제한적이었기 때문이다. 그러므로 대부분의 엔지니어는 산업혁명 이전의 방식, 즉 독학이나 도제 제도를 통해 배출되었고 이러한 방식이 오래 지속되었다. 특히 엔지니어가 되기 위해서는 일종의 '귀족형 도제 제도'인 문하생 제도(pupilage)가 거의 필수 코스였다. 엔지니어 자격은 토목 엔지니어 단체 등 전문 단체의 회원 가입 자격 같은 비공식적인 것들뿐이었다. 도제를 통한 교육이라는 강한 전통은 공학에만 국한한 것이 아니라 의사나 법률가 같은 다른 전문직 양성에서도 나타나는 영국의 일반적 모습이었다.

그러나 다른 한편으로 대학 수준의 전문 공학 교육이 필요하다는 주장이 제기되었다. 이는 특히 1867년 파리 세계박람회 이후 프랑스, 독일, 미국 등 다른 산업 국가의 약진에 자극을 받았기 때문이다. 그러나 도제 출신의 명망 있는 엔지니어가 현장에서 강한 영향력을 가지고 스스로 도제 시스템을 통해 후진을 양성하는 상황에서 대학의 공학 교육 정착은 쉽지 않았고, 따라서 느리게 진행되었다.

체계적인 공학 교육을 먼저 시도한 것은 런던과 산업 도시에 새로 설립한 대학들이었다. 런던의 킹스 칼리지는 1838년 토목(및 기계)공학과를 설치하고 공학과 관련한 여러 강좌를 개설했다. 아울러 유니버시티 칼리지에서는 이미 1841년에 토목공학 교수를 임명했다. 지방에서는 글래스고 대학에서 1840년 토목 및 기계 공학 교수를 임명했다. 그러나 이런 시도는 공학 교육의 확산에 별 영향을 주지 못했다. 대학을 졸업해도 별다른 이점이 없고 특히 킹스 칼리지 졸업생은 대부분 식민지 관리직을 선택했기 때문이다.

대학의 공학 교육이 정착하기 시작한 것은 1870년대 이후였다. 대학 수준의 교육을 받고 현장 경험도 갖춘 엔지니어 출신이 교수로 임명되어 현장과 결합한 교육을 위해 노력을 기울였기 때문이다. 먼저 1855년 글래스고 대학에 부임한 윌리엄 랭카인은 교과서 집필을 통해 공학을 이론적 기초가 필요한 대학 수준의 학문으로 확립하고 이론과 실기를 결합한 공학 교육을 시도했다. 이후 10년 이상의 노력을 거쳐 1872년부터 공학 학위를 수여하기 시작했다. 1875년 유니버시티 칼리지에 부임한 알렉스 케네디는 작업장 경험을 제공하는 공간으로서 공학 실험실 교육을 도입했다. 처음으로 대학에서 기계 자체를 공부하기 위한 교육을 시작한 것이다.

한편, 남북전쟁 이전 시기의 미국 엔지니어는 연방 정부 또는 지역 유력자의 후원과 개입을 통해 형성된 소수 엘리트 집단이었다고 볼 수 있다. 이는 엔지니어 양성 과정을 통해서도 뚜렷하게 드러난다. 1817년 실바너스 세이어 대위가 프랑스 에콜 폴리테크닉을 모방해 교과 과정을 개혁한 웨스트포인트나 역시 프랑스 중앙공예학교를 모방해 1831년 학제를 개편한 렌셀러 공대 모두 정계 실력자들의 개입과 후원을 통해 설립되고 교과 과정의 방향을 정했다. 렌셀러 공대는 '과학의 응용'을 목표로 하되 과학과 기술을 연결하려고 애썼으며, 공동의 조직 하에 여러 공학 분야(건축, 토목, 광산 등)를 훈련시켰다. 이러한 종합적 기술교육 방식은 훗날 MIT를 비롯한 여러 공대에 전파되었다.

문제는 프랑스의 엘리트 교육을 모방했다고는 해도 그 수준이 어느 정도였느냐이다. 미국 기준에서 가장 이론 지향적이었던 웨스트포인트에서조차 프랑스에서와 같은 심도 있고 체계적인 이론 교육은 이뤄지지 못했다. 사실상, 에콜 폴리테크닉을 모방했다는 웨스트포인트의 수학-이론 교육은 실천을 중시한 중앙공예학교의 수학-이론 교육보다도 수준이 무척 낮았다. 반면, 실천을 중시한다는 렌셀러 공대의 운영과 교과 과정에는 당시의 일류 엘리트 과학자가 개입했다. 이러한 사정은 지극히 수준이 낮았던 미국 과학의 사정상 어쩔 수 없는 일이었겠지만, 다른 한편으로는 과학과 공학의 관계, 나아가 과학자와 엔지니어의 관계가 미국과 유럽에서 달리 형성되었음을 보여주는 것이기도 하다.

1862년의 모릴 법에 의해 연방 정부의 엄청난 토지를 주립대학에 무상 공여함으로써, 특히나 변방에 위치한 주들이 많은 혜택을 입었다. 결과적으로, 모릴 법은 주들 간의 자부심 대결과 치열한 경쟁을 유도해 변방의 농업 및 공업 대학을 한 세대 만에 거대한 종합대학으로 탈바꿈시켰다. 그럼에도 프랑스처럼 엘리트 위주의 공학 교육을 지향하지 않은 만큼 대학 간의 위계는 확실하지도, 심하지도 않았다.

특히 1870년대 이후에는 순수 연구를 강조하는 독일식 고등 교육이 이상적 모델로 여겨졌으며, 대학원의 세미나 수업과 연구 실험실에 관한 프로그램을 도입하기도 했다. 덕분에 남북전쟁 이후 미국 공대는 양질의 실험실 설비를 확보하고, 실험을 통한 발견과 작업장 실습을 통한 훈련을 강조하는 풍토가 만들어졌다. 즉, 대부분의 공대에서 학생들은 교실보다 실험실과 작업장에서 보내는 시간이 더 많았다. 나름의 미국적 특성이 형성된 것이다.

엔지니어의 사회적 위상과 정체성

우리가 다루는 시기의 엔지니어 집단은 국가별로 또한 업종별로도 상당히 다른 사회적 위상을 지니고 있었다. 예컨대 영국 사회에서는 노동 계급에 가깝고, 프랑스 사회에서는 경영 집단에 가까웠다. 또한 테일러주의자로서 미국의 엔지니어는 미국 고유의 경영 문제, 노동력 부족, 영국적 스타일의 기술 통제권, 이질적인 이민자 노동력 등의 문제와 씨름했다. 그렇기 때문에 엔지니어의 역할은 국가별, 산업별, 시기별로 다를 수밖에 없었다. 특히 엔지니어, 노동자, 경영자 삼자 간에 주고받는 역학 관계가 여러 방식의 모델을 만들어냈다고 볼 수 있다.

프랑스의 엔지니어는 우리가 비교하는 국가들 중에서 사회적 지위가 가장 높았다. 그들은 국가 엔지니어로서 국가가 벌이는 대규모 공공사업을 사실상 독점했으며, 공무원 신분을 벗어나서도 민간 기업에 들어가 경영진 혹은 그에 버금가는 역할을 수행했다. 게다가 19세기 후반 민간 엔지니어가 본격적으로 산업 분야에 진출한 이후에도 엔지니어의 신분 위계 구조에서 확실한 윗자리를 유지할 수 있었다.

국가 엔지니어와 경쟁하던 산업화 초기에 민간 엔지니어의 정체성과 위상은 엔지니어를 민간 부문의 산업 생산에 투입하기 위해 프랑스 정부가 체계적으로 유도한 결과, 상당 부분 국가가 제공한 새로운 기술교육 및 직업 모델을 통해 형성되었다. 즉, 19세기를 거치면서 국가 엔지니어와 민간 엔지니어 사이에 엄격한 사회적 위계가 형성되었고, 이 사회적 위계는 공학 학교들 사이의 위계로 반영되었다. 당시 프랑스에는 세 부류의 엔지니어가 존재했다. 첫째, 에콜 폴리테크닉과 응용학교 출신으로 공공사업 부문과 군대에서 주된 역할을 하는 집단과 소수의 산업체 근무자들이 있었다. 둘째, 중앙공예학교 출신으로 산업체의 고위직에 오른 엔지니어들이 존재했으며, 셋째로는 중급 관리자나 현장 기술자로 활약한 기술공예학교 출신들이 있었다. 이러한 세 부류의 엔지니어 위계는 지식-노동, 이론-실기, 추상-구상, 순수과학-응용과학, 관리자-노동자라는 대립 쌍의 구체적 표현이었으며, 이러한 대립적 인식은 프랑스 공학 학교들 사이의 위계를 더욱 강화하는 경향이 있었다.

독일 또한 이성을 통한 진보의 개념에 대응하면서 활동적인 엔지니어는 주로 교육(공과대학)을 통해 더 높은 지위를 꾀했다. 1824년 건축가 협회가 출현하면서 독일의 근대 엔지니어는 먼저 자신의 정체성을 기술 관료로서 자리매김해갔다. 폴리테크닉 학교 설립과 더불어 민간 분야 엔지니어가 출현하면서 앞의 기술 관료와는 약간 다른 이해를 갖고 있는 엔지니어 집단으로 분화하기 시작했다. 이들 폴리테커들은 산업혁명 이후 새로운 독일 사회의 주역으로서 자신들을 자리매김하고자 했다. 전통 인문 지식과 더불어 기술 지식 같은 실용적 지식 역시 '시민'이 갖추어야 할 지식임을 역설하고, 자신들의 사회적 위상이 전통 대학 출신의 엘리트인 법률가나 의사에 견줄 만한 것임을 피력한 것이다. 1860년대에 계속된 폴리테크닉 학교의 '고등기술학교'로의 전환 운동은 바로 이런 전문가적 위상을 획득하기 위한 노력이었다. '실용적 지식인', '교양 시민', '전문 기술자'로서 사회적으로 인정받는 통로는 바로 폴리테크닉에 전통 대학과 유사한 지위 및 권한을 부여하도록 하는 것이었다. 이는 1870년대 들어 결실을 맺게 되었고, 기술 지식의 수학화를 낳기도 했다.

그러나 영국의 산업혁명은 극소수 경우를 제외하면 대체로 하층 계급 출신의 장인 배경을 가진 엔지니어에 의해 이루어졌다. 이잠바드 브루넬이나 제임스 와트 같은 일부 엔지니어는 산업혁명의 주인공으로서 명성을 얻고 경제적으로도 성공을 거두었지만, 이들이 전체 엔지니어의 지위를 높여준 것은 아니었다. 대체로 19세기 중엽에 이르기까지 영국의 엔지니어는 당대의 시대정신이었던 자유방임주의와 자조(self-help)의 가치를 숭상했고, 체제의 변화를 원하지 않았다. 또한 그들은 전체 집단으로서 엔지니어 집단의 권익을 보호하거나 사회적으로 요구하기 위한 목소리도 내지 않았다. 따라서 집단으로서 엔지니어의 사회적 위상과 정체성에 대해 단일한 상을 찾기는 어려워 보인다.

그럼에도 불구하고 '신사-엔지니어'가 바람직한 상으로 제시되었다. 초기 토목 엔지니어는 자신들의 활동 내용이 공병과 비슷하지만 민간에서의 지위나 위상은 신사 계층으로 대접받는 의사나 법률가와 비슷하다고 인식했다. 신사-엔지니어의 상은 존 스미턴으로 대표되는 초기 토목 엔지니어의 정체성과 사회적 위상에 맞는 모습이었다. 그러나 신사-엔지니어의 이상은 현실 사회에서 엔지니어 집단이 커질수록 더욱 유지하기 어려웠다. 산업혁명의 발전과 확산에 따라 엔지니어 집단은 위로는 토목 공사의 책임 엔지니어에서 아래로는 작은 기계 제작소에 고용된 기계 기술자까지 엔지니어 범주에 매우 다양한 사회적 위상과 자기 정체성을 가진 사람들이 포함되었기 때문이다. 그 결과 19세기 말과 20세기 초까지도 영국의 엔지니어 사회는 토목 엔지니어 또는 토목 엔지니어 협회로 대표되는 상층의 신사-엔지니어와 정규 교육을 거의 받지 못한 도제 출신으로서 큰 공장이나 작은 작업장에 고용된 하층 엔지니어의 구분이 존재했다.

엔지니어로서 사회적으로 공인받는 과정을 보면, 미국 엔지니어가 국가와 독특한 관계를 맺었다는 점이 뚜렷해진다. 예컨대 이리 운하 건설 사업(1817~1825) 같은 공공 토목 프로젝트가 엔지니어를 배출하는 역할을 수행했다. 이런 공공사업의 감독자들이 엔지니어-관리자-공직자를 겸하는 계층으로 성장했고, 이들이 장인과 대비되는 의미에서 엔지니어로 여겨졌다. 한편, 유럽 국가와 달리 미국의 상류층에서 엔지니어를 상대적으로 많이 배출한 사회문화적 배경에는 전통적인 상류층이 부재한 미국에서 엔지니어-관리자나 발명가-기업가가 나름대로 그러한 역할을 담당한 것도 있다. 이 점에서 미국 엔지니어가 19세기 후반에 겪은 위계화의 한 뿌리는 19세기 전반에 형성되었다고 볼 수 있다.

프랑스 엔지니어와 달리 미국 엔지니어는 초창기부터 '독립적인 엘리트'로서 상대적으로 높은 사회적 신분을 지닐 수 없었으며, 전문적으로 집단의 진입을 제한해 엘리트로서의 특권을 유지하지도 못했다. 즉, 특권적 권리를 갖는 엘리트 엔지니어 집단이 존재하지 않았다. 현장 경험을 존중하는 풍토 때문에 프랑스나 독일처럼 국가 엔지니어와 민간 엔지니어 간의 장벽도 없었으며, 학위증이 엔지니어의 지위를 규정하는 결정적 요인으로 기능하지도 않았다고 보아야 할 것이다. 그러나 한편으로 토목 및 기계 공학에서 영국식(실무적 현장 교육)과 프랑스식(에콜 폴리테크닉) 패턴이 결합하거나 둘 사이에 다양한 긴장이 존재했다. 또한 1870년대부터 만들어진 패턴화한 지속성이 존재했는데, 이는 다름 아닌 공학과 기업 사이의 연관성이었다. 요컨대 미국의 공학은 대기업화한 사기업에서 대량 생산 체제를 형성하는 데 기여했다. 심지어 많은 경우 엔지니어-경영자가 생산으로부터 노동자를 배제하고 생산 라인을 장악하기도 했다.

엔지니어 단체의 출현

18~19세기 프랑스 근대 엔지니어의 탄생 과정은 자율적 진화 과정이라기보다 국가의 정치적 · 경제적 논리에 따른 시대적 산물이었다. 19세기 중반부터 각종 공학 학교 출신의 엔지니어는 자신들의 정체성 및 사회적 위상을 확보하기 위해 각종 동창회뿐만 아니라 폴리테크닉 협회, 프랑스 민간 엔지니어 협회 같은 다양한 이익 단체를 조직하고 활동을 전개했다. 특히, 후자의 경우 사회적 특권을 독점하던 국가 엔지니어에 대항해서 자신들의 직업적 · 사회적 지위를 인정받기 위해 애썼다. 아울러 그들의 노력은 1880년대 이후 점차 결실을 맺었다. 이처럼 다양한 이익 집단의 출현은 엔지니어로서 정체성을 도모하고 위계를 강화해나가는 과정에서 나타난 자연스러운 현상으로 볼 수 있다. 또한 국가 엔지니어와 성장 일로에 있던 민간 엔지니어 사이의 경쟁

관계 또는 국가 엔지니어와 현장 감독관 사이의 위계를 둘러싼 긴장 관계를 드러낸다는 점에서 19세기 엔지니어 집단은 다양한 이해관계가 교차하는 복잡한 관계망 속에 위치했음을 알 수 있다.

독일 또한 최초로 협회를 결성하고 집단적 이익을 대변하기 시작한 엔지니어는 건축 및 토목 분야에서 일하던 기술 관료들이었다. 이들 협회 회원에게는 국가사업을 관리 감독한다는 공통된 자부심이 퍼져 있었다. 따라서 다른 영역의 기술자들에게는 폐쇄적으로 협회를 운영했다. 한편, 폴리테크닉 학교의 성장과 더불어 민간 산업체로 진출하는 엔지니어가 증가하면서 새로운 협회가 등장했다. 베를린 실업학원 졸업생들이 주도해 만든 이 협회는 1856년 전국 단위의 독일 엔지니어 협회(VDI)로 발전했다. 독일 엔지니어 협회는 건축 협회와 달리 공장장부터 하급 기술자까지 회원으로 받아들이는 개방 정책을 지향했다. 이 협회는 전공 분야별 이해를 대변하기보다 독일 전체의 산업 발전을 위한 엔지니어의 협업을 강조했다. 아울러 폴리테크닉 교육 기관 전체의 위상 문제, 산업 촉진 정책, 기술자의 사회적 역할 등에 대한 다양한 논의도 이루어졌다. 그러나 현장 경력보다는 위계 질서화한 교육 기관에서 체계적 훈련을 받았는지 여부가 엔지니어의 사회적 지위에 더 많은 영향을 미친 것이 독일 엔지니어 사회의 특징이었다. 관료 양성 학교를 나왔는가, 혹은 베를린 공업학교를 나왔는가 등이 기술자의 진로에 결정적 역할을 했으므로 전문 분야별로 특화한 협회는 특별한 의미가 없었다. 현장 경력을 중시하고 이에 대한 인정 기능을 하는 전문 분야별 협회가 일찍부터 결성된 영국과는 상이한 체제였다.

또한 이들은 1870년대에 폴리테크닉 학교를 대다수 '고등기술학교'로 전환하는 데 주력해 마침내 엔지니어 교육의 학문화를 달성했다. 엔지니어 양성은 이제 이들 고등기술학교가 맡게 되었고, 전문 직업화를 추진해온 엔지니어 집단은 경제적 향상과 엔지니어로서의 자부심을 향유할 수 있었다.

영국 엔지니어의 정체성은 실질적 경험을 통한 배움을 강조하는 것이 신사의 지위와 어울리는 것이었다. 정직성이나 신뢰성을 지닌 신사와 품질 좋은 인공물을 만들어내는 엔지니어 사이의 유사성을 강조함으로써 사회적 위상을 높이려는 엔지니어들에게 최선의 전략은 이익단체를 만드는 일이었다. 의회로부터 특허장을 받은 이러한 직업 협회는 엄격한 가입 조건을 통해서 자신들의 가치를 지켜내고자 했다. 요컨대 물질적 향상에 초점을 맞춘 진보의 방식에 대응하면서, 영국의 엔지니어는 실질적인 지식과 더 높은 지위에 대한 지속적인 투쟁에 헌신하는 패턴을 이룩했다.

엔지니어 단체를 기준으로 보면 영국의 엔지니어 집단은 1771년 존 스미턴이 설립한 토목 엔지니어 단체(SCE)가 처음이지만 한층 대중적 조직인 토목 엔지니어 협회(ICE)가 출현한 1818년을 그 시작으로 볼 수 있다. 이후 산업이 발전하고 직종이 분화 및 성장하면서, 1847년에는 기계 엔지니어 협회(IME)가 등장해 엔지니어 사회 내부의 분화를 예고했다.

이 과정은 토목공학과 기계공학에서 약간 다른 형태로 나타났다. 먼저 신사 계급과 유사한 사회적 지위 및 명성을 누렸던 토목공학자가 중심이 되어 설립하고 운영한 토목 엔지니어 협회는 왕실 특허장을 받는 등 일찍부터 전문가 단체로서 기능했고, 이 단체의 이미지가 전체 엔지니어의 사회적 위상을 형성하는 데 많은 영향을 주었다. 명망 있는 인사 중심으로 조직되는 영국 사회의 특징을 고려해 엔지니어가 전문가의 위상을 획득하는 과정을 대표적인 토목 엔지니어를 통해 파악한 것이다. 반면 기계 엔지니어의 정체성 형성은 상대적으로 늦었다. 엔지니어 등장 초기에 토목공학과 기계공학의 구분은 분명하지 않았으며, 실제 기계 부문에 종사하던 기술자는 대부분 장인 전통을 유지하고 있었다. 철도 붐을 계기로 급성장한 기계 엔지니어는 비로소 독자적인 정체성을 갖기 시작했고, 1847년에 기계 엔지니어 협회를 설립함으로써 자신들의 정체성을 분명히 했다.

1870년까지 두 개의 공학 전문 단체, 곧 토목 엔지니어 협회와 기계 엔지니어 협회는 엔지니어 정체성이나 이해관계와 관련해 대체로 유사한 입장을 견지했다. 특히 기계 엔지니어 협회는 먼저 설립되고 왕실 특허장을 가진 토목 엔지니어 협회의 운영 방식과 엔지니어 위상에 대한 견해를 대부분 받아들였다. 그렇지만 이들은 현장 중시 전통을 고수하고 엔지니어 이익 단체로서 기능하기보다는 지식 교류와 확산에 중점을 두는 과학자 단체와 유사한 기능을 주로 했다.

비슷한 전통을 지닌 영국에서는 1818년 최초로 토목 엔지니어 단체가 형성되었다. 하지만 미국에서는 이보다 반세기나 지나서야 이러한 단체가 출현했다. 미국에서는 1867년 가장 먼저 '미국 토목 엔지니어 협회'가 설립되었다. 그 후 1871년 '미국 광산 엔지니어 협회'가 토목 단체에서 떨어져 나와 독자적인 단체를 구성했다. 그리고 1880년에는 '미국 기계 엔지니어 협회'가, 1884년에는 '미국 전기 엔지니어 협회'가 설립되었다. 이들 단체는 전국적 연결망을 갖춘 조직으로서 의제와 회의를 주도하고, 회원 자격 심사와 자격 기준을 제시했다. 또한 이들은 엔지니어 엘리트 집단으로서 배타적 권리를 행사해 자기 이해관계만을 추구하고 아래로부터의 의견을 반영하지 않는 비민주적 형태의 모임을 지속해나갔다. 그리하여 전문가 집단으로서 미국적 엔지니어의 성격과 특징을 만드는 데 중심적 역할을 했다.

또 하나 주목할 만한 것은 미국 엔지니어들이 전문가 단체를 만들려 할 때 기업이 그들의 협회 결성을 반대해왔다는 사실이다. 요컨대 기업주는 엔지니어를 노동자와 마찬가지로 피고용인으로 이해해 이익단체를 만들려는 엔지니어의 활동을 끊임없이 방해했다. 예컨대 특정 엔지니어 협회 내부에 '엔지니어-관리자' 역할을 하는 사람을 키워 그 협회가 강력한 이익 단체로서 공학 관련 협회가 되려는 것을 막았다. 그 결과, 이러한 제도적 관습이 엔지니어로서 집단성을 특징짓는 미국적 스타일을 형성하는 데 주요한 원천이 되었다.

맺음말

본 연구는 이와 같은 국가별 차이를 연구하기 위해 주요 4개국, 즉 프랑스, 독일, 영국, 미국에서 공학과 근대 엔지니어가 탄생하는 과정을 비교사적 관점으로 분석하고자 했다. 그러나 유감스럽게도 주제별로 4개국을 하나의 장에서 직접적으로 비교해 다루지는 못했다. 따라서 독자들은 우리의 글 전체를 읽고 난 후에야 자연스럽게 비교사적 시각을 가질 수밖에 없는데, 이 점이 큰 아쉬움으로 남는다.

19세기 유럽과 미국에서 처음 출현한 근대 엔지니어는 산업 사회의 존속을 가능케 한 주요 계층이므로, 엔지니어에 대한 이해는 근현대 사회에 대한 역사적 이해에서 중차대한 일이라고 생각한다. 그럼에도 이런 중요성에 비해 이 땅에서 엔지니어에 대한 역사적 연구는 상대적으로 적은 편이었으며, 포괄적인 비교사적 연구는 더욱 그러하다. 게다가 한국의 엔지니어는 학문의 성격상 혹은 한국적 상황에서 자신들의 과거를 이해하는 데 거의 관심을 갖고 있지 않다. 이런 상황이 벌어진 것은 엔지니어와 공학에 대한 역사적 이해가 결여된 탓으로 볼 수 있다. 이에 우리의 연구가 이를 극복하는 기초 작업으로서 근현대 사회에 대한 역사적 이해를 넓히고 새로운 방향을 제시하는 데 기여하리라 믿는다.

비교사적 시각에서 진행한 연구를 통해 우리는 공학의 보편적 길 혹은 선진 공학에 이르는 '왕도'는 있을 수 없으며, 근대 엔지니어의 탄생 과정은 각국의 역사적 · 사회적 · 문화적 조건이 각국 공학의 독특한 성격과 공학 교육의 특수성을 형성하는 데 커다란 역할을 했다는 점을 제시하고자 했다. 또한 우리는 본 연구를 통해 공학과 엔지니어는 물질세계의 보편성과 공학적 지식의 필연성에 의해 구현됐다기보다 역사적 과정을 통해 탄생한 역사적 실체임을 확인할 수 있었다.

아울러 국가별 엔지니어 사회의 특성에 대한 이해가 현재 한국의 엔지니어 사회를 들여다보는 데 길잡이 역할을 하게 되길 기대해본다. 또한 우리의 이러한 비교사적 작업이 공학과 엔지니어에 대한 좀더 넓고 깊이 있는 이해를 도모하는 한편, 국가별 특수성과 복잡성을 이해할 수 있는 틀을 마련하는 데 초석이 되었으면 한다.

주

1. 한국에서 일반적으로 사용하는 '공학자'는 영어의 'engineer', 프랑스어의 'ingénieur', 프랑스어를 그대로 차용한 독일어의 'ingenieur'와 동일한 의미를 지닌 단어이다. 일본에서는 이를 '기사(技士)' 혹은 '기술자'로 번역해 사용한다. 그런데 'scientist'를 '과학자'라는 용어로 번역하는 것은 문제가 없어 보이지만, 'engineer'를 '공학자'라는 용어로 번역할 때는 뭔가 불편한 느낌이 든다. 이는 무엇보다도 '과학자'가 대학이나 연구소에서 주로 활동한다면, '공학자'는 공장이나 작업 현장에서 주로 활동하기 때문이다. 따라서 'engineer'가 담고 있는 이러한 현장 중시 전통을 고려하면 '공학자'라는 표현이 왠지 어색해 보인다. 그래서 우리는 잠정적으로 이 책에서 '공학자' 대신 '엔지니어'라는 외래어를 사용하기로 했다. 18세기 독일 사람들이 프랑스 사람들이 쓰던 단어를 그대로 차용했듯 말이다.
2. 찰스 P. 스노, 《두 문화》, 오영환 옮김(서울: 민음사, 1996), p. 44.
3. Eda Kranakis, "Social Determinants of Engineering Practice: A Comparative View of France and America in the Nineteenth Century", *Social Studies of Science* 19 (1989), pp. 5-70.

문지영 · 이정희

프랑스: 국가, 혁명 그리고 산업화

1 머리말

서구 국가 가운데서 엔지니어가 사회적 · 경제적으로 가장 높은 위상과 특권을 누려온 나라로는 단연 프랑스를 꼽을 수 있다. 현재 프랑스에서 엔지니어 및 행정 · 경제 · 경영 · 기술 관료 등의 엘리트를 양성하는 최고 고등 교육 기관인 그랑제콜(Grandes Ecoles) 220여 개 중 약 80퍼센트가 이공계라는 점이 그 이유를 설명해준다.[1] 무릇 한 국가의 경쟁력이 과학기술 분야의 경쟁력과 맞물려 있다고 전제할 때 가장 중요한

■ 이 글은 다음의 논문을 토대로 완성한 것이다. 문지영, "프랑스 근대 공학 교육의 요람—에콜 폴리테크닉(Ecole Polytechnique) 1794~1815", 〈역사학보〉, 196집(2007). 문지영, "프랑스 근대 토목 엔지니어의 탄생과 변모—토목학교를 중심으로", 〈공학교육연구〉, 제14권 5호(2011). 문지영, "19세기 프랑스 생시몽주의자-엔지니어들의 산업 프로젝트—에콜 폴리테크닉 출신을 중심으로", 〈프랑스사연구〉, 25호(2011.8). 이정희, "프랑스 근대 기계 엔지니어의 탄생", 〈공학교육연구〉, 제14권 5호(2011).

것은 역량을 갖춘 인재를 발굴하고 육성하는 것이다. 과학과 이성이 지배하던 18세기 계몽주의 시대를 거쳐 과학기술 분야에서 눈부신 발전을 거듭할 수 있었던 데는 프랑스의 이공계 우대 전통이 큰 몫을 했다. 또 프랑스가 과학기술 강국이 된 힘은 과학기술 정책과 교육에 대한 국가 또는 국가 지도자의 강력한 의지 그리고 전통적인 엘리트주의적 교육 시스템에서 찾을 수 있다. 사실 '공학'은 그 자체가 근대의 산물이다. 17~18세기 과학혁명과 계몽주의 사상의 진보 개념과 맞물려 탄생한 근대 공학은 우연의 산물이 아닌, 중세 이래 과학기술 및 수공업의 발달 그리고 길드 전통이 남긴 여러 혁신을 계승한 시대적 부산물로 볼 수 있다. 그런 점에서 고대 이래 전통적인 장인 기술로부터 근대 공학으로의 변화 과정을 밝히는 것은 '공학'과 '근대성' 문제를 규명하는 데 매우 중요하다. 따라서 프랑스 근대 엔지니어의 탄생 과정을 설명하기 위해서는 프랑스 혁명과 산업화라는 시대적 변화와 요구에 따른 부산물, 즉 새로운 유형의 엔지니어를 양성하기 위한 새로운 공학 교육 체제의 변화상에 대한 고찰을 전제해야 할 것이다.

이 글에서는 프랑스 근대 엔지니어의 탄생 과정을 네 가지 측면에서 접근하고자 한다. 먼저 프랑스 엔지니어의 기원을 밝히기 위해 사전에 나타난 엔지니어 개념의 변천 과정과 16세기 이래 제도화한 앙시앵 레짐의 공학 교육 체제를 토목공학 교육을 중심으로 살펴볼 것이다. 둘째, 1789년 프랑스 혁명의 발발과 그에 따른 공교육 이념을 구현하기 위한 에콜 폴리테크닉(Ecole Polytechnique)의 창설 과정을 설명함으로써 앙시앵 레짐에서 새로운 공학 교육 체제로의 전환 과정에 대해 살펴볼 것이다. 에콜 폴리테크닉은 계몽주의의 이상을 구현하면서 '혁명과 과학의 아들들(fils de la Révolution et des sciences)'을 양성할 프랑스 근대 공학 교육의 새로운 구조를 확립했으며, 나폴레옹 1세를 거치면서 '조국, 과학, 영광을 위해(Pour la patrie, les sciences et la gloire)'라는 교훈 아래 최고의 국가 엔지니어 양성 기관으로 거듭날 수 있었다. 셋째, 제1제국의 몰락과 복고 왕정에 이어 제1차 산업혁명이 시작되면서 영국과 비교해 '지연된 산업화'에 대한 위기 담론이 등장했다. 그중에서도 특히 생시몽(Saint-Simon)의 '산업주의(Industrialisme)'에 영향을 받은 생시몽주의 운동이 프랑스 산업화의 촉매제 역할을 하게 된 경위 그리고 기계화 및 철도화 과정에서 민간 산업 부문이 필요로 하는 새로운 유형의 엔지니어 양성 사례를 기술공예학교(Ecole d'Arts et Métiers), 중앙공예학교(Ecole des Arts et Manufactures)를 중심으로 살펴볼 것이다. 마지막으로 산업화 과정에서 국가 엔지니어 대 민간 엔지니어, 엔지니어 대 중급 기술자 사이의 경쟁과 협력을 둘러싼 토목 및 기계 엔지니어의 다양한 조직화 활동을 통해 그들이 어떻게 엔지니어로서 사회적 위상과 정체성을 확립해갔는지 고찰할 것이다.

2 프랑스 엔지니어의 기원

2.1 엔지니어 개념의 변천

먼저 프랑스 엔지니어의 기원을 살펴보기 위해서는 엔지니어의 정체성을 가장 잘 드러내는 '엔지니어(ingénieur)'에 대한 개념 정의의 변천 과정에 주목할 필요가 있다. 오늘날 엔지니어에 대한 일반적 정의는 공학 관련 일에 전문성을 갖고 있거나 훈련받은 사람으로서 공학 분야의 학위를 가지고 있으며 과학 · 수학 · 기술 지식을 사용해 실용적인 문제를 해결하는 사람을 일컫는다. 실제로 엔지니어는 국적을 불문하고 어디서나 동일한 작업을 수행한다. 그들이 응용하는 과학 지식은 어디서나 보편성을 가지며, 어디서건 전문가로서 사회적으로 안정된 중산층을 형성한다는 공통점이 있다. 그러나 이러한 공통점에도 불구하고 근대 엔지니어 집단의 탄생과 성장 과정을 살펴볼 때 국가별 스타일의 차이가 엄연히 존재한다는 것을 알 수 있다.

프랑스의 경우 엔지니어의 개념은 시대에 따라 조금씩 달리 이해되었다. 프랑스 엔지니어 집단의 유형과 활동 분야의 차이는 사전에 나타난 어휘상의 변화를 통해 명확하게 알 수 있다. 원래 '도구 제조자(faiseur d'engins)'를 의미하는 고대 프랑스어 'engignour'에서 유래한 엔지니어라는 용어는 16세기까지 과학자와 달리 좀더 실용적인 기술을 개발하는 전문가를 지칭했다. 18세기 중반 계몽사상가 드니 디드로(Denis Diderot)는 《백과전서 또는 과학 · 공예 이론 사전(Encyclopédie ou Dictionnaire raisonné des sciences, des arts et des métiers)》에서 엔지니어를 "높은 경쟁을 뚫고 국립 전문학교 시험에 합격해 교육을 받음으로써 수학 이론 · 역학 · 수리학에 정통하고, 광산 · 토목 · 전매 · 화약 제조 · 수로 측량 등의 분야를 관장하는 국가 엔지니어 집단에서 활동하는 사람들"로 규정했다. 이때부터 프랑스에서 '엔지니어'는 중세 이래 장인(artisan) 또는 기예가(artiste)와 구별되는 새로운 집단의 인간형으로 간주되기 시작했으며, 앙시앵 레짐의 신분 사회에서 계급 사회로의 변화가 '근대 엔지니어'의 출현을 촉진했다고 볼 수 있다. 이후 근대 엔지니어의 개념은 산업 기술의 발전 과정에서 진보의 가치를 구현하는 '촉진자'로서 역할과 이미지에 충실한 채로 남았다.

19세기 초 산업화가 시작되면서 민간 산업 부문에 종사하는 엔지니어 수가 증가하자 기존의 엔지니어 개념에도 변화가 나타났다. 1837년 출판한 《마르탱 사전(Dictionnaire Martin)》은 여전히 엔지니어를 "에콜 폴리테크닉 출신으로 국가의 주요 기관에서 활동하는 사람"으로 정의하고 있지만, 제2제국과 제3공화국 초기로 들어서면서 엔지니어의 지위와 역할을 더 광범위하게 해석하기 시작했다. 예컨대 1877년 《리트레 사전(Dictionnaire Littré)》은 엔지니어를 "에콜 폴리테크닉 출신이자 고위 공직자"로 규정함과 동시에 처음으로 산업 생산 발달의 책임자로서 새로운 엔지니어 유형에 대해서도 언급했다. 한편 1885년 출판한 《베르틀로 사전(Dictionnaire Berthelot)》은 새로운 유형의 엔지니어를 "산업 엔지니어(ingénieur de l'industrie)"로 표현하면서 국가 엔지니어와 민간 엔지니어를 분명하게 구분하고, 전문 분야에 따라 기계 설계 · 수로 측량 ·

광학 · 약제 엔지니어 등 여러 범주로 분류했다. 더 나아가 제1차 세계대전 직전에는 산업 엔지니어에 대한 평가가 더욱더 두드러져 사전상의 엔지니어 칭호를 가장 먼저 민간 엔지니어, 그다음에 국가 엔지니어 순으로 열거했다. 제1차 세계대전 이후 출판한 《라루스 사전(Dictionnaire Larousse)》도 화학 및 물리 엔지니어를 포함해 다양한 형태의 학위를 수여하는 민간 엔지니어 양성 학교의 설립을 특별히 언급하고 있다. 이와 같이 프랑스의 주요 사전에서 엔지니어 칭호의 순서가 바뀌었다는 것은 곧 민간 엔지니어의 역할과 비중이 갈수록 커졌음을 나타내는 징표로 이해할 수 있다.

19세기 프랑스 엔지니어 직업의 특징은 국가 엔지니어와 성장 일로에 있던 민간 산업에서 일하던 민간 엔지니어 사이의 경쟁으로 압축된다. 19세기를 거치면서 국가 엔지니어와 민간 엔지니어 사이에는 엄격한 사회적 위계가 형성되었고, 이 사회적 위계는 공학 학교의 위계를 직접적으로 반영했다. 이에 찰스 R. 데이(Charles R. Day)는 당시의 프랑스 엔지니어를 세 부류로 구분한다. 첫째, 에콜 폴리테크닉과 응용학교 출신으로 공공사업 부문과 군대에서 주된 역할을 하는 사람과 소수의 산업체 근무자. 둘째, 중앙공예학교 출신의 산업체 고위 엔지니어. 셋째, 중급 관리자나 현장 기술자로 활약한 기술공예학교 출신.[2] 지식-노동, 이론-실기, 추상-구상, 순수과학-응용과학, 관리자-노동자 사이의 대립 쌍은 프랑스 공학 학교 사이의 위계를 규정했고, 심지어 그것을 더욱 강화하는 데 영향을 미쳤다. 국가 엔지니어와 민간 엔지니어 사이의 대립, 혹은 관리와 노동의 대립이라는 이분화 양상을 보였던 19세기 프랑스 엔지니어의 위계 조직은 20세기에 접어들면서 엔지니어 과잉 현상이 낳은 여러 문제점으로 인해 이전보다 한층 복잡한 양상을 띠게 된다.

2.2 앙시앵 레짐의 공학 교육

대부분의 서구 국가에서 고등 교육은 대학 교육과 동의어로 쓰이고 있으나 프랑스의 경우는 그렇지 않다. 현재 프랑스의 고등 교육 체제는 대학교와 그랑제콜의 이원적 구조를 가지고 있다. 그랑제콜은 높은 경쟁률의 엄격한 선발 과정을 거쳐 소수 정예의 신입생을 선발하고 각 분야에서 최고 수준의 교육을 통해 프랑스 사회의 엘리트를 양성한다. 프랑스에만 존재하는 특유의 전통적 엘리트 고등 교육 기관으로서 이른바 '대학 위의 대학'이라고 일컫는 그랑제콜은 프랑스 혁명 이후 나폴레옹이 중앙 집권 체제를 강화하기 위해 체계화된 국가 엘리트 양성이 필요하다는 판단 아래 18세기 후반부터 국가 주도로 세워지기 시작했다. 당시에는 주로 군사 및 공학 분야의 고위 관료를 양성하는 것이 목적이었으나 19세기 들어서는 정치, 행정, 경영 등 각 분야별로 좀더 세분화되고 전문화한 그랑제콜이 생겨나기 시작했다.

특히 16세기 초에 시작된 프랑스의 공학 교육은 18세기에 도약기를 거치면서 공학의 제도화를 일궈냈고, 유럽의 다른 국가들보다 훨씬 앞서 토목학교, 공병학교, 포병학교, 광업학교, 해군공병학교, 수로측량학교 같은 전문학교(écoles spéciales)를 설립해 인재를 양성하는 등 다른 유럽 국가들에 공학 교육 체제의 역할 모델을 제공했다. 앙시앵 레짐 최초의 토목 엔지니어 양성을 위한 전문학교는 1747년 창설된 왕립토목학교(Ecole Royale des Ponts et Chaussées)였다. 본래 토목공학은 수리·물리·화학 등 자연과학을 이용한 모든 공학의 근간을 이루는 분야로, 18세기 프랑스에서 토목 기술을 이론적으로 뒷받침하는 학문 체계로 성립되었다. 유럽에서 발달한 토목공학은 특히 프랑스에서 군대의 축성술이 민간에 전수되면서 기틀을 잡았다. 루이 14세 때 군대 기술자 조직으로 공병대를 창설했는데, 그것이 군대에서 조직화한 최초의 토목 엔지니어 집단으로 알려져 있다. 공학 교육을 받은 이들은 군사 토목 공사뿐만 아니라 민간인을 위한 공공 토목 공사에도 참여함으로써 민간 토목 기술의 보급과 발달에 기여했다. 이를 계기로 군사 (토목)공학의 민간 (토목)공학으로의 이전이 이루어질 수 있었다.

프랑스에서 국가가 교통로의 건설과 유지를 책임지기 시작한 것은 16세기 초로 거슬러 올라가며, 이후 일련의 법 제정을 통해 국가가 직접 토목 공사를 관장했다. 처음에 토목 엔지니어는 방어, 샛길, 수송, 휴양지나 방어용 군대 시설 공사를 구상하고 완성하는 책임을 진 건축가(architecte)로 인식되었기 때문에 오랫동안 토목 엔지니어 직업은 다빈치나 미켈란젤로같이 건축가 또는 기예가와 혼동되었다. 교통로, 시설물, 도로, 교량, 하천 등은 전통적으로 지방 당국, 제후, 공동체, 상인 조합 또는 수도회가 관장해왔다. 그러나 1508년 루이 12세가 공표한 '국왕 공개장'에 따라 기존 왕실의 자유방임 정책을 포기하고 국가가 직접 교통로 개선을 위한 조치를 내렸다. 이후 1599년 앙리 4세가 교통로와 관련한 여러 문제, 건설과 유지 작업, 도로와 교량의 보수 전체를 통괄하는 대로관리국(Office de Grand Voyer)을 설립하면서 정부가 직접 토목 공사를 관장하기에 이르렀다. 더 나아가 1669년 루이 14세의 재정총감이던 장-바티스트 콜베르(Jean-Baptiste Colbert)는 교량, 항만, 제방을 건설하기 위한 토목위원회(Commissaire des Ponts et Chaussées)를 조직했다. 프랑스를 부강하게 만들기 위해서는 교통로가 중요하다고 인식한 콜베르의 전폭적 지원으로 토목 예산은 1662년 2만 2000리브르에서 1669년 62만 3000리브르로 거의 30배나 증가했다. 이에 토목위원회는 하천 조절, 운하 건설, 항구 공사 등으로 사업을 확대하면서 토목 공사의 주요 책임을 떠맡았다.

1716년 2월 1일 왕명에 따라 도로망 구축을 위해 1명의 총감독관, 1명의 건축가-수석 엔지니어, 3명의 감독관과 21명의 토목 엔지니어로 구성된 위계 조직인 토목 엔지니어단(Corps des ingénieurs des Ponts et Chaussées)이 창설되었다. 앙시앵 레짐의 납세구에서 교통로의 건설과 유지를 맡았던 토목 엔지니어는 초기에 폭넓은 자율을 누렸다. 그러나 이러한 자율 체제는 국토 개발의 일관성 부재와 엔지니어 사이의 격차를 심화하는 결과를 낳았기 때문에 국가의 점진적이고 효율적인 관리 아래 토목 공사를 위한 전문 교육 기관의 필요성이 대두되었다. 이에 1736년 재정 경리관이자 토목 엔지니어인 다니엘-샤를 트뤼덴(Daniel-Charles Trudaine)은 여러 도(道)에서 만들던 지도 제작을 집중화하기 위해 파리설계사국(Bureau des dessinateurs de Paris)를 창설했다. 당시 도로는 국가의 부를 창출하기 위한 교역을 최대한 촉진하기 위해 가능한 한 똑바로 그려야 했고, 도로 건설을 위해서는 지도 제작이라는 방대한 작업이 필수적이었다. 지도 제작의 경우 과거에는 제후 · 길드 · 수도회가 국가와 함께 기술자의 역량과 모집을 책임진 반면, 이후부터는 국가가 도로 · 교량 · 운하 건설과 토목 엔지니어의 교육을 점진적 · 효율적으로 통제하기 시작했다. 지도 제작 또한 하급 보조 직원이 아니라 엔지니어가 직접 그리게 함으로써 파리설계사국이 토목 엔지니어를 위한 공학 교육의 중심지가 되었다.

10년 후인 1747년 2월 14일, 루이 15세의 명에 따라 왕립토목학교가 정식으로 설립되었고, 제1대 교장으로는 백과전서파 토목 엔지니어인 장-로돌프 페로네(Jean-Rodolphe Perronet)가 임명되었다. 처음에 토목학교의 교육은 교수 없이 50명의 학생이 기하학, 대수학, 역학, 수리학 분야에서의 자체 실습을 하는 것으로 이뤄졌다. 학생들은 학자와 제후 곁에서 공사 현장과 공동 견습 작업장을 방문하거나 왕국의 지도 측량에 참여하면서 4~12년의 교육 기간을 마쳤다. 당시 토목학교에는 3개 반이 있었는데, 3반인 '측량 기사'는 도로 설계도를 그리거나 지방에서 보내온 문서를 복사했다. 2반인 '학생'은 교량 및 건설 프로젝트의 설계도를 그렸고, 1반인 '부감독관 및 부엔지니어'는 지방에서 보내온 공사의 견적과 세부 사항을 검토하고 수석 엔지니어이자 교장인 페로네를 보좌했다. 이론보다 실기 위주의 실용주의 교육을 강조한 페로네의 정신에 따라 토목학교에서는 산술, 수리학, 골조 만들기, 돌 자르기, 토지 조성 계산 등을 주로 가르쳤다.

토목학교의 학생 모집은 당시 토목학교와 경쟁하던 메지에르 공병학교(Ecole du Génie de Mézières)처럼 선발 시험을 통해서가 아니라 연령, 건강, 키, 출신 성분, 아버지 직업, 교육 수준, 품행 등을 기준으로 대귀족, 고위 성직자, 지식인, 예술가 등의 추천서를 받아 뽑았다. 특히 기존 토목 엔지니어의 추천서가 결정적인 역할을 했는데, 이러한 체제는 앙시앵 레짐의 특징이랄 수 있는 후원제(patronage)와 많이 닮았다. "학업과 품행이 뛰어나고", "교양을 갖춘 부르주아 집안 출신"이며, "토목 업무로 가중되는 피로를 잘 이겨낼 수 있는 큰 키와 체격"을 갖춘 미혼의 젊은이들은 수석 엔지니어 사무실에서 경력을 시작했다. 통상적인 재학 기간은 2년이었으나 지방 연수의 경우는 학업을 중단했다. 부엔지니어가 정엔지니어로 승진하려면 설계, 교량, 항구, 도면, 돌 자르기 대회에서 거둔 성적과 지방에서 보내온 토목 공사의 견적 및 세부 내역에 대한 확인 작업 능력이 중요했다. 또 졸업 후 엔지니어 경력을 처음 시작할 때는 수석 엔지니어인 교장의 최종 평가와 토목 엔지니어단에 입회하기 위한 추천서도 큰 몫을 했다. 토목학교의 교육 방식은 의고주의적인 '상호 지도 교육'에 의존하고 있었다. 각 반의 1~3등은 학교가 제공하는 상여금을 받고 외부에서 수학과 설계 강좌를 들었으며, 하루에 두 시간씩 다른 학우들에게 그 내용을 가르치고 지도했다. 당시 교장인 페로네가 이 방식을 적극 추진한 것은 원칙의 문제였지 경제적 이유 때문은 아니었다. 그는 가장 우수한 학생들과 그렇지 못한 학생들이 서로 지식을 교환하는 것을 "학생들에게 필요한 지식의 차이를 가장 신속하게 따라잡을 수 있는 유일한 수단"으로 인식했다. 1747년 이래 상호 지도 교육은 학생들이 지방의 새 부서로 발령받기 전 몇 개월 동안 의무적으로 이행되었다. 그러나 페로네와 달리 안 로베르 자크 튀르고(Anne Robert Jacques Turgot)와 니콜라 드 콩도르세(Nicolas de Condorcet)는 이 방식이 토목 엔지니어단을 학교와 교장에 종속시킨다며 강하게 비판했다. 이후 튀르고가 재정총감, 콩도르세가 토목공사 총감이 되면서 과학 강좌를 도입하고, 몇몇 우등생 위주가 아니라 전체 학생의 석차를 매겨 학생에 대한 '객관적' 평가를 하도록 토목학교에 압력을 가했다. 그때까지 공부는 선택적이었던 반면, 개근은 의무사항이었다.

토목학교의 교육 정책에서 상호 지도 교육 체제와 달리 좀더 혁신적인 요소를 들라면 바로 부르주아 출신 자제에게도 문호를 개방했다는 점이다. 공병학교가 '귀족의 학교'였다면 토목학교는 '부르주아의 학교'였다. "학생끼리의 연대와 우정을 학교 질서를 잘 유지하는 데 가장 확실한 수단 중 하나"로 인식한 학교 당국은 토목 엔지니어의 자제를 제외한 신입생 부모에게 연간 600리브르의 지대에 해당하는 연금을 요구했다. 토목학교는 왕국의 토목 공사를 위해 소수 정예의 균질한 지도자를 양성하는 데 심혈을 기울였고, 1750~1769년에는 315명의 졸업생 중 37명만이 부엔지니어로 승진했고, 1769~1788년에는 387명의 입학생 중 141명이 엔지니어가 되었다. 토목 엔지니어단 입회를 허용받지 못한 졸업생의 경우 설계사, 기업가, 현장 감독관, 지방의 토목 엔지니어로 활동했다.

앞서 언급했듯 토목 엔지니어의 최대 경쟁자는 공병 장교였다. 공병학교에서 교육받은 지식의 내용은 토목학교와 크게 다를 바 없었지만 교육 원리는 매우 달랐다. 공성술과 방어 요새 건축술을 혁신한 공병 장교 세바스티앙 르 프레스트르 드 보방(Sebastien Le Prestre de Vauban) 이래 더 이상 진행 중인 축성 공사는 없었지만, 군대에서 필요로 하는 공병 장교의 양성은 계속 요구되었다. 당시 공병학교는 역학 · 돌 자르기 · 건축학 · 골조 만들기 · 음영학개론 · 원근법 · 축성 측량 · 지도 측량 · 모의 포위 공격 · 분열 행진 등의 강좌를 개설해왔는데, 1769년 수학자 가스파르 몽주(Gaspard Monge)가 교수로 부임하면서 화법기하학(géométrie descriptive)을 도입했다. 그전까지 토목 엔지니어는 군사 기밀로 남아 있던 화법기하학을 배우지 못했기 때문에 신속하게 축성 도면을 잘 그리지 못했다. 그런데 토목 엔지니어가 다시 주목을 받게 된 계기는 프랑스 혁명 때였다. 혁명이 일어나 귀족 출신 공병학교 학생들이 망명을 떠나자 그 빈자리를 메우기 위해 토목 엔지니어를 차출하면서 토목학교에도 축성 강좌를 개설했다. 이후 토목 공사에서 토목 엔지니어의 위상도 점점 커졌다. 다방면의 국토 개발 및 정비 프로젝트에 참여하던 토목 엔지니어의 권위적 특권에 대한 비판이 없지 않았으나 토목학교는 여전히 프랑스 최고의 공학 교육 기관으로 남았다.

주지하다시피 앙시앵 레짐 이래 프랑스 엔지니어는 대부분 고위 기술 관료, 공병 장교 등 국가 엔지니어단에 소속되어 높은 사회적 지위와 명예 그리고 특권을 향유해왔다. 이성적 · 합리주의적 분위기가 팽배했던 계몽주의 시대의 엔지니어는 높은 교육적 성취와 과학 지식으로 만인의 존경을 받았으며 '공학 교육=엘리트 교육', 또는 엔지니어를 '엘리트 중의 엘리트'로 인식하는 풍조가 조성되었다. 19세기 영국의 도제 제도와 대조를 이루며 주로 이론 교육에 집중했던 프랑스의 고등 공학 교육과 국가 엔지니어의 단체정신은 공익 정신과 애국심에 바탕을 둔 직업적 의무를 이행하는 데 충실하게 했다. 이로써 엔지니어는 귀족들 사이에서 모집한 공병 장교보다 높은 도덕적 우월성을 획득하기 위해 애썼으며, 지휘관 또는 지도자로서 자신의 책무를 진지하게 받아들였다.

귀족층 자제의 입학을 허용한 전문학교 지원자들은 경쟁이 치열한 선발 시험을 통과한 후 과학과 수학 그리고 전통적으로 귀족들에게 가르쳤던 라틴어 · 문화 · 역사 · 무도 · 승마 · 검술 등의 교육 과정을 이수했다. 그리고 졸업 후에는 주로 과학자, 엔지니어, 경제 및 기술 관료로서 국가에 봉사했다. 반면 이제 막 부상 중이던 부르주아 계급 자제들이 고등 공학 교육을 배우고 국가의 주요 직책에 도달할 수 있는 기회는 매우 제한적이었다. 실제로 학생의 지식이나 능력보다 혈통을 우선시한 입학 조건 때문에 교육은 국가의 잠재력을 발전시키기보다 사회적 출세와 정치적 영향력을 얻기 위한 방편에 불과했다. 이러한 차별과 배제는 계몽주의 시대의 열망과 배치되는 군주제에 대한 부르주아 계급의 불만과 비판으로 이어졌다. 게다가 18세기 말 루이 15세와 로마교황청의 대립으로 기존의 종교 교육을 담당해온 예수회가 추방되자 계몽주의 사상가들은 '공교육(instruction publique)'의 필요성을 제기했다. 1758년 클로드-아드리앙 엘베시우스(Claude-Adrien Helvétius)가 《정신론(De l'esprit)》에서 사회 불평등을 일소하고 바람직한 시민을 양성하기 위해서는 공교육이 강화되어야 한다고 주장한 것처럼 계몽주의 사상가들 사이에서 교육을 종교로부터 독립시키고 합리적 사회의 건설과 이성적 시민을 양성하는 데 공교육 제도가 필수 요건이라는 인식이 팽배해진 것이다.

3 근대 엔지니어의 탄생과 공학 교육 체제

3.1 프랑스 혁명과 에콜 폴리테크닉의 창설

1789년 프랑스 혁명이 일어난 후 영국, 네덜란드, 에스파냐 등의 유럽 국가와 전쟁을 벌이는 상황에서 공학 교육 체제 개혁의 필요성이 크게 대두되었다. 혁명과 전쟁이라는 정치적 급변 속에서 과학과 기술의 융합을 지향하고 부르주아의 참여를 통한 '과학의 민주화'를 추구한 공화주의 국가 이념은 공학 교육 체제에도 고스란히 반영되었다. 과학과 기술의 유기적 결합이라는 새로운 담론은 기하학이 지배적인 분야에서 수학적 분석을 도입해 기술적 합리주의가 발전하는 계기를 마련해주었다. 과학과 기술의 결합이라는 혁명적 원칙을 적용하면서 과학기술 분야의 공백을 메우고 외부의 위협으로부터 국가의 위급한 요구를 충족시키기 위한 여러 개혁 조치가 취해졌다. 먼저 1791년 1월, 법에 따라 기존의 왕립토목학교는 국립토목학교(Ecole Nationale des Ponts et Chaussées)로 이름을 바꾸고 정원을 3개 반에 총 60명으로 제한했다. 아울러 추천서에 따른 입학을 83개 도(道)에서 치르는 선발 시험으로 대체하는 등의 변화가 있었지만 전반적인 학교 체제는 그대로 유지되었다. 또 학생 모집을 민주화하고 국민 교육을 위해 입학 후보자의 부모에게 요구하던 연간 600리브르의 연금을 폐지한 반면, 토목학교 학생들은 국가로부터 봉급을 받았다. 예컨대 1반 학생은 500리브르, 2반 학생은 400리브르, 3반 학생은 300리브르를 받고, 추가 봉급 1200리브르를 받는 가장 우수한 학생들에게 수업을 위임했다. 학생들에게 지불하는 봉급 덕분에 학교 예산도 크게 증가했다. 또 1793년에는 학생에 대한 효율적 통제가 바로 학생의 시간을 지배하는 것이라는 인식 아래 개근 의무제를 도입했다. 이전에는 학생이 자유롭게 시간을 선택할 수 있었지만 이때부터 전쟁부가 15일마다 학생의 시간표를 감독하는 등 더욱 엄격한 학업 체제가 도입되었다.

한편 1791년 9월 3일, 입법의회는 새로운 사회의 근본이 되는 '새로운 인간', 즉 엔지니어 · 교사 · 의사 · 장교를 양성하기 위해 무상 교육 제도에 관한 법 조항을 새 헌법에 추가했다. 과학자들 사이에서 제기된 공교육 담론에 힘입어 1791년 10월 14일, 입법의회는 24명의 위원으로 구성한 공교육위원회(Comité de l'instruction publique)를 상설하고, 수학자인 콩도르세를 위원장으로 선출했다. 그는 진정한 자유와 정치적 평등을 실현하려면 국가의 교육 체계를 강화해야 한다고 주장하며 인류의 무한한 진보에 대한 믿음을 설파했다. 이러한 공교육 필요성에 대한 강조는 1792년 9월 21일, 제1공화국 수립 이후까지 이어졌다. 혁명과 전쟁이라는 복잡하고 혼란스러운 정국에도 불구하고 교육을 혁명 사업의 일환으로 추진한 것은 1792년 10월 13일, 수학자인 루이 프랑수아 앙투안 아르보가스트(Louis François Antoine Arbogast)를 위원장으로 하는 새로운 공교육위원회를 발족하면서부터였다. 1793년 8월, 공포정치를 시작하면서 국민공회는 단체정신이 강한 엘리트주의를 비난하며 혁명 이전에 설립한 모든 아카데미를 폐지하기로 결정했다. 당시 자코뱅파의 압력 아래 귀족 위주의 과학에서 벗어나 부르주아 계급의 참여를 통한 '민주적 과학' 또는 '과학의 민주화'를 촉진하면서 부르주아 출신 과학자, 엔지니어, 기술 관료가 프랑스 근대화의 첨병 역할을 담당하게 된다.

혁명기의 혼란 속에서도 앙시앵 레짐의 전문학교는 계속 운영되었다. 하지만 이들 학교는 혁명 정부의 요구, 즉 국가와 공익을 위해 봉사하는 공익 학교(Ecole des services publics)의 성격과는 거리가 멀었다. 게다가 혁명전쟁으로 인해 우수한 학생을 공병대로 차출하면서 학생 모집에 어려움을 겪자 기존의 토목학교나 공병학교 같은 전문학교를 위한 예비 학교의 설립과 다기능 엔지니어의 양성을 구상하게 되었다. 1793년 9월 12일, 국민공회 산하 토목위원회(Comité des Ponts et Chaussées)는 토목 엔지니어단과 공병 엔지니어단의 통합을 제안하고 공공 토목공사와 관련한 모든 교육을 토목학교로 집중코자 했다. 반면 일부 공화주의자 공병 장교 출신이 소속된 공안위원회는 혁명 군대에 필요한 화법기하학 중심의 집중 교육을 통해 공병 장교를 빨리 양성하기를 원했다. 서로 의견 차이를 좁히지 못하자 공안위원회는 이러한 임무를 토목학교에 일임하기보다 새로운 학교를 설립하는 방향으로 나아갔다.

이에 국민공회는 공교육위원회와 더불어 과학기술 분야의 공백을 메우고 외부의 위협으로부터 국가의 위급한 요구를 충족하기 위해 프랑스에서 가장 뛰어난 과학자와 엔지니어 16명으로 구성된 과학자위원회(Comité des savants)를 조직했다. 공포정치가 절정에 달했던 1794년 3월 11일, 에콜 폴리테크닉의 전신인 공공사업중앙학교(Ecole Centrale des Travaux Publics)의 설립 및 공공사업위원회(Commission des travaux publics)의 조직에 관한 법이 공표되었다. 이 법은 국가 방위를 위해 토목 및 군사 업무를 수행하는 국가 엔지니어 양성 기관인 공공사업중앙학교 학생들이 기초 과목인 화법기하학과 화학을 중심으로 다양한 과학 분야의 공통 지식을 습득한 뒤, 자신의 과학 지식을 응용·실습하기 위해 응용학교로 진학해야 한다는 내용을 담고 있었다. 새로운 공학 교육 체제의 개혁을 위한 청사진을 마련하기 위해 조직한 공공사업위원회는 수학자이자 화법기하학의 창시자인 몽주를 필두로 화학자 앙투안 푸르크루아, 장 샤프탈, 클로드 베르톨레, 기통 드 모르보, 루이 보클랭, 물리학자 아센프라츠, 엔지니어 자크-엘리 람블라르디와 프리외르 등 9명으로 구성되었다. 이들이 그린 청사진은 화법기하학과 화학에 기초한 이론 교육과 응용 교육을 동시에 가르치고 장래 공학 부문에 종사할 새로운 엔지니어 양성 기관을 신설하는 것이었다. 또 이 학교의 목표는 학생의 출신 배경보다 지적 능력과 수학 지식을 중시하고, 국가와 사회에 직접적·실질적 도움을 줄 수 있는 과학자와 엔지니어를 양성하는 것이었다. 테르미도르의 반동 이후 온건 공화파가 장악한 국민공회의 자코뱅 좌파는 이 학교가 앙시앵 레짐의 전문학교처럼 특권층의 집합소가 될 소지가 있다는 점 그리고 이 학교 졸업생만이 응용학교에 입학할 수 있다는 독점 조항이 혁명의 평등 정신에 위배된다는 점을 들어 이 계획안에 반대했다.

그럼에도 국민공회는 9월 28일, '혁명과 과학의 아들들'의 양성을 모토로 내세운 공공사업중앙학교의 설립을 승인했다. 11월 30일, 개교와 동시에 엔지니어이자 토목학교 교장을 역임한 자크-엘리 람블라르디(Jacques-Elie Lamblardie)가 초대 교장으로 임명되었다. 첫 학생 모집은 전국에 걸쳐 이뤄졌다. 파리와 지방의 22개 도시에서 16~20세에 해당하는 400명의 젊은이에게 선발 시험에 응시할 기회가 주어졌고, 그중 396명이 합격했다. 교수들은 당시 유럽에서 명성이 높던 수학자 · 물리학자 · 화학자 등으로 구성되었고, 학업 기간은 3개월에서 나중에는 2년으로 연장되었다. 1학년 때는 도면 그리기 · 물리학 · 화학 · 기하학 · 대수학 · 미적분 · 기초화학 및 기계화학, 2학년 때는 건축 · 축성술 · 절체법 · 역학 등의 심화 학습 과정을 거쳤으며, 일주일에 15시간 정도를 실험실에서 보냈다. 1794~1804년의 학생기록부를 보면 318명의 학생 가운데 32퍼센트가 농촌 출신의 부농 및 중 · 소 농민, 31퍼센트가 고위 공직자, 9퍼센트가 변호사, 19퍼센트가 상퀼로트, 9퍼센트가 기타 계층의 자제였다. 또 전체 학생의 반 정도가 파리 출신이고, 나머지는 지방 출신이었다. 적어도 1804년 나폴레옹의 제1제국 수립 때까지 에콜 폴리테크닉은 신입생에게 2년 동안 장학금을 지급하는 무상 교육을 실시하는 등 부르주아 학교로서 건학 이념을 유지했다.

그러나 1795년 8월 22일, 총재 정부 수립 이후 학교 조직에 변화가 생겼다. 먼저 9월 1일 법에 따라 공공사업중앙학교는 '에콜 폴리테크닉'으로 교명을 바꿨다. 그 이유는 학생들이 공공사업 분야에만 한정되지 않고 민간 및 군사 부문에서 활용할 수 있는 다기능 엔지니어 경력을 익히고, 공익을 위해 그리고 수학과 물리 지식을 필요로 하는 직업 분야에서 자유롭게 종사토록 하기 위해서였다. 이어 10월 22일, 에콜 폴리테크닉 학생들만이 응용학교에 진학할 수 있다는 내용을 골자로 하는 '응용학교 재조직법'이 공표되었다. 이 법은 에콜 폴리테크닉 졸업생들만 토목학교 · 광업학교 · 포병학교 같은 응용학교에 진학할 수 있고, 신입생 정원이나 커리큘럼도 에콜 폴리테크닉과 긴밀하게 협의해야 한다고 규정함으로써 혁명 초기부터 주창해온 과학과 기술의 결합, 이론 교육과 응용 교육의 조화를 재차 강조했다. 이 법에 따라 토목학교는 에콜 폴리테크닉의 제1응용학교로 변신했다. 토목학교는 공안위원회의 결정에 따라 공공사업중앙학교의 첫 선발 시험에 가장 우수한 89명의 학생을 보냈다. 기존 학생이 모두 국경 도로를 건설하기 위해 동원되거나 망명한 귀족 공병 장교의 공백을 메우기 위해 떠나는 바람에 토목학교의 신입생 모집은 더욱 어려움을 겪었다. 1794년 말에는 153명, 1795년 말에는 76명의 학생이 토목학교에 남아 있었으며 36명의 에콜 폴리테크닉 학생이 자신이 배운 일반 지식을 건축 기술에 응용하기 위해 토목학교에 진학했다. 이로써 토목학교는 기존의 정체성을 유지하면서도 에콜 폴리테크닉의 제1응용학교로서 위상을 점차 획득해나갔다.

1795년 에콜 폴리테크닉 학업개선위원회가 정한 토목학교의 학업 프로그램은 "이론 공부: 과학을 토목공학 기술로 응용하기. 도로, 석교, 철교, 내해 항해, 해양 항해, 토목 건축, 광물학/내부 업무: 이론 공부를 프로젝트 건설에 응용하기. 프로젝트 건설을 위해 평면도, 단면도, 입면도, 견적서와 내역서 작성하기/외부 업무: 학생을 수석 엔지니어의 감독 아래 주요 공사에 투입하고, 그곳에 공책 · 작업 일지 · 도면 · 파견 일지에 기입한 특별 주의 사항을 가져갈 것"을 명시했다. 재학 기간은 28개월로 그중 12개월은 공사 현장에 투입했으며, 매주 수업 내용을 감독하고 하루 두 번 출석부에 서명하는 등 개근 의무제를 시행했다. 교실에서의 수업과 연습은 하루에 9~10시간 이루어졌으며, 학교 안에서 독서나 교육과 무관한 활동은 금지하는 등 학업 요건을 강화했다. 사실 에콜 폴리테크닉은 토목학교와 공병학교의 후신이라고 해도 과언이 아니다. 공병학교에서 "엔지니어를 특징짓는 것은 설계도"라고 강조한 것처럼 교육 원리 면에서 실제로 실물을 측량해 그린 설계도를 중시하는 화법기하학이 중심이었기 때문이다. 이후에도 설계도에 정확성과 수학적 토대를 제공한 화법기하학은 모든 건설업 관련 엔지니어에게 필수적인 보편 언어로 자리 잡았다. 따라서 장기적 관점에서 볼 때 응용학교로의 변신은 토목 엔지니어단과 토목학교에 위기보다는 새로운 도약의 기회로 작용했다고 볼 수 있다. 그런데 이 10월 22일 법은 향후 에콜 폴리테크닉의 독점과 특권을 수반함으로써 좌 · 우파 모두에 공격의 빌미를 제공했다. 실제로 에콜 폴리테크닉 졸업생은 응용학교를 마친 후 앙시앵 레짐 때와 마찬가지로 주로 군대와 고위 공직에 진출함으로써 국가 엔지니어로서 독점적 지위와 특권을 이어갔다. 프랑스 사회학자 피에르 부르디외(Pierre Bourdieu)의 주장처럼 평등사상에 입각해 엘리트주의를 타파하고자 했던 공교육 실험은 이른바 '국가 귀족(Noblesse d'Etat)'[3]의 독점과 특권을 더욱 공고화했다는 점에서 역설을 낳았다.

1799년 11월 9일, 이른바 '브뤼메르 18일의 쿠데타'로 통령 정부를 수립한 나폴레옹은 스스로 제1통령이 되었다. 나폴레옹 집권 후에도 프랑스는 여전히 유럽과 전쟁 중이었고, 군대는 다방면에서 활동할 더 많은 엔지니어를 필요로 했다. 과학기술의 진보를 중시하는 공학 전략가였던 나폴레옹은 맨 먼저 내무장관에 수학자 피에르 라플라스(Pierre Laplace)를 그리고 에콜 폴리테크닉 교장에 역시 수학자 몽주를 임명했다. 곧이어 1799년 12월 16일, 에콜 폴리테크닉 재조직법을 통해 나폴레옹은 신입생 정원을 300명으로 줄이고, 졸업 후 취업 분야를 정하는 것이 아니라 입학 때 미리 정하도록 했다. 그리고 학생의 군대 부서 지망을 포 함대로까지 확대하고 하루 98상팀의 봉급을 지불함으로써 특권과 안정을 유지토록 했다. 총재 정부와 통령 정부를 거치면서 에콜 폴리테크닉은 화법기하학을 교육의 중심으로 삼은 몽주 뒤를 이어 수학 분석과 추상 개념을 중시한 라플라스의 영향을 받게 되었다. 에콜 폴리테크닉이 점차 '라플라스의 학교'로 전환한 것은 "과학은 문학보다 위대하며, 가장 존중할 만한 가치가 있다"고 선언할 정도로 과학을 중시한 나폴레옹의 후원 덕분이었다. 그렇지만 지나치게 이론 위주인 에콜 폴리테크닉의 교육은 과학자들의 지배를 받는 배타적 엘리트주의의 요람이 되어갔다. 이를 우려한 나폴레옹은 "학생은 설계도에 특히 신경을 써야 할 것이다. 학생은 도형에 관한 기초 공부를 한 후에야 인정받을 것이며 일반 설계도뿐 아니라 투시도를 포함해 건축, 기계, 축성 단면도, 지도 그리기를 실습해야 할 것이다. 시험을 치르기 전에는 옮게 그린 4개의 건축 도면, 4개의 기계 도면, 6개의 측면 축성 도면, 6개의 지도 도면을 제출해야 한다"고 강조했다. 이러한 나폴레옹의 요구는 실용주의적 개혁의 밑그림을 그리도록 함으로써 특히 토목 엔지니어가 설계도 지식을 익히는 데 도움을 주었다.

또 1804년 제1제국을 수립한 후 나폴레옹 1세는 관료제 강화 및 행정 기구 재편을 통해 국가를 중앙 집권화 · 군사화하면서 군대식 서열, 규율, 가치 등을 현실 정치에 적용했다. 7월 16일 법에 따라 에콜 폴리테크닉에 엄격한 규율을 강제하는 군사 체제를 적용하기 시작했다. 학교는 병영화했고, 학교 행정은 내무부가 아닌 전쟁부의 감독을 받게 되었다. 또 에콜 폴리테크닉의 교장을 과학자로 임명하던 기존의 관행을 깨고 제10대 교장부터는 장성 출신을 임명하기 시작했다. 행정 직원은 장교로 대체되었고, 학생은 5개 중대로 이뤄진 1개 대대로 편성되었다. 규율이 엄격한 병영에 수용된 학생들은 중대와 분대로 구분되어 '하사'나 '중사'로 일컬었고, 강의실의 학우를 지휘하면서 보병 장교의 감시를 받았다. 이론적으로는 토목학교에도 에콜 폴리테크닉과 동일한 체제를 적용했다. 제1제국의 토목 엔지니어는 혁명기에 파괴된 도로망의 재건과 대규모 개발 계획, 특히 수력 개발 계획에 참여했다. 이처럼 새로운 기술을 요구하는 복잡한 공사가 많아지면서 시대의 변화에 적응할 수 있는 토목학교 교육의 질적 변화가 요구되었다. 당시 교장 가스파르 드 프로니(Gaspard de Prony)는 학생이 에콜 폴리테크닉에서 이미 배운 과목을 폐지하는 대신 토목 엔지니어의 과학기술과 관련한 응용 과목만 가르치기로 결정했다. 아울러 학생 수를 60명으로 제한하고, 재학 기간을 2년에서 3년으로 늘렸으며, 3개 반 학생에게 기계학 · 절체법 · 건축 관련 강좌를 열었다.

군사 학교로 바뀐 에콜 폴리테크닉과 달리 토목학교는 1830년까지 내무부의 감독을 받으며, 과거의 정신에 충실한 채로 남을 수 있었다. 그러나 8월 25일 칙령은 토목 엔지니어단 소속 엔지니어의 계급, 실제 인원, 제복, 임무, 복종 관계, 상벌 그리고 에콜 폴리테크닉과 마찬가지로 학교의 병영화를 규정함으로써 토목 엔지니어단의 지위에 변화가 생겼다. 1790년 이래 학교 조직에 약간의 변화가 있었지만 혁명 전과 비교해 크게 달라지지는 않았다. 그러나 상호 지도 교육의 폐지는 전통적인 토목학교가 근대적인 학교로 변모하는 데 중요한 계기를 마련해 주었다. 제1제국에서도 엔지니어의 필요성이 더욱 증가해 토목 엔지니어단의 위상도 높아졌다. 1790~1804년 토목 엔지니어단의 수는 두 배로 증가했다. 이들 중 3분의 2는 각 도(道)에서의 일반 작업을, 3분의 1은 운하 · 항만 · 전략 도로 같은 대규모 토목 공사에 투입되었다. 8월 25일 칙령은 토목학교의 입학생 수를 20명으로 정했다. 하지만 1810년에는 28명, 이듬해에는 35명의 에콜 폴리테크닉 졸업생과 11명의 임시 합격자에게 입학을 허용했고, 1812~1813년에는 신입생을 아예 뽑지 않았다. 제1제국에서 완공한 대부분의 대형 건축물은 공공 토목 공사에 관심이 많았던 나폴레옹 1세가 직접 지휘한 것으로 지출한 경비만도 7억 프랑에 달했다. 군대 규율에 따라 학교생활을 영위하던 토목학교 학생은 기숙 생활을 하면서 학교 당국의 승인 없이는 외출도 할 수 없었고, 심지어 외부인의 학교 방문도 허용되지 않았다. 1817년 토목학교 시간표에 따르면 학생들은 9시~10시 30분에 수업 그리고 10시 30분~12시에 배운 내용을 공책에 정리, 오후 12시~4시에 연습과 경합 시험을 위한 설계도를 그렸다. 이어 오후 4시~6시에 저녁을 먹고, 오후 6~8시에는 일주일에 네 번 외국어를 배웠다.

나폴레옹 1세는 몽주, 라플라스, 베르톨레 등 과학자들을 상원의원으로 임명하면서까지 자신의 '밑천(poule aux oeufs d'or)'이 될 에콜 폴리테크닉에 큰 기대를 걸었지만 국가의 군사화 또는 학교의 병영화를 반대하는 학생과 과학자들의 비판에 부딪혔다. 이들은 나폴레옹 1세의 개혁이 혁명기에 힘겹게 획득한 개인의 권리를 침해할 뿐만 아니라, 학교가 평화적 목적이나 국가의 하부 구조 및 산업 발달에 쓰이기보다는 군사적 목적이나 개인적 야망을 만족시키기 위한 도구로 전락하고 있다고 비판했다. 아울러 이런 식으로 가면 에콜 폴리테크닉이 앙시앵 레짐의 사회적 독점 체제로 회귀할 것이며, 그 결과 학생은 사리사욕 없이 국가에 봉사하기보다 특권을 추구하고 유지하려 할 것이 자명하다고 비판했다. 더욱이 나폴레옹 1세의 개혁은 신입생 모집 방식에도 영향을 미쳤다. 이를테면 입학시험은 더욱 어려워지고 이미 폐지했던 라틴어와 문학의 고전 지식이 부활했다. 또 프랑스 혁명의 유산인 장학금 제도를 폐지하고 1000프랑이라는 비싼 수업료를 물게 하는 등 특권층에 유리한 조치를 취함으로써 혁명 이전으로 회귀하는 듯 보였다. 당시 학생의 52퍼센트가 상류층에 속했는데, 그중 26퍼센트는 금리 생활자 및 지주, 18퍼센트는 고위 장교 및 공직자, 8퍼센트는 변호사의 자제였다. 따라서 에콜 폴리테크닉 학생의 출신 성분은 나폴레옹 1세의 개혁 이전과 비교할 때 분명한 차이가 있었다. 또 한편 졸업 후 학생의 취업 분야에서도 주목할 만한 변화가 나타났다. 과거와 달리 졸업생의 91퍼센트가 국가 엔지니어로 종사했다. 그중 군대가 다수를 흡수해 특히 포병대가 61퍼센트, 공병대가 17퍼센트를 차지했다. 아울러 9퍼센트는 토목국, 2퍼센트는 광업국, 2퍼센트는 총기용 화약 · 수리 측량 · 지리학 관련 부서에서 일했다. 비정부 기관에 종사한 졸업생은 9퍼센트에 불과했다.

이처럼 에콜 폴리테크닉의 초기 역사는 프랑스에서 국가 전략상 과학기술 정책 및 교육에 대한 국가 지도자나 정부의 강력한 의지가 어떻게 이공계 우대 전통을 확립하고 발전시켜나갔는지를 잘 보여준다. 공화주의적 이상과 제국주의적 이상 사이에 간극이 없진 않았으나 나폴레옹 1세 시대의 군사화 유산은 오늘날까지 에콜 폴리테크닉의 주요 특징 중 하나로 남았다. 그런 점에서 볼 때 프랑스 첨단 과학기술 분야가 주로 전쟁 무기나 군사과학에서 발달한 것은 결코 우연이 아니다. 혁명기에 기존의 특권을 해체하고 새로운 교육 목표를 제시한 몽주 같은 과학자들의 노력에도 불구하고, 에콜 폴리테크닉이 좁은 입학 문과 난해한 교과목 운용을 통해 '엘리트 중의 엘리트'를 배출하는 상층 부르주아 계급의 보루가 되었다는 세간의 비판을 피하기는 어려웠다. 나폴레옹 1세 시대 이후에도 이러한 평판은 크게 달라지지 않았다. 에콜 폴리테크닉의 교육은 여전히 이론적 · 수학적 지식을 지적 우월성과 사회적 권력의 상징으로 간주했고, 강한 단체정신을 심어주는 데 노력을 기울였기 때문에 배타적 엘리트주의의 요람이라는 비판을 줄곧 받아왔다. 이러한 에콜 폴리테크닉의 독점과 특권은 19세기 들어 산업화와 제3공화국 초기 공교육 개혁 과정을 통해 새로운 국면을 맞이했다.

또 다른 한편 에콜 폴리테크닉의 탁월한 명성은 유럽을 넘어 북미의 유수 공학 교육 기관에 모델을 제공했다. 예컨대 MIT의 전신인 미국의 보스턴 테크(Boston Tech), 영국의 폴리테크닉, 독일의 고등기술학교 그리고 1802년에 창설된 미국의 웨스트포인트 육군사관학교가 여기에 해당한다. 특히 웨스트포인트 육군사관학교는 에콜 폴리테크닉의 구조와 전통을 그대로 따르면서 이후에도 에콜 폴리테크닉과 긴밀한 관계를 유지해왔다. 또 일부 에콜 폴리테크닉 졸업생은 해외에서 에콜 폴리테크닉을 모방한 교육 기관을 설립하기도 했다. 예컨대 1812년 졸업생인 장 샤플리에(Jean Chapelié) 중령은 에콜 폴리테크닉 모델을 따라 1832년 벨기에 왕립군사학교(Ecole Royale militaire de Belge)를, 1839년 클로디우스 크로제 대령은 미국에 버지니아 군사학교를 창설했다. 또 1873년에는 캐나다에서 에콜 폴리테크닉의 이름을 그대로 딴 몬트리올 에콜 폴리테크닉(Ecole Polytechnique de Montréal)을 창설하기도 했다.

3.2 산업화와 민간 엔지니어 양성

3.2.1 '지연된 산업화론'과 생시몽주의

1789년 정치적 · 사회적 격변을 초래한 프랑스 혁명은 특권의 폐지와 함께 부르주아 계급이 주도하는 산업 시대를 여는 데 큰 영향을 미쳤다. 그러나 혁명은 길드를 폐지하면서 숙련된 장인을 양성하던 도제 제도를 약화시켰고, 그 결과 기계 관련 기술자와 기계공 같은 숙련 노동자의 부족 현상을 심화시켰다. 특히 석탄업, 제철업 같은 산업 분야에서의 노동력 부족은 엔지니어를 포함한 새로운 직업의 성장에도 영향을 미쳤다. 그뿐만 아니라 혁명전쟁 및 나폴레옹 전쟁도 프랑스의 경제적 · 산업적 혁신과 진보를 지연시켰다. 더욱이 1815년 나폴레옹 1세의 몰락과 더불어 수립된 복고 왕정은 프랑스를 혁명 이전의 경제 구조로 되돌리면서 혁신적 기업에 대한 투자를 위축시키는 분위기를 조성했다. 당시 프랑스의 부르주아 계급은 1770년대 이래 엄청난 산업적 도약을 일궈내고 세계적인 상품 시장을 지배하던 영국과 직면해야 했다. 고율의 관세를 통한 프랑스 국내 산업 보호 정책 역시 기술 변화를 위한 동기를 약화시켰다. 그 결과 직물업, 광산업, 제철업의 진전에도 불구하고 19세기 초 프랑스 산업은 완만한 성장세를 보였다.

특히 19세기 초부터 영국과 비교해 '지연된 산업화'에 관한 여러 가지 위기 담론이 넘쳐났다. 그중 생시몽의 여러 저작에서 자주 발견할 수 있는 과학기술에 대한 관심은 당시 프랑스가 경제 · 산업적으로 영국에 뒤처져 있다는 위기론을 반영한 것이었다. 초기의 생시몽은 뉴턴의 만유인력 법칙 같은 과학적 명제를 각종 사회 현상을 설명하는 데 적용했으며, 프랑스는 이데올로기나 혁명적 선동보다 산업 활동이 더 필요하다는 점을 강조했다. 생시몽은 "가장 수가 많고 가장 빈곤한 계급"에 최상의 조건을 유일하게 보장할 수 있는 수단을 생산의 발달로 보았다. 이러한 그의 신념은 1819~1820년에 저술한 《조직자(L'Organisateur)》에서 새로운 의회를 미술가, 조각가, 200명의 토목 엔지니어로 구성된 '발명의회(Chambre d'invention)'라고 명명하면서 엔지니어를 '산업자들(industriels)'[4] 사이에 위치시켰던 데서 잘 드러난다.

1825년 5월 19일, 생시몽의 죽음 직후 제자였던 엔지니어, 과학자, 은행가 등이 모여 스승의 유지를 받들고 그의 사상을 전파하기 위한 목적으로 생시몽주의 '학파'를 출범시켰다. 생시몽의 사상에 영향을 받은 이른바 '생시몽 세대'는 주로 부르주아 출신의 자유직업 종사자가 대부분이었다. 이들은 생시몽이 자신의 초기 저작들에서 보여준 사물에 대한 관리 능력을 통한 사회 통제와 경제 계획이라는 '산업주의' 그리고 말년에 "가장 수가 많고 가장 빈곤한 계급의 물질적 · 정신적 · 지적 조건을 가능한 한 가장 신속하게 개선"한다는 현세적 목표를 담아 다가올 산업 사회의 성직자는 과학자이고 그들의 선교 목표는 공익을 위한 열정을 불러일으키는 데 있다고 천명한 생시몽의 유작 《신기독교론(Nouveau Christianisme)》에 큰 영향을 받았다. 스승의 유업을 이어가기 위한 노력은 그해 6월 1일 〈생산자. 산업 · 과학 · 미술 신문(Produteur. Journal de l'industrie, des sciences et des beaux-arts)〉(이하 〈생산자〉)을 창간함으로써 시작되었다. 생시몽의 정신적 후계자이자 유대인 은행가인 올랭드 로드리그(Olinde Rodrigues)와 프로스페르 앙팡탱(Prosper Enfantin), 생-아르망 바자르(Saint-Arman Bazard)가 이 신문의 공동 편집장이 되었다. 그 밖에 변호사, 의사, 엔지니어, 은행가 등이 편집인으로 참여하면서 생시몽주의 운동이 활성화되었다. 또 이들은 1830년 9월 기존의 자유주의 계열 신문인 〈르글로브(Le Globe)〉를 인수해 생시몽주의의 공식 기관지로 만들었다. 생시몽주의 사상의 요람이랄 수 있는 〈생산자〉와 〈르글로브〉는 평등주의 대신 "각자의 능력만큼, 각자 일한 만큼 정당하게 대우받는" 사회를 꿈꿨으며, 자유주의 경쟁에 대한 노동-자본의 협력, 노동-자본의 중개자로서 엔지니어의 임무를 강조했다. 또 시대착오적인 프랑스 산업의 소유 구조를 비판하고 산업가들 사이의 연대에 입각한 주식합자회사 형태를 제시하는 등 자유주의 경제 이론을 비판하는 정치경제학 기사를 주로 다뤘다.[5]

생시몽이 영국과 비교해 프랑스가 가졌던 물적 토대의 취약함과 경제적 후진성을 인식했던 것처럼 생시몽주의 엔지니어들은 주로 에콜폴리테크닉 출신이면서 생시몽의 추종자들이 많았기 때문에 '신생시몽주의자(néo-Saint-Simoniens)'로 일컬어졌다. 19세기 프랑스 경제에서 기업가 · 금융가 · 엔지니어 · 정치가 등 다양한 분야에서 활약한 생시몽주의자의 역할에 주목할 필요가 있는데, 이들은 철도와 금융, 제철과 수송, 신문 광고, 국제 무역 및 통신 분야의 '산업 사절단'으로서 생시몽주의 정신을 보급하는 데 기여했다. 프랑스 경제 및 산업의 성장에 끼친 생시몽주의자의 영향에 대한 본격적인 연구는 20세기 들어 일단의 미국 역사가들에 의해 이루어졌다. 이들은 기업가적 관점에서 생시몽주의자들을 19세기 중반의 지연된 프랑스 산업화와 자본주의를 역동적인 방향으로 이끈 혁신 집단으로 평가한 바 있다. 19세기 중반 이후 생시몽주의자들은 산업 사회의 특징을 규정하는 사회 재조직과 과학기술의 혁신 같은 주제를 탐구하고 실행에 옮기려는 다양한 산업 프로젝트를 시도하게 된다.

1832년 생시몽주의자들은 〈르글로브〉에 수에즈 운하 건설, 철도 건설, 산업 신용의 확대에 관한 프로젝트를 발표함으로써 초기의 공상주의적 요소를 포기하고 실용주의에 입각한 산업 사회로의 전환을 위해 산업화에 필수적인 하부 구조 확립에 모든 노력을 쏟았다. 그들의 산업 프로젝트 활동 가운데 가장 괄목할 만한 역할을 한 두 가지는 프랑스 교통망, 특히 수에즈 운하와 철도망의 건설이었다. 특히 앙팡탱은 지중해를 중심으로 서양이 기술을 제공해 동양에 생시몽주의 유토피아를 건설함으로써 서양과 동양의 평화적 공존을 모색하려는 '수에즈 운하 건설 프로젝트'를 추진했다. 앙팡탱의 최종 목표는 수에즈 운하 건설을 통해 유럽에서 인도와 중국으로 가는 새로운 길을 만들고, 이어 파나마 운하를 건설해 전 세계를 연결함으로써 평화 체제를 구축하는 것이었다. 이집트에서 추진한 그의 수에즈 운하 건설 프로젝트는 결국 실패로 돌아갔지만, 그 뒤를 이은 또 다른 생시몽주의자 페르디낭 드 레셉스(Ferdinand de Lesseps)에 의해 마침내 완성되었다.

한편 또 다른 생시몽주의 경제학자 미셸 슈발리에(Michel Chevalier)는 생시몽주의자들이 꿈꾼 교통망을 통한 세계의 연결이라는 이상을 구체화하기 위해 철도 외에 해저 터널과 파나마 운하 건설 프로젝트를 구상하고 연구했다. 1861년 나폴레옹 3세의 명에 따라 영국과 프랑스 사이의 자유 무역 협정을 성사시킨 슈발리에는 이미 1857년에 오늘날 프랑스-영국 간 해저 터널의 효시랄 수 있는 프랑스-영국 해저 철도 회사(La Société du chemin de fer sous-marin France Angleterre)를 설립하고, 양국 간 해저 터널 건설을 위한 프로젝트를 구상한 바 있다. 1870년 프랑스-프로이센 전쟁에서의 패배와 제2제국의 몰락으로 나폴레옹 3세의 측근인 산업계의 생시몽주의자들이 영향력을 상실했을 때에도 슈발리에의 열정은 식지 않았다. 슈발리에는 1875년 '도버 해협 연결을 위한 해저 터널 건설 연구 협회(Société d'études pour réaliser le percement du tunnel sous la Manche)'를 설립하고 프랑스-영국 간 해저 터널 건설을 제안했다. 이에 프랑스 정부는 연구 협회 회장이던 슈발리에에게 해저 터널 건설을 위한 양도권을 부여하고, 400명의 주주가 각자 500프랑씩 출자한 200만 프랑의 자본을 모아 공사를 시작했다. 1880년 88미터 70센티미터의 깊이로 3미터 및 5미터 40센티미터 지름의 갱도를 파는 데 성공했지만 동양의 정세에 촉각을 곤두세우던 영국의 미온적인 태도 때문에 공사는 결국 중단되었다.[6]

그 밖에도 슈발리에는 '파나마 운하 연구 협회'를 설립한 후 로스차일드가와 북부 철도 회사의 자금 조달 참여를 약속받고 파나마 운하 건설 프로젝트를 진행했다. 그의 죽음으로 이 프로젝트는 중단될 위기에 처했지만 훗날 미국에 의해 완공되었다.[7]

이처럼 생시몽주의자들은 철도망뿐만 아니라 운하망 · 도로망 · 해운망을 통해 전 세계를 거대한 망 조직으로 연결하려는 원대한 목표와 열정을 보여주었다. 당시의 물질적 측면에서 볼 때, 생시몽주의자들의 '망(network) 조직화'는 운하, 해운, 철도 분야에서만 가능한 것이었다. 수에즈 · 파나마 운하 건설, 철도 부설뿐 아니라 페레르 형제(Emile & Issac Péreire)가 설립한 대서양 횡단 해운 회사(Compagnie Générale Maritime

Transat)는 아브르(Havres)와 북미를 연결하고, 프랑스-뉴욕-마르티니크 간 우편 업무를 수행했다. 이러한 생시몽주의자들의 망 조직화는 훗날 전신, 전화, 위성 그리고 인터넷에까지 영향을 미쳤다는 점에서 이들을 '근대 망 조직화의 선구자'로 평가할 수 있다. "우리는 수학 정신에 따라 생시몽주의자가 되었다"고 할 만큼 생시몽주의 제1세대는 인류의 진보와 산업의 발전을 증명하기 위해 수학적 계산을 통한 사회공학 설계에 큰 매력을 느꼈다. 이들이 당시의 프랑스가 경제 위기에서 벗어나기 위해서는 정치적 해결보다 노동-자본의 합리화를 통한 경제 재조직화를 주창했다는 점에서 프랑수아 갈리스(François Gallice)는 생시몽주의와 엔지니어의 관계를 "유토피아〔이상적 사회 체제〕"와 "이성〔과학〕"의 결합체로 규정한 바 있다.[8] 이 같은 관련성 때문에 생시몽주의 운동에 가담한 엔지니어들은 이른바 "진보의 사도" 또는 "20세기 프랑스 테크노크라트의 선구자"로 일컫기도 한다.[9]

3.2.2 철도화와 토목 엔지니어의 역할

1830년대의 프랑스는 제철업·철도업·광산업·기계업·방직업·가스조명업 등의 발달로 새로운 산업 시대에 걸맞은 경제 및 산업 논리에 적응해야 하는 변화의 기로에 서 있었다. 특히 '근대 산업의 꽃'으로 비유되는 철도업의 성장과 철도화 과정을 설명하기 위해서는 철도업과 엔지니어의 관계, 특히 기초 공사를 담당하던 토목 엔지니어의 역할에 주목할 필요가 있다. 이러한 추세를 반영이라도 하듯 1830년 5월 최초의 철도 노선을 부설할 때 토목 엔지니어와 토목 행정에 활력을 불어넣기 위해 전담 부서인 공공사업부(Ministère des Travaux Publics)가 신설되었다. 그로부터 얼마 후 7월 혁명이 일어나 '시민왕' 루이 필리프를 필두로 자유주의적 입헌 왕정이 수립되었다. 7월 왕국은 '산업주의'를 기치로 내세운 앙팡탱, 페레르 형제, 슈발리에 같은 생시몽주의자의 경제 조직화 프로젝트에 힘입어 도로 및 교량 건설과 철도 부설에 많은 예산을 쏟아부었다. 철도망 이전에 이미 정부로부터 양도권을 획득한 회사들에 의해 도로와 운하 등의 교통망이 추진되면서 토목 엔지니어의 역할도 더욱 커졌다. 과거 도로와 운하 건설을 주로 담당하던 토목 엔지니어가 이제는 철도 부설에 투입되어 프랑스의 철도화에 큰 역할을 하게 된 것이다. 1835년 생시몽주의 은행가 에밀 페레르(Emile Péreire)는 파리-생제르맹 철도 회사(Compagnie du chemins de fer de Paris à Saint-Germain)를 설립하고, 프랑스 최초의 파리-생제르맹 노선을 건설하는 성과를 거두었다. 에밀은 파리-생제르맹 철도 회사를 설립하기 이전인 1832년 10월부터 토목학교 교장 르그랑(Legrand)에게 철도 부설 프로젝트를 맡겼는데, 이에 대한 예비 연구는 생시몽주의 엔지니어였던 가브리엘 라메(Gabriel Lamé), 에밀 클라페롱(Emile Clapeyron), 플라샤 형제(Eugène et Stéphane Flachat)에 의해 이루어졌다. 1855년 말 영국이 1만 3000킬로미터, 프랑스 면적의 10분의 1에 불과한 벨기에가 1400킬로미터를 완성한 데 반해 프랑스의 철도 길이는 5500킬로미터에 불과했다. 이후 페레르 형제와 로스차일드가의 자금을 조달받던 6개 대형 철도 회사[10]가 연합해 프랑스의 철도 길이는 1869년 1만 7000킬로미터, 1900년 3만 7000킬로미터로 크게 늘어나는 성과를 거뒀다. 전통적 농업국이던 프랑스의 지형을 크게 변화시킨 철도화는 산업 생산의 증가로 이어졌고, 프랑스인의 삶의 조건을 크게 향상시켰다.

19세기 내내 국가는 공공사업 부문에서 견인차 역할을 해왔다. 이 부문의 '국가개입주의'는 다른 경제 부문의 자유주의와 대비되었다. 토목 건설 및 철도 부설에서 기업가와 은행가의 역할이 중요했다 해도 실제로 공권력의 영향은 매우 컸다. 경제 성장은 토목 행정 예산뿐 아니라 관련 산업에 대한 투자를 증대시켰고, 1829~1845년에만 공공사업부의 예산 지출은 네 배나 증가했다. 이 같은 추세는 철도 부설 관련 공공 및 민간 부문에 진출하는 토목 엔지니어의 수와 공사 예산에도 반영되었다. 단적인 예로, 1840년대부터 정부가 민간에 철도 부설권을 양도하면서 민간 철도 회사의 작업에 투입되는 토목 엔지니어뿐만 아니라 국가를 위해 철도 연구 및 부설을 담당하는 토목 엔지니어의 수와 공사 예산도 급격하게 증가했다. 1831~1847년 도로 및 교량 건설에 6억 3000만 프랑, 내해 항해에 4820만 프랑 그리고 1839~1847년 정부가 철도 회사에 투자한 액수를 합하면 철도 부설을 위해 2억 8100만 프랑을 지원했다. 철도 건설에 투입된 토목 엔지니어 수가 크게 증가한 이유 중 하나는 민간 철도 회사가 기초 공사를 할 때 대부분 토목 엔지니어에게 지원을 요청했기 때문이다.

산업화가 가속화하면서 민간 산업 부문에 종사할 인력에 대한 수요가 급증하자 엔지니어 사이의 경쟁이 불가피해졌다. 19세기 전반의 토목학교는 설계도 실습에 여전히 우선권을 두었기 때문에 에콜 폴리테크닉에서 수학과 물리학에 기초한 이론 교육을 받은 학생이 토목학교에 입학하면서 약간의 불협화음이 있었던 것도 사실이다. 이는 에콜 폴리테크닉에서는 "공익을 위해 요구되고 공화국의 경비를 들인 모든 종류의 작업을 지시하고, 운영하고, 관리하기 위해 필요한 모든 실증적 지식을 제공"하고, 토목학교에서는 "노동자를 관리하고, 작업장 건설과 관련한 가장 세부적인 일을 다루거나 노동자에게 지침을 내리는 습관을 가지도록 촉구"한 교육 관행의 차이가 빚어낸 갈등으로 볼 수 있다. 그럼에도 1830~1880년 에콜 폴리테크닉 졸업생의 약 4분의 3이 토목학교에 진학할 정도로 에콜 폴리테크닉과 토목학교는 긴밀한 관계를 계속 유지했다. 이처럼 에콜 폴리테크닉 졸업생이 토목 엔지니어를 선호한 이유는 가장 우수한 졸업생이 주로 국가 엔지니어 집단에서 활동했고, 국가 경제의 발전을 위한 여러 주요 프로젝트에 참여함으로써 경력을 쌓을 수 있다는 장점 때문이었다.

1850년대는 토목 엔지니어단과 토목학교가 산업 시대의 논리에 적응해가는 과정의 막바지에 해당한다. 1851년의 법은 수업의 체계화, 한해 시간표의 작성, 교수의 질, 학생의 실습 관리를 규정했으며, 에콜 폴리테크닉 출신이 아닌 외국인과 청강생에게도 토목학교의 입학을 허용했다. 또 토목학교는 에콜 폴리테크닉 출신이 아닌 신입생의 부족한 학습 수준을 보충하기 위해 준비반을 만드는 등 에콜 폴리테크닉 출신의 독점을 완화하는 조치를 취하기도 했다. 제2공화국에 이어 제2제국 때에도 기존 토목학교의 방침은 그대로 이어졌다. 제2제국부터 산업화가 더욱 활성화하면서 철도 · 건설 · 기계 · 화학 등의 민간 산업 부문에 진출하는 엔지니어의 수도 급증했다. 사실상 국가 엔지니어의 독점 시대도 끝나가고 있었다.

3.2.3 기계학의 발달과 기계화 과정

기계학(mécanique)의 기원은 17세기 이전으로 거슬러 올라가지만, 독립적 영역을 구축한 것은 18세기 이후였다. 프랑스 혁명 이전에 이미 왕립토목학교의 교수 피에르-루이 조르주 뒤뷔아(Pierre-Louis Georges Du Buat)·앙투안 세지(Antoine Chézy)·샤를-오귀스탱 쿨롱·장-샤를 보르다(Jean-Charles Borda)·라자르 카르노(Lazard Carnot) 등에 의해 유체의 흐름·물질의 저항·수력학·메커니즘의 영역에서 놀라운 발전이 이루어졌고, 이러한 성과는 혁명 동안 에콜 폴리테크닉 중심의 과학기술교육 체제로 구축되었다. 특히 '카르노 원리'로 유명한 카르노는 수학적 분석보다 과학의 운동 이론을 기계 작동에 관한 일반 원리에 적용함으로써 기계학의 발전에 크게 기여했다. 기계 기술의 발전은 더욱 정교한 기계 지식을 필요로 했다. 따라서 근대적 의미의 기계 엔지니어를 탄생시킨 공학학교가 등장하기 이전에 기계학 교육을 위한 지식 체계를 구축해야 했고, 이는 18세기에 이미 시작되었다. 주지하다시피 당시 콩도르세를 비롯한 계몽주의 사상가의 영향으로 에콜 폴리테크닉 같은 새로운 공학 교육 기관을 설립했는데, 이 학교에서는 실용적이고 귀납적인 지식보다 이론적이고 연역적인 지식의 우위성을 강조했다. 당시 엔지니어에게 가장 이상적인 상은 실용적 시스템을 이론적으로 분석하고 실습을 지도하는 데 이론을 적용할 수 있는 사람이었다. 이 시대의 관점에서 과학은 기술의 발전을 추동하고, 과학 이론은 기술적 실천에 적용해야 했다. 과학은 기술에 응용하는 문제와 밀접하게 연관되어 있고, 이는 기술 지식의 과학화와 합리화를 의미했다. 이 같은 정신은 19세기 공학학교 및 응용학교의 회보를 비롯한 많은 저술에서 구체적으로 명시되었고, 지도 제작이나 기계 시험 등 민간 공학 분야 고유의 전문 지식 연구와 발전을 도왔다.

이러한 과학 문화의 가장 두드러진 특징은 수학의 중요성을 강조하는 것이었다. 수학적 보편성이라는 의식은 19세기의 새로운 엔지니어 정신과 조화를 이루었다. 초기 프랑스 엔지니어가 이론적 지식에 매겼던 높은 가치는 당시 프랑스 문화를 반영하는 것으로서 19세기 프랑스 엔지니어 직업의 특징이 되었다. 공학 지식에 대한 이 같은 수학적 응용은 프랑스 엔지니어 문화의 주요 특징인 사회적 책임 의식으로 연결되었다. 많은 학자가 프랑스 공학과 사회적 책임감 사이의 밀접한 관계는 국가 주도적 성격에서 기인한다고 설명했지만, 앙투안 피콩(Antoine Picon)은 프랑스 공학의 역사에서 드러나는 복잡한 관계의 양상을 한 가지 원인으로 환원할 수 없다고 지적하면서 이런 관계를 다양한 이유로 설명했다.[11] 특히 그는 18세기 이후 프랑스 엔지니어의 엘리트 의식이 강화된 주요 요소 가운데 하나로 수학에 대해 프랑스 엔지니어가 지녔던 개념의 중요성을 강조했다. 또 18세기 이후 수학을 강조한 공학 교육을 받은 프랑스 엔지니어는 수학을 순수 이론 학문이 아니라 포병대와 축성술에서 보병대 배치 계획에 이르기까지 실천적 문제를 해결하는 도구로 간주해왔으며, 바로 그 점이 프랑스 엔지니어가 경제 문제에 관여해온 이유를 설명해준다고 주장했다. 이렇듯 18세기 수학적 응용의 확산은 프랑스 엔지니어가 경제 문제에 관여하면서 사회적 책임 의식을 고양하고, 사회를 위해 가장 유용한 프로젝트를 결정할 책임 있는 사람으로 스스로를 자리매김하도록 만들었다고 할 수 있다.

이론적 지식에 대한 선호는 산업화의 진전과 더불어 응용과학에 대한 필요성을 낳았다. 수학, 물리학, 화학 분야가 산업 발전을 위해 동원되었다. 19세기 프랑스에서 기초 지식을 기술로 이전한다는 응용과학 개념은 특히 조르주 퀴비에(Georges Cuvier)나 샤프탈에 의해 확산되었다. 물론 당시에도 결과물 없는 이론과 이론 없는 발명이 공존했다. 예컨대 제라르-조제프 크리스티앙(Gérard-Joseph Christian)은 1822년 저서에서 산업기계학을 설명했다.[12] 이 시기의 기계 기술 지식은 고체의 길이 · 흐름 · 부피 같은 도량형과 관련이 있고, 속도 · 가속화 · 힘 · 압력 · 일 · 강도 개념을 포함했지만 화학 지식은 결여된 상태였다. 게다가 기술에서 물질에 관한 지식을 여전히 경험적으로 획득하곤 했다. 물질의 성질을 다루는 화학이 비약적 성장을 이루고는 있었지만, 엔지니어에게 사유의 토대를 제공하기에는 불충분했다. 화학을 일관적 시각을 결여한 관찰의 집합체에 불과하다고 여긴 당시의 엔지니어들은 달턴의 원자론, 아보가드로의 법칙, 화학의 기호 체계 그리고 원자량 등을 전혀 이해하지 못했다. 기술은 단지 산업과 제조 그리고 공장과 연결되었으며, 고형으로 이루어진 기계의 운동만이 산업에 속했다. 열의 중요성을 감지하고는 있었지만, 과학적 지식은 여전히 불확실했다.

19세기 프랑스 기계학 관련 분야의 여러 과학자와 엔지니어는 순수과학 이론을 기술 분야에 응용해야 한다는 신념을 지녔을 뿐만 아니라,

실험이나 산업적 실천이 이론을 구축하는 데 도움을 주리라고 믿었다. 기계학 분야에서 이들은 독립된 분과 학문으로서 응용기계학(mécanique appliqué)을 수립했고, 이 분야는 19세기 여러 공학학교의 필수 과목으로 자리 잡음으로써 근대 기계 엔지니어의 탄생에 기여했다. 1800~1820년 에콜 폴리테크닉에서 교육받은 소장파 학자들은 공학 지식의 수학화 또는 과학화를 도모했고, 기계공학을 수행하는 데 자신들이 교육받은 수학과 합리적 기계학을 응용했다. 특히 당시 기계공학 분야의 3인방을 이루던 토목학교 교수이자 수학자 루이 나비에(Louis Navier), 중앙공예학교 교수 가스파르-구스타브 코리올리(Gaspard-Gustave Coriolis), 메스 군사학교 교수 장-빅토르 퐁슬레(Jean-Victor Poncelet)를 비롯한 일부 과학자 겸 엔지니어가 여기에 속했다. 이들은 기술 체계에서 관찰한 현상을 수학적 방정식으로 정리하고자 했으며, 실제로 운동방정식과 평형방정식을 기계에 적용했다. 19세기 프랑스의 기계학 교육은 합리적 기계학과 응용기계학으로 이원화되어 있었는데, 특히 과학 지식으로서 기계학을 산업에 응용하는 응용기계학은 19세기를 거치면서 큰 발전을 이루었다. 19세기 중반 이후 응용기계학은 응용역학, 기계의 평형과 운동에서 수동적 저항 연구, 물질의 저항, 수력학, 열역학이라는 다섯 가지 이론적 골격을 구축했으며, 19세기 말에야 확고한 정체성을 부여받았다. 이로써 장인적 성격이 강한 18세기의 엔지니어는 1820년대 이후 수학화한 응용과학을 수용하고 전통적 장인에 비해 훨씬 과학자에 근접한 근대 엔지니어에게 자리를 내주었다.

주지하다시피 국가 엔지니어 양성을 위한 공학학교는 일찍부터 설립되었지만 18세기 후반까지 산업의 기계화에 큰 영향을 미치지 못했다. 산업화 초기의 노동자는 전통적 생산 방식의 영향 아래 있던 공장 노동자나 상업 자본의 지배 아래 있던 수공업 노동자가 대부분이었기 때문에 작업장의 중급 기술자나 기계공은 주로 도제 제도를 따르거나 독학으로 일을 배웠다. 19세기 초반까지 프랑스의 중공업은 빈약했고, 기계 기술직은 최하층의 위험한 직종이었다. 기계화를 가장 먼저 시작한 분야는 면직물업이었다. 1780년대에 영국으로부터 최초의 기술 이전이 시작되었고 수력 방적기를 고안했다. 제1제국 때는 양모 방적기를 사용했으며, 1820년대에 알자스와 파리를 비롯한 북부 지역에서부터 면방적의 기계화가 이루어지기 시작했다. 하지만 전통적 수공업 작업장의 비중이 컸던 당시 프랑스 산업에서 동력 기계나 공작 기계의 도입을 통한 기계화 과정은 완만하게 이뤄졌고, 생산은 당장의 수요에 따라 진행되었다. 섬유업에서는 발전 동력과는 거리가 있는 비조직적 가내 노동이 1860년까지 지속되었으며, 면직물업에서도 1870년대까지 수동 방적기와 기계 방적기를 병용했다.

이와 같은 완만한 산업화 과정은 제철업 및 기계업과 철도업에서도 예외가 아니었다. 1842년 제정된 철도법은 제철업 및 기계업 부문의 성장을 고무했지만 당시 단 30대의 기관차가 존재했을 정도로 철도업의 초기 성장세는 그리 대단치 않았다. 제철업 역시 완만한 산업화 과정을 겪었다. 예컨대 19세기 초·중반 프랑스 로렌 지역의 사례에서 볼 수 있듯 제철업의 경우 여전히 수공업 전통이 강하게 지배하고 있었다. 당시 대기업에 속한 데로슨-카일(Société Derosne-Cail)에서 기계제 생산으로 성과를 거둔 분야는 설탕업뿐이었으며, 프랑스 중공업은 대부분 영국의 기계와 기술자에 의존하는 형편이었다. 하지만 화물 수송에 기여한 육로나 수로와의 경쟁 속에서 새롭게 등장한 철도업을 통해 기계업 분야에 차츰 변화의 기류가 일기 시작했음은 분명하다. 1825년에 시작된 철로 건설은 1840년 400킬로미터에서 1850년 3000킬로미터, 1860년 9500킬로미터, 1870년 1만 7400킬로미터, 1880년 2만 3600킬로미터로 늘어났다. 전통적 운송 수단이던 수로 역시 지속적으로 늘어났지만, 철로는 더 높은 비율로 증가했다. 철도 혁명이 산업에 미친 가장 눈에 띄는 영향은 무엇보다도 철도업에 필요한 부속품 조달과 관련해 나타났다. 철도업 외에도 증기선 및 대형 여객선의 증가, 항구 설비의 근대화, 새로운 하수도 시설의 개량, 지방 공공사업의 확장, 철강 교량, 고가로, 운하 건설 등이 활발해졌고 이에 따라 훈련받은 인력이 필요했다. 1830년대의 경영 및 은행 혁명 그리고 1840년대의 철도 혁명에 자극을 받은 프랑스의 산업화가 본격적으로 이뤄지기 시작한 때는 1848년 혁명 이후 제2제국의 자유주의 정책 아래에서였다.

제2제국이 수립되자 1848년 혁명 이후 정치가 및 고위 공직자로 활동하던 생시몽주의 '좌파'가 물러나고, 엔지니어 및 은행가로 구성된 '우파'가 위로부터의 사회 개혁을 추구했다. 일부 학자들은 이른바 '생시몽주의 황제'로 일컫던 나폴레옹 3세의 정책 때문에 생시몽주의자를 '권위적 자본주의(capitalisme autoritaire)'의 선구자로 간주하기도 한다. 제2제국 초기에 나폴레옹 3세는 공공사업 및 철도 · 건설 · 은행 사업을 비롯해 산업화와 농업 발전을 촉진하고, 보호 관세 정책을 실시하면서 번영을 가져왔다. 또 이 시기에 대규모 투자 은행 설립, 철도 부설, 기술 진보가 이루어졌다. 특히 당시 생시몽주의자 중에는 나폴레옹 3세의 고문 역할을 한 기업가와 은행가가 많았고, 이들이 프랑스 산업화에 지대한 공헌을 했다는 것은 주지의 사실이다. 특히 나폴레옹 3세의 최측근 중에는 '크레디모빌리에 은행(Société Générale de Crédit Mobilier)' 설립자인 페레르 형제가 있었다. 프랑스에서 산업 프로젝트의 실현 문제만큼이나 중요한 것은 공공 토목 공사 및 산업 발달의 젖줄인 자금 조달 문제였다. 당시 프랑스의 은행은 프랑스중앙은행(Banque de France)과 부유한 고객을 상대로 거래하는, '고등 은행(haute banque)'이라 일컫던 개인 은행이 대부분이었다. 이런 상황에서 〈생산자〉 시절부터 생시몽주의자들은 새로운 산업 분야의 기업에 대한 자금 조달을 통한 경제 성장을 촉진하기 위해 신용의 조직화와 대규모 산업 출자 은행의 설립을 지속적으로 요구했다. 사실 유럽에서 프랑스 산업이 크게 성장한 계기는 제2제국의 수립과 크레디모빌리에 은행의 설립에 있다고 말할 수 있다. 주식 공모를 통해 프랑스 최초의 주식 자본 은행으로 출범한 크레디모빌리에 은행의 자금 조달 덕분에 페레르 형제는 유럽 대륙에 걸친 철도 건설 및 여러 관련 사업에 참여할 수 있었다.[13]

그 여세를 몰아 페레르 형제는 1850~1860년대에 센 도지사 오스만(Georges-Eugène Hausmann) 남작의 파리 도시 계획 사업에 4억 프랑에 이르는 막대한 자금을 조달하고, 릴 · 리옹 등의 여러 도시 계획 사업에도 관여하는 등 프랑스의 도시 근대화 프로젝트에서 괄목할 만한 역할을 담당했다.[14] 사실상 오스만 남작에 의한 파리 도시 계획 사업의 근간은

1832년 〈르글로브〉에 게재했던 극작가 샤를 뒤베리에(Charles Duveyrier)의 '새로운 도시 또는 생시몽주의자들의 파리(La Nouvelle ville ou le Paris des saint-simoniens)' 프로그램이었다. 이 프로그램을 토대로 오스만 남작은 복잡하고 더럽고 비위생적인 중세의 거리 대신 기하학적 모양의 방사선 도로를 정비해 계획 도시 파리를 건설했을 뿐만 아니라 센 강의 다리, 상 · 하수도 처리 시설도 모두 개선했다. 또 한편 1855년 5월 15일 "세계의 진정한 산업 및 상업 조직화로 나아가자"라는 기치를 내걸고 개막한 파리 세계박람회(Exposition Universelle de Paris)는 생시몽주의의 영광을 찬미하는 행사나 다름없었다. 1855년 파리 세계박람회의 총괄 운영위원장은 프레데리크 르플레(Frédéric Le Play)와 농업 · 산업분과위원회 운영위원 5명 중 슈발리에를 포함한 3명과 산업궁의 설계도를 담당한 알렉시 바로(Alexis Barrault)도 생시몽주의자였다. 800명의 음악가 및 합창단원과 웅장한 개막식 공연을 했던 인물 역시 생시몽주의에 동조한 엑토르 베를리오즈(Hector Berlioz)였다. 이런 점 때문에 세계박람회 전문 역사가 레몽 이세(Raymond Isay)는 프랑스의 번영과 영광을 구가했던 파리 세계박람회를 "생시몽주의의 극치(apothéose du Saint-Simonisme)"[15] 라고까지 평가한 바 있다. 이 모든 국가적 성취 이면에는 경제 · 사회 조직화를 통해 무한한 진보를 추구하던 엔지니어들의 기여가 있었다.

3.2.4 기술공예학교와 기계 기술자 양성

19세기 초 기술공예학교의 설립은 기계공학과 기계 엔지니어의 성장이라는 관점에서 볼 때 중요한 위치를 차지한다. 당시의 산업화가 기계화와 맞물려 있었다는 점에서 기계공학은 산업화의 중요한 원동력이었다. 19세기에 신설된 공학학교는 이러한 산업 경제의 요구와 맞물려 있었으며, 기계 관련 분야에서 훈련받은 기술자의 수가 이 시기에 크게 증가했다. 하지만 1870년대까지 프랑스에는 '기계 엔지니어(ingénieur mécanique)'라는 용어나 학위가 없었다는 점에서 볼 때, 엄밀히 말하면 기계 엔지니어는 아직 존재하지 않았다. 18세기 중반 디드로의 《백과전서》나 19세기 후반 《리트레 사전》에서도 엔지니어는 특정 공학학교 출신으로 국가 기관에서 일하는 사람을 의미할 따름이었다. 더욱이 산업 엔지니어라는 용어가 등장했을 무렵에도 기계 엔지니어라는 용어는 사용되지 않았다. 기계 엔지니어라는 용어가 프랑스에서 최초로 등장한 시기는 1880년대이다. 게다가 1880년대 이후부터 프랑스 기계업 분야의 대표적 엔지니어 양성 기관이었던 기술공예학교에서 정식으로 학위를 수여한 것은 1907년에 이르러서였다. 하지만 독립적 타이틀의 존재 여부와 별도로 기계 엔지니어 탄생의 단초가 된 기계 관련 연구, 교육, 산업 현장에서의 활동, 제도 등은 19세기 초·중반에 이미 싹트고 있었다.

그런 점에서 산업 현장의 공장 노동자를 양성하기 위해 건립한 학교 가운데 기술공예학교는 중요한 위치를 차지한다. 초기 산업화 역사에서 기술공예학교 졸업생은 엔지니어와 중간 관리자로 진출했지만 눈에 띌 정도는 아니었다. 하지만 19세기 후반 들어 이 학교는 프랑스 기계 기술자의 주요 공급원이 되었다. 1803년 로슈푸코 공작(Duc de La Rochefoucauld)은 몽주, 라플라스, 베르톨레, 샤프탈의 도움을 받아 자기

휘하에 있는 군인들의 자제를 위해 사유지인 리앙쿠르(Liancourt)에 기술공예학교를 창설했다. 훗날 나폴레옹 1세는 이 학교를 모델로 삼아 1806년 샬롱, 1814년 앙제에 같은 학교를 설립한 바 있다. 나폴레옹 1세와 로슈푸코는 기술공예학교가 장차 '산업계의 하사관'으로서 숙련 노동자와 십장이 될 청년을 훈련하는 역할을 담당할 거라고 기대했다. 하지만 중공업이 발달하지 못한 상황에서 기업주나 노동자 모두 학교에서 훈련받은 노동자를 신뢰하지 않았다. 일부 사람들은 이런 학교는 세금을 낭비할 뿐이고, 기술교육은 각 지방의 공장에서 제공하는 것이 더 낫다고 주장했다. 장인들 또한 자신의 아들들을 집에서 훈련시키는 편이 훨씬 쉽고 경제적이라고 생각했다. 1828년 수학자이자 물리학자인 프랑수아 아라고(François Arago) 역시 이 두 학교를 방문한 뒤, 기술적 능력이 불충분하고 기계도 부족할 뿐만 아니라 무엇보다 학생들이 산업 현장에서 일할 의지조차 결여되어 있기 때문에 애초 목적을 달성하지 못할 것이라는 비관론을 내세웠다. 따라서 근본 문제를 해결하기 위해 아라고는 이들 학교에서 무상 교육 제도를 도입하고, 양질의 이론 수업과 더불어 더 나은 실기 교육을 제공하는 등의 근본적 변화가 이루어져야 한다고 강조했다. 이에 1832년 정부는 이 학교들의 폐교보다는 문제점을 개선하기로 결정했고, 입학 허가 방식을 개선해 모든 지원자에게 입학시험 대신 적어도 1년 이상 금속 및 기계 제조소에서 근무한 증명서를 요구했다.

이들 학교의 교육은 고등 수학보다는 기계와 모델 연구 및 제도(製圖)를 토대로 이루어졌으며, 수업에서는 기초 수학 이론과 약간의 실험 그리고 작업장 실습 훈련을 제공했다. 교육 프로그램은 주로 기계학과 열역학, 기계 제도와 산업 디자인을 비롯한 도형기하학 같은 응용과학을 강조했고, 학생들은 기계, 금속, 목공 작업장 그리고 교내 제철소와 주물 공장에서 학창 시절의 절반을 보냈다. 이처럼 이론 수업 외에 실습 훈련을 중시한 기술공예학교는 당시 변화하던 산업 정책과 교육 혁신 사이의 조정을 이뤄내는 중요한 공간으로 자리매김했으며, 기술교육과 응용과학 교육을 받은 졸업생들(Gazarts, 이하 가자르)은 산업 현장에서 이론과 실천 사이를 매개하는 중재자로 활약했다. 그러나 당시 기술공예학교만으로는 산업 엔지니어에 대한 수요 증가를 충족하기 어려웠다. 기술공예학교에서 훈련받은 기술자가 산업 기술에 큰 도움이 되기는 했지만 그들에겐 혁신적 기술 분야에 필수불가결한 이론 지식이나 응용과학 지식이 부족했다. 일부 에콜 폴리테크닉 출신이 민간 산업체로 진출하는 일이 없지 않았지만 이 또한 극히 예외적인 경우였다. 기계학은 물리학 · 화학 · 수학의 응용으로 점점 더 기울어갔고, 새로운 기술적 문제에 직면한 가자르는 더 이상 능력을 발휘하기 어려웠다. 이들이 포진해 있던 금속 산업에서도 상황은 마찬가지였다. 그렇다고 산업에 필요한 지식을 얻기 위해 국가 엔지니어를 산업 분야로 계속 투입할 수도 없었다.

1833년 이른바 '기조 법(loi Guizot)'이라 일컫는 공교육법의 제정으로 상공부 산하로 편입된 기술공예학교는 학생 모집을 비롯한 교육 프로그램과 작업장을 산업체의 기술적 요구에 맞추어 운영했다. 제1제국과 복고 왕정 초기에 거의 전무했던 가자르의 산업체 고용 비율은 1820년대 40퍼센트, 1830~1840년대 60~70퍼센트, 1880년대에 이르면 평균 90퍼센트로 증가했다. 그들이 이처럼 산업 현장에서 눈부신 활약을 할 수 있었던 데는 1830대부터 시작된 거대 규모의 철도업 · 금속업 · 기계업의 성장 덕분이었다. 기계업 및 금속업 분야의 초기 제조업자는 정식 교육을 받지 못했다. 따라서 학교 교육을 받은 기계공에게 경쟁심을 느꼈고, 그들을 고용하기를 꺼렸다. 하지만 1840~1850년대에 철도 산업이 본격적으로 성장하면서 기계, 야금 등을 비롯해 산업 전반에 걸쳐 변화가 일어났다. 정밀 기계가 등장하면서 규격화되어 교체 가능한 부품이 요구되었고 아울러 다양한 용도의 기계 발달을 촉진했다. 기관차의 기관 제조업에서 기계와 열역학 이론 지식은 매우 중요했다. 하지만 정규 교육을 받지 못한 노동자와 십장에게는 이론적 지식이 없었으며 기계와 제도, 측량 기술을 쉽게 습득하지 못했다. 기계공, 제도공, 작업 감독관, 엔지니어의 수요가 급증하자 이는 가자르의 수요 증가로 이어졌다. 정교한 산업 기술 지식이 필요한 거대 기계 장비의 설계와 설치는 일반 노동자는 물론 대다수 중앙공예학교 출신이나 에콜 폴리테크닉 출신도 수행할 수 없는 작업이었다. 이론 위주의 수업 외에 기계 기술과 관련 실무 교육을 받은 가자르는 작업장에서 기계 설계도를 읽어내고 기계와 열역학 에너지를 이해하는 능력으로 빛을 발하며 산업 현장에서 인기를 누렸다.

1825~1875년 철도 산업 분야에서 대부분의 가자르는 11년 경력을 쌓고 나면 중급 관리자가 되었다. 이들이 역장이나 설비와 수송 감독 같은 중 · 상급 지위에 도달하려면 약 9년이 걸렸고, 에콜 폴리테크닉

과 중앙공예학교 출신이 주로 차지했던 상급 엔지니어나 사장이 되는 경우는 상대적으로 적었다. 철도 산업이나 공공사업 분야에서 승진은 산업 현장에서보다 두 배가량 늦었고 정상에 도달할 기회도 훨씬 적었지만 이들의 4분의 1가량이 철도 산업 및 공공사업 분야로 진출했다. 19세기에는 에콜 폴리테크닉 출신이 민간 산업 분야의 직업에 관심을 갖는 경우가 드물었지만 운송이나 광업 등의 분야에서 높은 지위를 차지함으로써 영향력을 발휘했다. 중앙공예학교 졸업생과 더불어 가자르는 에콜 폴리테크닉 출신의 직속 부하인 현장 감독관으로 일하는 경우가 많았는데, 이들 중 일부는 엔지니어로서 역할을 훌륭히 수행했음에도 불구하고 승진 기회에서 배제되곤 했다. 철도 산업 및 공공사업 분야에서 에콜 폴리테크닉 출신은 늘 가자르가 책임자 위치로 승진할 기회를 가로막았다.

산업화 과정에서 민간 산업 분야는 특히 가자르에게 많은 기회를 제공했다. 이 분야에서 그들의 지위는 차츰 상승했으며, 1880년대 들어서는 기계 산업 분야에서 수적으로 가장 큰 비중을 차지했다. 특히 중공업 분야는 철도 산업이나 공공사업 분야 혹은 군대에 비해 나이, 경력, 사회적 지위를 덜 강조했고 보수도 높았다. 가자르는 승진을 위해 종종 회사를 옮겨 다니곤 했다. 초기 1년 사이에는 평균 세 차례, 전체적으로는 총 여섯 차례 이상 자리를 옮겼다. 당시 장-프랑수아 카일(Jean-François Cail) 같은 일부 기업주는 이들을 훨씬 더 선호했다. 산업체의 관리자나 기술자 양쪽에서 능력을 발휘하던 가자르는 다용도 기술 관리자로서 광범위한 기술적 문제를 책임지고 생산을 관리했다. 예컨대 파이프 · 철강 제조 회사인 팜프코(PAMPCO)의 창업주는 1859년 24세의 한 가자르에게 공장 관리 책임을 맡겼는데, 그 청년은 새로운 용광로를 디자인하고 회사의 생산 설비와 기술을 확장 · 개선함으로써 이론과 실무를 겸비한 새로운 형태의 관리자로서 자신의 능력을 성공적으로 보여주었다.

3.2.5 민간 엔지니어 양성의 요람: 중앙공예학교

산업화 이전의 프랑스는 국가 엔지니어의 전통과 유산이 강하게 남아 있는 대표적 국가였다. 19세기 초 산업 시대가 열리면서 '지연된 산업화'에 대한 각계의 우려가 커지자, 정치경제학적 측면에서 새로운 유형의 엔지니어 양성을 위한 공학 교육 체제가 요구되었다. 주지하다시피 이 과정에서 '산업주의'를 모토로 내세운 생시몽과 생시몽주의자들은 산업화의 규모와 속도를 촉구했다. 민간 분야의 경력을 폄하하던 국가 엔지니어는 당시의 성장 산업 분야에서 배제되었으며, 선도적 기업가들 역시 지나치게 이론적이고 사무적인 국가 엔지니어를 외면했다. 산업화를 진행하면서 민간 산업체에 종사할 다양한 인력을 양성하는 것이 필요했고, 이러한 요구에 부응해 수학 위주의 이론 교육보다 실용적 응용 교육의 필요성을 충족시킬 새로운 엔지니어 양성 기관이 등장했다. 이에 낭트 출신 사업가이자 생시몽주의자인 알퐁스 라발레(Alphonse Lavallée)는 화학자 장-바티스트 뒤마(Jean-Baptiste Dumas), 물리학자 유진 페클레(Eugène Péclet), 수학자 테오도르 올리비에(Théodore Olivier)의 도움을 받아 1829년 4월 25일 프랑스 최초의 사립 공학 교육 기관인 중앙공예학교를 창설했다. 1826년 이래 뒤마와 올리비에 같은 과학자들은 국가 엔지니어만으론 산업 문제를 해결하는 데 충분치 않으며, 산업의 새로운 요구는 결국 새로운 유형의 엔지니어를 필요로 한다는 점을 공론화한 적이 있었다. 이들의 영향을 받은 라발레는 생시몽주의계 신문인 〈르글로브〉의 초대 발행인이었을 뿐만 아니라 '산업 학교 프로젝트(Project d'Ecole Industrielle)'라는 제안서를 쓴 적이 있을 정도로 열렬한 생시몽주의자였다. 산업체를 위한 "공장과 제작소의 의사들(médecins des usines et des fabriques)", 다시 말해 일반 엔지니어(ingénieurs généralistes) 양성을 목적으로 한 중앙공예학교의 창설은 그의 '산업 학교 프로젝트'의 완성을 의미했다.

1829년 11월 3일, 선발 시험을 통해 149명의 신입생이 입학했다. 에콜 폴리테크닉처럼 수학 위주의 이론적 · 추상적 교육에 비판적이던 중앙공예학교 설립자들은 산업 연구와 개발을 위해 과학 및 수학의 응용을 통한 현장 위주의 실습 교육을 지향했다. 전문화보다는 실용성을 내세운 중앙공예학교는 공학 전문 과학을 이해하고 통합하는, 이른바 '산업학(science industrielle)'이라 일컫는 다학제간 접근 방식을 발전시켰다. 이 학교의 교과 과정은 주로 강좌, 현장 공사, 프로젝트, 실험 실습, 연수 등으로 이뤄졌고 산업화 발달 정도에 따라 교과 과정에도 변화를 주었다. 예컨대 1846~1849년의 교과 과정은 수학 분석, 도형기하학, 물리학, 일반기계학과 응용기계학, 산업물리학, 스팀 엔진 이론을 포함했다. 기계학과 관련한 초기 교육은 응용기계학에 속하는 물질의 저항 이론에 중점을 두었고, 학생은 합리적 기계학의 법칙과 경험적 자료를 이용한 계산을 통해 금속 물질과 관련한 문제를 과학적으로 접근하도록 교육받았다.

이러한 중앙공예학교 모델은 1837년 벨기에의 몽스 폴리테크닉 학부(Faculté Polytechnique de Mons)나 스위스의 로잔 연방 에콜 폴리테크닉(Ecole Polytechnique Fédérale de Lausanne) 설립에도 영향을 미쳤다. 실용성을 중시하는 태도는 중앙공예학교뿐만 아니라 이후 다른 민간 엔지니어 교육 및 직업의 특징이 되었다. 중앙공예학교가 양성한 일반 엔지니어는 실용성을 요구하는 기계 · 제철 분야에 주로 투입되었고, 기업 내 중 · 상위 관리직에서 주로 활약했다. 기술과 과학의 결합을 추구한 중앙공예학교 출신이 주력한 문제는 물질의 저항이었고, 철도 및 토목 건설 업무에서 이런 지식을 기술 지식으로 정착시켰다. 이후 라발레는 중앙공예학교의 영속적 발전을 위해 학교를 국가에 유증하기로 결정했다. 1857년 6월 17일, 나폴레옹 3세가 이를 승인함으로써 중앙공예학교는 '제국공예학교(Ecole impériale des Arts et Manufactures)'로 교명을 변경했고, 마침내 국립 학교로 전환했다. 그럼에도 건학 이념 및 학교 체제는 거의 변화가 없었다. 1862년부터 프랑스 최초의 엔지니어 학위인 공예 엔지니어(ingénieur des arts et manufactures) 자격을 부여하는 등 민간 엔지니어 양성 기관으로서의 존재감을 계속 키워갔다.

7월 왕국, 제2공화국, 제2제국을 거치는 동안 중앙공예학교는 국가 엔지니어 양성의 요람이었던 에콜 폴리테크닉과 응용학교의 아성에 도전하며 산업계의 많은 인재를 낳았고, 명실공히 민간 엔지니어 양성의 메카로서 역할을 수행했다. 에펠탑과 자유의 여신상 내부 설계자 구스타브 에펠(Gustave Eiffel), 미슐랭 타이어의 창업주 앙드레 미슐랭(André Michelin), 자동차 제조업의 선구자 르네 팡아르(René Panhard), 항공업의 개척자이자 영불 해협을 횡단한 비행사 루이 블레리오(Louis Blériot), 푸조 자동차 창업주 아르망 푸조(Armand Peugeot) 등 19세기 프랑스 산업 발달에 커다란 족적을 남긴 이들은 바로 중앙공예학교 졸업생이라는 공통점을 갖고 있다. 이들은 오늘날까지 프랑스에서 '창의성', '혁신' 그리고 '성공'의 아이콘으로 일컫는다.[16]

주지하다시피 기술공예학교와 중앙공예학교는 19세기 동안 기계 및 철도 산업의 발달에 크게 기여했다. 이 두 학교 출신의 기계 엔지니어는 이론 위주의 응용과학 교육과 실습 위주의 기술교육 사이에서 지식과 노동을 매개하는 중재자로 존재했다. 요컨대 산업 현장에서 일부는 관리자로서 또 다른 일부는 기술 노동자로서, 혹은 관리 업무와 노동 업무를 겸비한 새로운 형태의 관리자 혹은 노동자로서 둘 사이를 중재했다. 또 이들은 과학과 수학이 기술과학 지식의 발전에 토대를 제공하리라는 신념 그리고 기술 현상을 과학 이론으로 정립한다는 믿음과 사명감을 엘리트 엔지니어와 공유하고 있었다. 이론적 지식을 실용적 기술에 적용하고 실용적 기술을 이론화한다는 생각은 기술을 과학에 종속시키지 않는 독립적 분과로서의 근대 공학을 탄생시켰다. 에콜 폴리테크닉 출신 '엔지니어-과학자(ingénieur-savant)'와 더불어 중앙공예학교, 기술공예학교 출신 엔지니어 역시 확고한 정체성을 도모하면서 프랑스 근대 엔지니어 문화의 한 패턴을 형성하는 데 일조했다고 볼 수 있다.

그럼에도 전체적으로 볼 때 제1차 산업혁명은 민간 산업 부문에 적합한 전문 인력 및 기술력이 부족했던 시기에 해당한다. 한 예로 당시 가족 기업의 형태가 주류를 이루던 프랑스의 기업 구조상 정식 기술교육을 조금밖에 못 받거나 거의 받지 못하는 실정이었다.[17] 그래서 기계류를 구입하고는 그 기계의 설치 및 제어를 위해 당시 선진적이던 영국 기술자의 능력에 호소하는 경우가 많았다. 산업의 중요성이 갈수록 커짐에 따라 고도의 기술력을 갖춘 엔지니어에 대한 요구 또한 증대되었다. 하지만 이들은 수적으로 적을 뿐만 아니라 엔지니어에게 요구하던 지식의 성격과 수준도 현저히 변했기 때문에 기존의 엔지니어나 중급 기술자는 새로운 기술에 대응해 효율적이지 못했다. 결국 산업 기술상의 요구가 기존과는 다른 교육을 받은 새로운 전문 인력을 늘 필요로 하게 마련인데, 이들 새로운 집단의 사회경제적 역할 및 지위를 명확하게 규정하기 위해서는 1880년대까지 기다려야 했다.

4 프랑스 엔지니어 집단의 사회적 위상과 정체성

18~19세기 프랑스 근대 엔지니어의 탄생과 성장은 자율적 진화 과정이라기보다 국가의 정치적 · 경제적 논리에 따른 시대적 산물로 볼 수 있다. 계몽주의 시대의 진보 개념과 함께 출현한 근대 엔지니어 집단은 국가 및 사회의 진보와 직결되는 대중적 이미지와 정체성을 발전시켜갔으며, 19세기 산업화 초기에는 실증주의와 생시몽주의에 영향을

받아 '사회 개혁가' 또는 '중재자'로서 사회적 역할과 기능을 강조하며 조직화의 길을 걸었다. 국가 엔지니어와 경쟁하던 산업화 초기 민간 엔지니어의 정체성과 위상은 엔지니어가 민간 부문의 산업 생산에 관심을 갖도록 프랑스 정부가 체계적으로 유도한 결과, 곧 국가가 제공한 새로운 기술교육 및 직업 모델을 통해 형성되었다. 민간 엔지니어 직업이 형성된 데는 프랑스 혁명이 끼친 간접적 효과도 있었다. 혁명으로 길드가 와해하면서 숙련된 장인을 양성하던 도제 제도가 약화되었고, 혁명의 결과 기계 관련 기술자와 기계공 같은 숙련 노동자의 부족 현상이 심화되었다. 특히 석탄업과 제철업 같은 분야에서 노동력 부족이 심각했는데, 이러한 노동력 부족 현상은 새로운 엔지니어 양성 및 직업의 확장에 큰 영향을 미쳤다.

19세기 후반에 접어들어 민간 부문에서 일하는 토목 엔지니어와 기계 엔지니어의 수가 국가 엔지니어의 수보다 많아지기 시작했다. 이들이 지닌 정체성은 국가 엔지니어와 마찬가지로 엔지니어의 능력에 대한 확고한 신뢰에 기초하고 있었다. 이들의 일관된 사고는 당시 출현한 공공 부문과 민간 부문 사이의 독특한 관계를 통해 이루어졌다. 당시 공공 부문과 민간 부문의 관계는 서로가 뚜렷이 구분되기보다 상호 침투된 경계를 이루고 있었다. 이런 점은 이후 '혼합 경제(économie mixte)'로 표현되는, 현대 프랑스를 특징짓는 공익과 사익 사이의 밀착된 관계로 이어졌다. 오랫동안 프랑스 경제를 지배해온 공적 주도와 민간 자본이 섞인 혼합 경제에서 기원한 이 같은 중간 지대는 엔지니어가 사적으로 고용된 경우조차 공공복지를 위해 일한다는 자부심을 갖도록 하는 데 기여했다. 국가 엔지니어와 민간 엔지니어 사이의 이러한 유사성은 국가 엔지니어를 향한 민간 엔지니어의 선망과 시기가 엇갈려 작용한 결과이기도 했다.

19세기 중반부터 각종 공학학교 출신 엔지니어는 자신들의 정체성 및 사회적 위상을 굳건히 확보하기 위해 이익 단체를 조직하고 활동을 전개했다. 그들이 단체 행동을 하는 데 중요한 조직은 동창회(Amicales)였다. 1830년 생시몽주의의 영향을 받은 에콜 폴리테크닉 출신 토목 엔지니어들은 폴리테크닉 협회(Société Polytechnique)를 창설했다. 국가 엔지니어로서 행정 기관이나 대기업에 취업하는 데 중앙공예학교나 기술공예학교 출신에 비해 우월한 사회적 특권을 누리던 그들은 이 단체를 통해 그 위상을 계속 독점하고자 했다. 19세기 내내 국가 엔지니어 집단에서 배제된 엔지니어 역시 국가 엔지니어의 독점적 지위를 깨고 자신들의 입지를 굳히기 위해 투쟁했다. 1848년 철옹성 같던 국가 엔지니어단의 독점에 맞서 중앙공예학교 출신인 에펠을 중심으로 프랑스 민간 엔지니어 협회(Société des Ingénieurs Civils de France)가 창설되었다.

이 협회의 설립은 당시 영국 엔지니어 협회의 영향을 받아 민간 엔지니어 집단이 국가 엔지니어 집단에 맞서 자신들의 정체성을 확보하고 권익을 도모하기 위한 세력 재조정의 출발점으로 평가받는다. 이 협회는 〈프랑스 민간 엔지니어 회보(Bulletin de la Société des Ingénieurs Civils de France)〉를 발행하고, 생시몽의 산업주의와 콩트의 실증주의에 입각한 사회철학을 설파했다. 초기 회원들은 산업을 과학 활동의 특권적 영역으로 간주하며 산업과 엔지니어를 칭송하고, 과학 지식을 생산에 응용함으로써 인간의 욕구를 점차 충족할 수 있으리라 믿었다. 여기에는 산업 현장에서 엘리트의 위상을 얻고자 하는 이 협회의 목적이 반영되었다. 협회의 철학적 · 정치적 · 사회적 노선이 확산되면서, 특히 기계 분야의 기술적 문제에 대한 엔지니어들의 관심을 자극하기 위해 그들은 파리와 지방 각지에서 회합을 주도하며 최신 기술 지식을 소개했다. 전문 직업인으로서 회원의 권익을 보호하기 위한 정책을 추진하던 이 협회의 초기 회원 수는 많지 않았다. 그러나 점차 다양한 부류의 엔지니어를 받아들여 그 수가 1857년 300명, 1868년 600명, 1882년 1500명으로 늘어났다. 또 회원 구성 면에서 제2제국과 제3공화국 초기에는 거의 중앙공예학교 출신이 주도했지만, 1914년에는 회원의 4분의 1이 다른 학교 출신의 화학 · 물리 · 전기 부문 전문 엔지니어로 채워지면서 토목 · 기계 부문에 토대를 둔 전통적 엔지니어의 수를 추월하기 시작했다. 이는 당시 중앙공예학교 학위를 받은 엔지니어가 3500명, 국가 엔지니어가 8000명 정도였음을 감안할 때 적은 수였다. 아울러 프랑스 민간 엔지니어 협회가 추구한 직업적 · 사회적 안정이 쉽지 않은 목표였음을 보여준다.

테리 신(Terry Shinn)에 따르면 당시 협회가 겪어야 했던 어려움은 세 가지 이유에서 찾을 수 있다. 첫 번째 이유로 엔지니어 집단 내부의 갈등을 꼽을 수 있다. 대부분의 중앙공예학교 출신 엔지니어는 전통적인 방식으로 경영자나 기업주가 되고자 했고, 일부 소수만이 산업 노동의 사회적 위상을 높이는 데 기여하거나 탁월한 과학 활동을 통해 사회적으로 인정받기를 원했다. 따라서 이들 사이의 갈등이 상호 협력을 방해했다는 것이다. 두 번째 이유는 당시 산업의 기술적 상황에 따른 취업난 때문이었다. 기계의 성질부터 기원에 이르기까지 당시의 많은 기술적 업무는 중급의 과학 지식을 지닌 가자르 수준에 머물러 있었고, 새로이 부상한 화학 산업 분야에서조차 고용주는 고비용 엔지니어보다 무자격증 노동자를 선호했다. 세 번째 이유는 국가 엔지니어가 민간 산업체 동료에 대한 직업적 · 사회적 정당성을 인정하기를 거부했다는 점이다.[18] 당시의 이러한 경제적 · 사회적 장애 속에서 중앙공예학교 출신 민간 엔지니어의 위상은 위축될 수밖에 없었고, 이런 상황은 1880년대에 이르러서야 새로운 돌파구를 찾게 되었다.

그 밖에도 1847년 기술공예학교 동창회, 1860년 토목 엔지니어 협회, 1862년 중앙공예학교 동창회 그리고 1885년 파리 시립물리화학학교 동창회 등이 설립되었다. 다양한 이해관계로 복잡한 네트워크를 형성하고 있던 이 단체들은 차후 프랑스 민간 엔지니어 협회 산하에 속하게 되었다. 사회적 특권을 독점하던 국가 엔지니어에 대항해서 자신들의 직업적 · 사회적 지위를 인정받기 위해 쏟았던 민간 엔지니어의 노력은 제2차 산업 혁명기에 차츰 결실을 맺었다. 이처럼 다양한 이익집단의 출현은 엔지니어로서 정체성을 도모하고 위계를 강화해나가는 과정에서 나타난 자연스러운 현상으로 볼 수 있다. 국가 엔지니어와 성장 일로에 있던 민간 엔지니어 사이의 경쟁 관계 또는 국가 엔지니어와 현장 감독관 사이의 위계를 둘러싼 긴장 관계를 드러낸다는 점에서 19세기 엔지니어 집단은 다양한 이해관계가 교차하는 복잡한 관계망 속에 위치했음을 알 수 있다. 이 글에서 직접 다루지는 않았지만 제2차 산업혁명과 제1차 세계대전은 국가 엔지니어의 민간 산업체 이직(pantouflage), 엔지니어 수의 증가로 인한 경쟁적 관계 형성, 노동조합주의(syndicalisme)의 영향에 따른 중간 관리자 조합의 설립 등 몇몇 중요한 변화를 낳았다. 이러한 변화의 물결이 기존 엔지니어 집단의 정체성과 문화에 영향을 미쳤다는 것은 주지의 사실이다.

19세기 프랑스 엔지니어의 위계 조직은 기술 노동자 조직의 관리와 노동이라는 이분화 형태에 기초하고 있었다. 그러나 20세기에 접어들면서는 기업의 중간 수준에서 기술적 업무라는 위계적 서열이 만들어졌고, 자격증을 거머쥔 엔지니어는 산업자본주의라는 기업 환경에서 전문 직종의 지배권을 유지함으로써 자신들의 위상을 구축했다. 이러한 위상이 구축되기까지 많은 정치적 · 사회적 · 경제적 요인이 맞물려 있었지만, 과학과 기술 사이 그리고 관리자와 실무 기술자 사이의 중재자로 활약했던 19세기 엔지니어의 노력 역시 간과할 수 없다.

5 맺음말

앞에서 살펴보았듯 프랑스 근대 엔지니어의 탄생과 성장은 국가 주도 아래 혁명과 전쟁 그리고 산업화의 역사적 소용돌이 속에서 이뤄졌다. 16세기 이래 제도화한 프랑스 공학 교육 체제는 국가 엔지니어와 공병 장교 양성을 위한 선봉 역할을 담당했고, 프랑스 혁명과 에콜 폴리테크닉 창설 그리고 나폴레옹 1세의 군사화 체제는 국가 엔지니어의 특권과 독점을 더욱 강화하는 결과를 낳았다. 이론적 지식을 실용적 기술에 적용하고 실용적 기술을 이론화한다는 생각이 기술을 과학에 종속시키지 않는 독립적 분과로서 근대 공학을 탄생시켰던 것이다. 특히 19세기 초 프랑스는 영국과 비교해 지연된 산업화에 대한 커다란 위기의식이 생시몽의 산업주의 담론 같은 형태로 확산되었다. 생시몽의 사상에 고취되었던 과학자, 기업가, 금융가, 엔지니어 등 생시몽주의자들의 활동에 힘입어 철도망 구축 외에도 수에즈 · 파나마 운하, 해저 터널 건설 등 다양한 산업화 프로젝트를 구상하고 실행에 옮겼다. 생시몽주의 제1세대는 인류의 진보와 산업의 발전을 증명하기 위해 수학적 계산을 통한 사회공학 설계에 큰 매력을 느꼈고, 당시 프랑스가 경제 위기를 벗어나기 위해서는 정치적 해결보다 노동-자본의 합리화를 통한 경제 및 사회 조직화를 주창했다는 점에서 '진보의 사도'로 일컫기에 충분했다.

1830년대에 본격적으로 시작된 프랑스 산업화는 1850~1860년대의 제2제국을 통해 도약을 거듭했다. 산업화 시대가 열리면서 산업 기술상의 요구가 과거와 다른 교육을 받은 새로운 전문 인력을 필요로 했고, 이것이 새로운 유형의 엔지니어 양성을 위한 교육 기관의 설립으로 이어짐으로써 변화에 적응할 수 있었다. 그 결과 에콜 폴리테크닉과 응용학교 출신 국가 엔지니어와 더불어 기술공예학교, 중앙공예학교 출신 일반 엔지니어 역시 근대 엔지니어 문화의 한 패턴을 형성하는 데 일조했다. 1870~1871년 프랑스-프로이센 전쟁의 패배와 파리코뮌의 실패로 인한 국내외적 불안과 혼란에 이어 1880년대에 시작된

제2차 산업혁명은 새로운 산업 기술 시대를 열었다. 이러한 변화는 새로운 시대에 걸맞은 인력 양성을 위한 공학 교육 체제의 개혁을 다시 한 번 요구하게끔 만들었다. 이로써 과거에 비해 덜 자율적이었지만 더 강해진 산업 시대의 엔지니어는 기술적 진보와 사회적 변화에 따라 요구되던 새로운 강좌—행정학, 응용전기학, 정치경제학, 사회경제학, 도시공학, 항공 기지 등—를 수강하며 새로운 미래의 설계자로서 주축 역할을 담당하게 된다.

부록

표 1 1806~1813년 에콜 폴리테크닉 졸업생의 진출 분야

진출 분야	졸업생 수(명)	비율(%)
민간 부문(토목업과 광업)	185	15.00
포병대	622	50.14
공병대	263	21.30
해군 공병 · 지리 · 무기 · 화약	86	7.00
노선 · 항로	77	6.30
합계	1233	100.00

출처: Charles-Philippe Marielle, *Annuaire de l'Ecole Polytechnique*, n°5 (1837).

표 2 시기별 에콜 폴리테크닉 입학생의 출신 성분

출신 배경	비율(%)			
	1815~1829	1830~1847	1848~1879	1880~1914
금리 생활자 및 지주	26.5	31.1	28.5	12.1
자유직업 종사자	10.6	13.1	17.2	10.2
고위 공직자 및 고위 장교	14.9	12.2	15.6	8.3
하위 공직자 및 하위 장교	13.6	10.1	5.2	9.0
사업가 및 도매상인	9.1	10.7	17.3	23.0
최하위 공직자 및 병사	9.1	3.6	1.2	9.0
장인 및 상점주	1.6	3.4	3.2	9.5
하층민	0.4	0.2	0.6	10.2
미상	14.2	15.6	11.2	8.7

출처: Terry Shinn, *Savoir scientifique & pouvoir social. Ecole Polytechnique, 1794-1914* (Paris: Presses de la FNSP, 1980).

표 3 시기별 에콜 폴리테크닉 졸업생의 활동 분야

활동 분야	비율(%)			
	1815~1829	1830~1847	1848~1879	1880~1914
광업	4.0	5.0	4.1	2.8
토목	21.0	20.4	12.6	7.8
해군 공병대	9.0	6.0	3.1	5.7
육군 공병대	22.0	10.0	12.7	12.6
포병대	25.0	43.0	52.1	55.8
사직자	17.0	13.6	9.1	13.0
기타	2.0	2.0	6.3	2.3

출처: Terry Shinn, *Savoir scientifique & pouvoir social. Ecole Polytechnique, 1794-1914* (Paris: Presses de la FNSP, 1980).

표 4 1850년 기술공예학교 졸업생의 사회 직업별 분포(1343명)

활동 분야	비율(%)
철도: 조립공, 엔지니어, 제도사	19.5
대규모 작업장(크뢰조, 카일 사)의 엔지니어, 조립공	5.7
직공, 기계공, 주조공, 모형 제작공	9.0
제도사	5.9
기계 제조업	3.8
토목 엔지니어	4.5
해군 기관공	11.0
시계 제조업	1.1
반장, 직공장, 광산 · 제철소 · 용광로 엔지니어	9.6
방적공, 방적 엔지니어 및 공장장	4.6
기타 산업가	1.6
건축가	1.6
토목 기업가	2.2
광산 및 토목 부문 직원	7.6
직공장, 교수, 학교 엔지니어	4.6
군인	2.8
기예가	0.9
미상	3.9
합계	100.0

출처: André Guettier, *Histoire des Ecoles Impériales d'Arts et Métiers* (Paris: Saint-Nicolas, 1865).

표 5 중앙공예학교 학생의 사회 출신별 분포

직업 분야	인원(명)	비율(%)
지주	832	26.5
농민	53	1.7
공직자	425	13.5
자유직업	307	9.7
경제 직업	1048	33.4
고위 간부	146	4.6
민중층	98	3.1
기타	31	1.0
미상	200	6.5
합계	3140	100.0

출처: Michel Bouillé, *Enseignement technique et idéologies au XXᵉ siècle* (Paris: Ecole Pratique des Hautes Etudes, 1972).

표 6 1829~1870년 중앙공예학교 졸업생의 직업

직업 분야	인원(명)	비율(%)
토목 엔지니어	460	41.7
고위 간부(주로 공장장)	157	14.3
자유직업(주로 건축가)	44	4.2
기업가(제조업자, 철공소 주인, 방적공장 주인, 경영자)	343	31.1
교수	70	6.3
농민	15	1.8
기타	5	0.6
합계	1094	100.0

출처: Michel Bouillé, *Enseignement technique et idéologies au XXᵉ siècle* (Paris: Ecole Pratique des Hautes Etudes, 1972).

주

1. 오늘날 프랑스 공학 교육 기관은 크게 세 가지 형태로 구분할 수 있다. 첫째, 파리의 그랑제콜, 즉 Ecole Polytechnique, Ecole des Mines, Ecole des Ponts et Chaussées, Ecole des Télécommunications, Ecole Centrale des Arts et Manufactures, Ecole Supérieure de Physique et de Chimie, Ecole Supérieure d'Electricité, Ecole Supérieure d'Aéronautique 등을 들 수 있다. 둘째, 1974년 그랑제콜로 바뀐 Ecole Nationale Supérieure d'Arts et Métiers를 필두로 38개의 Ecoles Nationales Supérieures d'Ingénieurs (ENSI), 3개의 Instituts Nationaux des Sciences Appliqués et l'Enseignement Scientifique Universitaire가 있다. 셋째, 2년 과정의 Instituts Universitaires de Technologie(IUT), 고등학교 우등반에 속하는 Sections Supérieures de Technologie(STS) 그리고 대학교의 Diplôme d'Etudes Universitaires Scientifiques et Techniques(DEUST)와 Conservatoire des Arts et Métiers(CNAM)가 있다. 그리고 마지막으로 평생 교육과 독학을 통해 공학 기술을 습득한 사람들이 있다.
2. Charles R. Day, "The Making of Mechanical Engineers in France: The Ecoles d'Arts et Métiers, 1803-1914", *French Historical Studies*, vol. 10, n°3 (1978), pp. 458-459.
3. Pierre Bourdieu, *La noblesse d'Etat Grandes écoles et esprit de corps* (Paris: Minuit, 1989), 576p.
4. 생시몽이 만든 용어인 '생산자(producteurs)' 또는 '산업자(industriels)'는 넓게는 물질적 · 정신적 생산에 종사하는 사회에 유용한 모든 부류의 사람들, 좁게는 물질적 생산에 종사하는 노동자 · 사업가 · 엔지니어 · 상인 · 농민 · 은행가를 집합적으로 지칭한다. 특히 생시몽은 엔지니어에 대해 "학자와 예술가 그리고 장인 사이를 매개하는 기술자 계급이 탄생했다. 그 순간부터 우리는 두 능력—이론적 능력과 산업적 능력—의 결합이 시작됐다고 간주할 수 있다"며 다른 범주를 적용했다.
5. 이 외에도 교통망의 발달, 신용의 보편화 같은 기술적 명제뿐 아니라 출생의 특권 폐지, 양성 평등, 보편 가족 같은 인본주의적 명제를 천명하며 여러 선전 활동을 벌였다. 또 여성 해방과 양성 평등, 인간 불평등의 근원인 상속의 폐지, 형제애, 노동자의 평화적 조직화, 유럽 의회, 산업 신용 체제, 망 조직 구축 등의 쟁점에 대해서도 다루었다.
6. Jean Walch, "Les saint-simoniens et les grandes entreprises du XIXe siècle",

Economies et Sociétés, t. 4, n°10 (Octobre 1970), p. 394. 1986년 1월 2일 영국과 프랑스가 도버 해협 터널 건설을 위한 합의문을 발표하고, 1994년 5월 6일 프랑스 칼레와 영국 폭스턴 사이 약 50킬로미터를 3개의 지하 터널로 연결한 해저 유로 터널을 개통함으로써 슈발리에의 해저 터널 건설 프로젝트는 마침내 완성되었다.

7. Ibid., pp. 393-394. 그는 1869년에 이미 니카라과 외무장관 토마스 에용(Thomas Ayon)과 산후안(San-Juan) 강 및 니카라과(Nicaragua) 호수를 통해 태평양과 대서양 사이에 운하를 건설하는 협약을 체결했다. 슈발리에는 1844년 파나마 운하 건설에 가능한 모든 해결책을 조사한 181쪽의 매우 세밀한 연구 결과를 발표하고 미국, 영국, 프랑스 정부가 자신의 프로젝트에 관심을 갖기를 기대했다. 1869년 3월 15일, 니카라과공화국 대통령과 의회의 비준까지 받았지만 결국 중단된 파나마 운하 건설은 마침내 1914년 미국에 의해 완공되었다.
8. François Gallice, "Les ingénieurs saint-simoniens: Le mariage de l'eutopie et de la rasion?", *Recherches contemporaines*, n°2 (1994), pp. 5-27.
9. Friedrich August von Hayek, *The Counter-revolution of science. Studies on the abuse of reason* (New York: Free Press of Glencoe, 1955), p. 265; Robert B. Carlisle, "The birth of technocracy: science, society, and saint-simonians", *Journal of History of Ideas*, Vol. 35, n°3 (1974), pp. 445-464.
10. Alfred Picard, *Les chemins de fer français. Etude historique sur la constitution et le régime du réseau*, t. 6 (Paris: J. Rothschild, 1884-1885), p. 786. 6개 대형 철도 회사로는 북부 철도 회사, 동부 철도 회사, 파리-리옹--마르세유 철도 회사, 남부 철도 회사, 파리-오를레앙 철도 회사, 서부 철도 회사가 있었다.
11. Stephen Crawford, "The Making of the French Engineer", in Peter Meiksins & Chris Smith (ed.), *Engineering Labour: Technical workers in Comparative Perspective* (London: Verso, 1996); Antoine Picon, "French Engineers and Social Thought, 18-20th Centuries: An Archeology of Technocratic ideals", *History and Technology*, vol. 23, n°3 (2007), pp. 198-199.
12. Gérard-Joseph Christian, *Traité de mécanique industrielle, ou Exposé de la science de la mécanique déduite de l'expérience et de l'observation* (Paris: Bachelier, 1822).
13. Bertrand Gille, "La fondation du Crédit Mobilier et les idées financières des frères Péreire", dans Bertrand Gille (éd), *La Banque en France au XXe siècle* (Genève:

Droz, 1970), pp. 125-143. 당시 크레디모빌리에 은행의 자본금은 6000만 프랑으로 프랑스중앙은행(자본금 9100만 프랑)에 이어 2위의 규모를 자랑했다. 장 · 단기 상환 채권을 발행해 일반 대중에게 팔아 모은 자금을 산업과 공채에 투자한 크레디모빌리에 은행은 일반 대중에게 500프랑 단위로 주식을 보유할 수 있도록 해줌으로써 소액 예금자도 축재할 수 있는 기회를 제공했다.

14. Antoine Picon, *Les saint-simoniens*, pp. 258-261. 김경근, "전통 속의 근대화—19세기 프랑스의 경제 발달(1815~1914)", 〈서양사연구〉, 2호(1997), pp. 39-40.
15. Raymond Isay, *Panorama des Expositions universelles* (Paris: Gallimard, 1937), p. 30.
16. 오늘날 중앙공예학교의 표어는 '지도자(Leader)', '기업가(Entrepreneur)', '혁신가(Innovateur)'이다.
17. Maurice Lévy-Leboyer, "Le patronat français a-t-il malthusien?", *Le Mouvement social*, n°88 (1974), p. 21. 1840년 이전 프랑스의 기업주 가운데서 직조기를 발명한 자카르, 알자스 지방 면직업계의 거물 쾨슐랭, 돌퓌스 그리고 철강업계의 슈네데르 등 일부만이 기술공예원(Conservatoire des Arts et Métiers)을 졸업했다.
18. Terry Shinn, "De Corps de l'Etat au secteur industriel: genèse de la profession d'ingénieur, 1750-1920", *Revue française de sociologie*, vol. 19, n°1 (1978), p. 59.

참고문헌

Annales des Ponts et Chaussées, partie administrative (1848-1860).

Annuaire de la Société des Ingénieurs Civils de France (Paris: Imprimerie Chaix, 1924).

Instruction de Machault (contrôleur des finances) (11 décembre 1747). manuscrit ENPC. carton 98.

Lettre de Perronet à Lesage (1794). manuscrit ENPC. 2432.

Lettre des élèves à Perronet (23 mars 1758).

Barjot, D. & Dureuil, J. (dir.), *150 ans de génie civil: une histoire de centraliens* (Paris: Presses de l'Université Paris-Sorbonne, 2008).

Baudet, J., *De l'outil à la machine* (Vuibert, 2004a).

______, *De la machine au systeme* (Vuibert, 2004b).

Bourdieu, P., *La noblesse d'Etat Grandes écoles et esprit de corps* (Paris: Minuit, 1989).

Brunot, A. & Coquand, R., *Le corps des ponts et chaussées* (Paris: Editions du Centre National de la Recherche Scientifique, 1982).

Callot, J.-P. et al., *Histoire et prospective de l'Ecole polytechnique* (Paris: Lavauzelle, 1993).

Crawford, S., *Technical Workers in an Advanced Society: The Work, Careers, and Politics of French Engineers* (Cambridge: Cambridge University Press, 1989).

Day, Charles R., "The Making of Mechanical Engineers in France: The Ecoles d'Arts et Métiers, 1803-1914", *French Historical Studies*, vol. 10, n°3 (1978).

______, *Les Ecoles d'Arts et Métiers: L'enseignement technique en France 19-20 siècle* (Paris: Belin, 1991).

De Comberousse, C., *Histoire de l'école centrale des arts et manufactures* (Paris: Gauthier-Villars, 1879).

Diderot, D., *Encyclopédie ou dictionnaire raisonné des sciences des arts et métiers* (Paris: Panckoucke, 1751).

Ermenc, J., "The French Heritage of Engineering Schools", *The French Review*, vol. 30, n°2 (1956).

Hauglustaine, A.-C. (dir.), *Parcours de Centraliens, 1829-2004* (Paris: Creapress, 2004).

Jacomy, B., "A la recherche de sa mission: la Société des Ingénieurs Civils de France", *Culture Technique*, n°12 (1984), pp. 209-220.

Kranakis, E., "Social Determinants of Engineering Practice: A Comparaive View of France and America in the Nineteenth Century", *Social Studies of Science*, vol. 19, n°1 (1989), pp. 5-70.

Leclercq, Y., *L'impossible réseau. La résistance au système des grandes compagnies ferroviaires et la politique économique en France 1820-1852* (Paris: Droz, 1987).

Lequeux, J., *François Arago, un savant généreux: Physique et astronomie au XIXe siècle* (Paris: EDP Sciences, 2008).

Meiksins, P. & Smith, C. (ed.), *Engineering Labour: Technical workers in Comparative Perspective* (London: Verso, 1996).

Moine, J.-M., *Les Baron du Fer, Metz* (Metz: Edition Serpenoise, 2003).

Pannabecker, John, R., "School for Industry: L'Ecole d'Arts et Métiers of Châlons-sur-Marne under Napoléon and the Restoration", *Technology and Culture*, vol. 43, n°2 (2002), pp. 254-290.

Picard, A., *Les chemins de fer français. Etude historique sur la constitution et le régime du réseau*, t. 6 (Paris: J. Rothschild. 1884-1885).

Picon, A., "French Engineers and Social Thought, 18-20th Centuries: An Archeology of Technocratic ideals", *History and Technology*, vol. 23, n°3 (2007), pp. 197-208.

Picon, A., *L'invention de l'ingénieur moderne. L'Ecole des Ponts et Chaussées 1747-1851* (Paris: Presses de l'Ecole Nationale des Ponts et Chaussées, 1992).

Querrien, A., "A Ecoles et corps. Le cas des ponts et chaussées 1747-1848". *Les Annales de la recherche urbaine*, n°5 (1979), pp. 81-114.

Ribeill, G., *Management et organisation du travail dans les compagnies de chemins de fer des origines à 1860* (Paris: CERTES, 1985).

Shinn, T., *Savoir scientifique et pouvoir social. L'Ecole Polytechnique 1794-1914* (Paris: Presses de la FNSP, 1980).

Shinn, T., "De Corps de l'Etat au secteur industriel: genèse de la profession d'ingénieur, 1750-1920", *Revue française de sociologie*, vol. 19, n°1, 1978, pp. 39-71.

Thépot, A., "Les ingénieurs du corps des Mines, le patronat et la seconde industrialisation". in Lévy-Leboyer, M., *Le patronat de la seconde industrialisation* (Paris: Editions Ouvrières, 1979).

Verly, P., *La première révolution industrielle* (Paris: Armand Colin, 2008).

Viala, R., *L'Ecole Polytechnique. images et impressions* (Paris: Editions Charles-Lavauzelle, 1993).

Vignon, E. J. M., *Etudes historiques sur l'administration des voies publiques en France au XVIIe et XVIIIe siècle*, t. I (Paris: Dunod, 1862).

Woronoff, D., *Histoire de l'industrie en France du XIVIe siècle à nos jours* (Paris: Edition du Seuil, 1998).

독일: 국가, 교육 그리고 수공업

1 독일 엔지니어의 탄생과 특수성

유럽에서 엔지니어라는 직업이 출현해 산업화 과정에서 중추적 역할을 담당하고 이어 유력한 사회 세력으로 자리 잡는 과정을 되짚어보면, 각국마다 차이가 있다는 것을 어렵지 않게 감지할 수 있다. 거칠게 표현하면, 독일의 경우는 프랑스의 영향을 받아 프랑스와 유사하지만—물론 나중에는 양국 간에도 차이가 드러난다—영국 및 미국과는 처음부터 뚜렷한 차별성을 보였다. 그렇다면 독일에서 근대적 엔지니어 집단이 형성되고 발전하는 과정에서 드러나는 특징은 무엇일까?

■ 이 글은 다음 두 논문을 기초로 완성한 것이다. 송충기, "근대 초 프로이센 엔지니어의 양성: 베를린 바우 아카데미(1799~1879)를 중심으로", 〈역사학연구〉, 45호(2012). 박진희, "근대 엔지니어의 탄생: 독일 기계 엔지니어 집단의 탄생: 1740년에서 1880년까지 기술 전문 교육 기관의 발달을 중심으로", 〈공학교육연구〉, 14권 5호(2011).

이를 간단히 설명해주는 단어를 몇 개 꼽으라고 한다면, 대부분 주저하지 않고 다음 세 가지를 들 것이다. 국가, 교육 그리고 수공업이 바로 그것이다. 사실 이 세 단어는 독일 근대사의 특징을 집약하는 것이기도 하다. 그러므로 이는 엔지니어 집단을 뛰어넘어 독특한 산업화, 아니 더 나아가 역사적으로 '특수한 길'을 밟아온 독일 근대화 과정 전체를 관통하는 핵심적인 단어인 셈이다.

이를 조금 자세히 설명하면 이렇다. 우선, 독일 엔지니어는 기본적으로 국가에 의해 탄생했다고 보아도 과언이 아니다. 국가가 근대화의 필요성 때문에 이들을 양성했고 또 양성한 다음에 이들을 고용했다. 그러므로 한마디로 이들은 적어도 초기에는—나중에는 민간 부문의 기술자도 양성했지만—"국가의, 국가에 의한, 국가를 위한" 엔지니어였다. 둘째, 이들은 주로 공식적 교육 기관을 통해 양성되었다. 독일은 어느 나라보다 자격증 제도가 발전한 국가인데, 엔지니어라는 직업도 마찬가지였다. 공식적 교육 과정을 거쳐 국가가 주관하는 자격증을 획득해야 비로소 이들은 엔지니어라는 신분을 갖출 수 있었다. 셋째, 수공업적 전통이다. 독일에는 지금도 수공업적 전통이 강하게 남아 있는데, 근대 엔지니어의 형성 과정에서도 '장인 정신' 및 '도제식 수업' 같은 수공업 전통이 강력한 영향력을 행사했다. 이것은 엔지니어 집단의 정체성에서뿐만 아니라 이들의 양성 과정에도 그대로 나타나, 예컨대 실무적 현장을 중시하는 점이 독일 엔지니어의 독특한 성격으로 남았다.

원래 근대 엔지니어라는 직업은 군 공병대에서 토목과 건축을 관리하는 기술 장교의 기능에서 비롯되었다. 토목과 건축은 주로 전쟁과 군대에 필요한 것이었고, 민간 부문에서는 대부분 수공업자가 건축과 토목 사업을 맡았다. 그러던 것이 근대 국가가 부상하면서 국가의 규모와 위상이 커지자 군대 이외의 부문에서도 거대한 토목과 건축 사업이 필요했다. 예컨대 각국의 여러 왕실은 화려한 궁전과 새롭고 웅장한 도시를 원했다. 이에 따라 그것을 담당할 엔지니어가 민간 부분에서도 필요하게 되었다. 이러한 기본 과정은 독일 내 여러 지역에서도 마찬가지였다. 다만 독일은 영국 및 프랑스와 달리 19세기 중반까지 여러 지역으로 나뉘어 있었고 작은 공국이 여럿 존재했기 때문에 엔지니어 양성도 조금 늦게 시작했다. 또한 프로이센, 작센, 바이에른 등 여러 영방 국가에서의 발전 양상이 조금씩 다르게 나타났다. 그러므로 아래의 서술은 다양한 지역적 차이를 설명하는 가운데 독일 전역의 공통된 특성에 초점을 맞추었다.

이 글의 본문은 대략 세 부분으로 구성되어 있다. 첫 번째 부분에서는 독일 지역에서 엔지니어 교육이 어떻게 생겨났고 변화했는지 보여주고자 한다. 특히 프랑스에서 시작된 엔지니어 교육 과정이 독일 지역에 어떻게 수입되었고 또 얼마나 다르게 발전했는지를 중점적으로 살필 것이다. 여기에서 핵심은 1830년대에 대거 설립된 독일식 '폴리테크닉 학교'가 어떻게 고등 교육 기관으로 발돋움하게 되었는지 밝히는 것이다. 두 번째 부분에서는 독일 엔지니어의 정체성 문제를 살펴보고자 한다. 원래 독일에서는 엔지니어라는 용어 대신 '기술자(Techniker)'라는 용어를 보편적으로 사용했다. 하지만 점차 고등 교육을 통해 엔지니어를 배출하면서 이들이 주로 엔지니어 집단을 구성하게 되었다. 바로 이렇게 교육을 통해 양성된 엔지니어 집단은 사회적으로 다른 전문직 종사자, 곧 의사, 변호사, 교수, 교사 등 독일의 독특한 신분층인 교양 시민층(Bildungsbürgertum)과 똑같은 대접을 받고자 했는데, 두번째 부분에서는 바로 그 과정을 추적할 것이다. 마지막 부분에서는 독일 지역의 엔지니어가 어떻게 집단을 형성해 자신들의 이해관계를 대변했는지 분석할 것이다. 19세기 중반에 전국적 단체를 조직한 이들은 자신의 사회적 위상을 높이기 위해 다양한 노력을 기울였고 그 결과 적지 않은 성과를 이끌어냈다. 그러므로 이들의 노력과 그 방법을 살펴보는 것은 독일 엔지니어의 특징을 알아보는 데 필수적 요소이다.

2 엔지니어 교육: '폴리테크닉 학교'에서 '고등기술학교'로

2.1 엔지니어 교육의 출발: 전문기술학교와 '폴리테크닉 학교'

18세기에 독일 지역의 여러 영방 국가는 근대화의 과정을 겪고 있었는데, 그중에서 가장 눈에 띄는 것은 프로이센의 눈부신 성장이었다. 원래 동유럽 지역에 치우쳐 있던 프로이센은 18세기에 프리드리히 대제 시기를 거치면서 일약 영국 및 프랑스 등과 어깨를 나란히 하는 강대국으로 부상했다. 18세기 말 프로이센 인구는 100년 전에 비해 약 두 배로, 국가 재정은 약 아홉 배로 늘어났다. 게다가 18세기 말부터 독일 전역에서 토목 공사가 급증했는데, 그 이유는 각 공국 내의 정치적 통일을 강화하기 위해 도로 건설의 필요성이 대두되었고 또한 화물 수송이 증가했기 때문이다. 또한 프로이센 정부는 이른바 근대화의 일환으로 베를린과 브란덴부르크 주변 지역을 '살 만한 곳'으로 발전시키고자 서둘렀다. 이에 따라 특히 건축 분야에서 전문 인력의 부족이 아주 심각했다. 예컨대 프리드리히 빌헬름 2세 때 베를린과 포츠담 그리고 주변 지역 사이에 도로를 부설하려던 계획은 전문가 부족으로 인해 제대로 추진되지 못했다. 그 당시 건축 분야의 인력 부족 때문에 근대화 발전의 동력이 떨어지고 있다는 진단까지 나올 정도였다.

이처럼 부족한 전문 인력 문제를 해결하는 방식은 크게 두 가지였다. 그 하나는 이미 양성된 인력을 외국에서 '모셔오는 것'이고 다른 하나는 자체적으로 양성 기관을 설립하는 것이었다. 사실 거의 모든 유럽 나라에서는 이른바 선진국으로부터 새로 발전한 기술이나 기계를 수입할 때에는 그것을 다룰 수 있는 '기술자'까지 같이 초빙하는 것이 아주 일반적인 관행이었다. 당시 과학기술이 이웃 나라에 비해 상대적으로 낙후했던 독일 지역은 16세기에는 이탈리아에서, 17세기에는 주로 네덜란드에서 기술자를 데려왔다. 그리고 18세기 초부터는 토목 분야에서 강세를 보인 프랑스 기술자들이 그 역할을 맡았다. 하지만 18세기에는 외부의 기술자로만 문제를 푸는 것에 한계가 있었다.

다른 한편으로 자체 내에서 기술자를 양성하려는 노력이 전혀 없었던 것은 아니다. 이미 독일 여러 공국에는 왕실 운영에 필요한 기술자를 양성하는 전문기술학교(Fachschule/Spezialschule)가 존재했다. 원래 다른 일반 관료의 충원은 대학이 담당했는데, 대학이 양성하지 못하는 광산을 비롯해 건축, 의학 등의 전문 기술자를 충원하는 기능은 이들 전문기술학교가 담당했다. 빈에는 1670년 설립한 엔지니어 장교 양성 기관이 존재했으며, 이를 모델로 작센 공국은 왕실에 필요한 궁전과 교량 등의 건축을 담당할 전문 인력을 스스로 양성할 목적으로 1743년 드레스덴에 엔지니어 아카데미(Ingenieurakademie)를 설립했다. 이어 1770년에는 뷔르템베르크 사범학교, 같은 해 프로이센의 광산 아카데미, 1788년에는 포츠담에 왕립 엔지니어 아카데미 등이 역시 이러한 전문 기술자의 양성을 목적으로 문을 열었다.

그렇지만 이러한 기관에는 심각한 문제가 있었다. 무엇보다도 여기에는 전문성을 교육적으로 전수할 만한 교과 과정, 교육자 그리고 학문적 체계가 결여되었다. 근대 초기에 눈부시게 발전한 과학기술을 습득하려면 수학과 물리 등 새로운 자연과학 지식이 필수적이었지만, 그것의 전수가 불가능했다. 또한 중세적 도제 수업처럼 어깨너머로 혹은 주먹구구식으로 가르치는 교육 방식도 이제는 한계를 드러냈다. 또한 폭발적으로 늘어나는 기술자의 수요에 대응하기 위해서는 더욱 폭넓고 체계적인 양성 기관이 필요했다.

1799년 베를린에 설치된 '바우 아카데미(Bauakademie)'는 이러한 새로운 변화에 대응하고자 한 노력의 일환이었다. 프로이센 정부가 건축 분야의 전문 관료를 양성하고자 세운 이 기관은 일반 대학이 배출하지 못한 실무적인 기술 전문가를 양성하고자 했던 18세기 전문기술학교의 맥을 잇는 것이었다. 이것은 또한 부분적으로 이보다 몇 해 전(1794)

에 설립되어 이듬해에 '에콜 폴리테크닉'으로 이름을 바꾼 프랑스 엔지니어 양성 기관의 영향을 받았다. 바우 아카데미는 따라서 국가 관료를 양성하는 것이 목적이었다. 국가가 재원을 제공하고, 관료가 학교의 운영과 수업을 맡았다. 그렇지만 이 기관은 18세기 전문기술학교의 맥을 잇고 있으면서도 건축에 관한 이론적 지식을 교육함으로써 근대적 고등 교육 기관이라는 새로운 면모를 드러냈다. 요컨대 이곳에서 강조한 것은 기술 전문가 양성에는 단순히 기술교육만으론 부족하고 역학 · 물리학 · 식물학 등 기초과학과 제도 · 설계 등 실무적 이론 작업을 전수해야 한다는 것이었다. 이처럼 학생들이 새로운 전문 지식을 더 쉽게 접하고 교육받을 수 있도록 바우 아카데미는 학술 잡지와 도서관을 따로 구비했다. 적어도 이 시기의 졸업자들은 프랑스 국가 엔지니어와 마찬가지로 전문 직업인으로서의 집단 정체성, 엘리트 의식 그리고 자부심을 갖고 있었던 것으로 보인다.

그렇지만 19세기 초에 발생한 일련의 변화는 바우 아카데미를 포함한 전문 기술자 양성 교육 기관에 적지 않은 굴곡을 가져왔다. 실제로 바우 아카데미도 19세기 초 교과 과정과 조직에 상당한 변화를 겪었고, 이러한 변화는 바우 아카데미의 일시적 침체로까지 이어졌다. 이러한 일련의 변화를 가져온 장본인은 바로 훔볼트식 교육 이념의 등장이었다. 그리고 이런 교육 이념에 큰 영향을 미친 것은 18세기 말부터 19세기 초에 확립되기 시작한 이른바 독일식 '교양(Bildung)' 개념이었다. 괴테와 실러, 헤르더 등 당대의 대표적인 지성인들은 인간의 모습에서 스스로 자신의 개성을 발전시킬 수 있는 능력을 확인했고, 이 같은 고전적 교양 이념의 확립은 교육철학에 심대한 영향을 미쳤다. 이로써 계몽에 바탕을 둔 18세기의 교육철학은 종말을 고하고, 스스로 개발할 수 있는 능력을 찾는 데 초점을 맞춘 새로운 교육 이념이 탄생했다. 이제는 빌헬름 폰 훔볼트(Wilhelm von Humboldt)의 지적대로, 사람을 교육시킨다는 것은 실용적 지식을 축적해 "외부적인 목적에 따라 키우는 것이 아니어야"[1] 했다. 따라서 실용적 목적을 가진 전문 기술 교육의 의미가 축소되기 시작했다. 이는 대학 개혁에서도 잘 드러났다. 1810년 훔볼트가 프로이센의 교육부 수장으로서 추진한 이른바 훔볼트식 대학 개혁은 신인문주의(Neuhumanismus) 정신에 그 뿌리가 있었다. 이에 따르면, 인간은 그리스 문화에 대한 공부를 깊이 있게 할수록 자신의 교양을 가장 잘 촉진할 수 있다. 왜냐하면 그리스 문화야말로 인류 문화의 원류이자 총체로서 인간 개성의 기본적 토대인 자발성, 조화, 창조성 등을 가장 많이 함축하고 있기 때문이다. 이로 인해 교육 내용에서도 철학적 이상주의가 강조되었다. 곧 인간의 교육에 중요한 것은 모든 지식을 관통하는 깊은 통찰력을 얻는 것이었다. 이를 다른 말로 간단히 표현하면, 대학에서 실용적 요소를 배제하고 대신 인간의 정신적 · 예술적 · 문화적 발전을 도모하자는 것이다. 대학의 의무는 이제 기존 지식의 주입이나 전수가 아니라(이것은 하위 교육 기관의 몫이 되었다) 새로운 진리를 찾아내는 것이고, 따라서 진정한 대학은 학문적 자유와 비판 속에서 교육과 연구를 동시에 수행하는 곳이어야 했다.

훔볼트식 대학 이념의 정립으로 교육 내용에서도 순수철학적인 내용이나 라틴어 혹은 그리스 고전이 우대받고 실용적인 과목은 폐기되거나 축소되었다. 1810년 출범한 베를린 대학에서도 기술적이고 영업과 관련한 실용 과목은 찬밥 신세가 되었다. 관료 지망생도 법률학 공부를 선호했다. 관료가 되려는 사람에게는—사실 지금도 남아 있는 것이지만—대학에서 교육을 받고 '국가고시'를 치르는 것이 보편화되었다. 이에 따라 전문적인 기술학교에 입학하고자 하는 열의도 줄어들었을 뿐만 아니라 전문학교를 우대하는 교육 정책에도 제동이 걸렸다. 훔볼트는 비록 기존의 기술 특수학교가 중요하다고 말하긴 했지만, 이러한 학교는 보편적인 인간 교육의 원칙과 어긋나고 또한 '순수' 교양을 지향하지 않기 때문에 그런 학교를 지원하는 것은 국가가 아니라 그에 해당하는 직업 집단이어야 한다고 주장했다. 이 때문에 독일에서는 이후 일반 대학과 상관없이 고등기술학교—이 고등기술학교는 1965년 제정한 법에 의해서야 비로소 공과대학(Technische Universität)이라는 이름으로 변경할 수 있게끔 되었고 실제로 많은 고등기술학교가 이후 공과대학으로 이름을 바꾸었다[2]—가 발전하기에 이르렀다.

이렇게 건축 분야에서 엔지니어 집단의 형성과 발전이 잠시 주춤거리고 있을 즈음, 엔지니어 집단의 새로운 구심점 역할을 담당하게 될 기계 분야에서는 새로운 동력이 태동하고 있었다. 18세기 말부터 19세기 초에 이르면, 기계 분야에서 새로운 기술 발전을 거듭하면서 이에 대한 기술교육의 중요성이 부각되었다. 영국에서 비롯된 산업혁명의 여파가 이미 독일 지역에까지 미치기 시작했다. 산업혁명으로 값싼 생산품을 유럽에 수출하기 시작한 영국에 대해 독일의 각 공국에서는 자국의 생산력을 높이고 경제를 활성화해야 한다는 목소리가 커졌다. 예컨대 작센 공국에서만 1763~1800년에 150여 개의 섬유 공장이 생겨났고, 영국에서 개발한 방직 및 방적 기계, 증기 기관을 도입하기 시작했다. 19세기에 들어서는 이들 기계 생산 방식의 확산이 더욱 빨라져 작센 공국의 켐니츠(Chemnitz)에 위치한 공장에서는 1801년 620여 대에 불과하던 방적기 수가 불과 10여 년 만인 1812년에는 1만 8000여 대로 늘어났다.

새로운 기계를 도입하면 당연히 그것을 다룰 줄 아는 기술자가 필요했다. 앞서 이야기한 대로 처음에는 기술자를 외국에서 기계와 함께 초빙하기도 했지만 이는 장기적인 대안이 결코 아니었다. 물론 독일의 여러 공국에서는 산업 진흥 정책의 일환으로 영국 등지에서 선진적 기술을 연수하도록 여행비를 지원하기도 하고, 기계 설비와 관련한 전문 서적을 번역하는 등 여러 가지 대책을 수립했다. 하지만 이것 역시 궁극적인 대안은 아니었다. 왜냐하면 영국과의 경쟁을 고려할 때, 문제는 일시적 기술 이전이 아니라 그보다 훨씬 뛰어난 새로운 기술을 개발할 수 있는 인력을 양성하는 것이었기 때문이다. 이에 따라 새로운 기술교육 기관의 필요성이 제기되었다.

나폴레옹 1세 치하의 프랑스와의 전쟁에서 패배한 후 전반적 개혁에 나선 프로이센은 산업과 무역 분야에서도 1810년 영업자유령(Gewerbefreiheit)을 비롯해 다양한 산업 진흥책을 마련하고 있었다. 기술교육도 그 가운데 하나였다. 여기에서 결정적 역할을 한 사람은 바로 19세기 전반기에 프로이센 상무부에서 기술 분야를 책임지고 있던 페터 보이트(Peter Beuth)였다. '프로이센 영업 진흥의 아버지(Vater der preußischen

Gewerbeförderung)'라 불리는 보이트는 1821년 산업가와 전문가로 구성된 '프로이센 영업 근면성 촉진을 위한 협회(Verein zur Beföderung des Gewerbfleißes in Preußen)'를 조직해 잡지를 발간하는 등 산업 부흥 문제를 공론화하고 그에 대한 구체적인 해결책을 모색했다. 그에 따르면, 프로이센 산업 진흥에서 가장 큰 걸림돌은 기술교육이고, 이에 대한 해결책은 기술교육 기관을 설립하는 것이었다. 그러한 노력의 결실은 1821년 베를린에 일종의 기술학교로 실업학원(Gewerbeinstitut)을 설치하는 것으로 나타났다〔설립 당시의 명칭은 왕립 기술학원(Königliches Technisches Institut)이었지만 1827년 이름을 바꿨다〕. 이것은 국가의 기술 관료를 양성하기 위해 개설된 바우 아카데미나 프로이센 이외의 독일과 오스트리아 지역에서 우후죽순처럼 생겨나던 폴리테크닉 학교와 달리, 민간 부문에 필요한 기술자를 양성하기 위한 기관이었다. 국가 주도로 기계 및 화학 분야의 민간 기술자를 양성하고자 했던 이 기관은 학비를 면제해주었지만 훈육 방식은 아주 엄격했다. 설립 초기에는 예비 과정을 제외하고 수업 연한이 1년이었지만 점차 늘어나서 1830년에는 2년, 1850년에는 3년이 되었다. 초기에는 지방의 실업학교 졸업생이 산업 현장에 필요한 기술을 익히는 성격을 갖고 있었기 때문에 이론적 측면, 특히 폴리테크닉 학교에서 필수적이던 수학과 기하학을 가르치지 않았다. 그보다는 현장 실습을 위주로 하는 교육을 실시했으며 최신 기계를 들여와 실습함으로써 산업 분야에 즉각 투입할 수 있는 기술자를 양성했다. 그러므로 특히 초기에는 엔지니어 학교라기보다 기술자 양성 학교의 성격이 강했다. 보이트와 친교를 맺고 그의 '독일식 기술'을 찬양해

마지않던 괴테는 보이트가 "실업학원에서 놀라운 일을 해내고 있다"며 칭찬했다. 다른 독일 지역에서는 폴리테크닉 학교가 설립된 반면, 프로이센에서는 예외적으로 폴리테크닉 학교가 설립되지 않음으로써 점차 실업학원이 그 역할을 대신하게 되었다.

한편 프로이센을 제외한 독일의 다른 지역과 오스트리아, 지금의 체코 지역 등 중부 유럽에 더 보편화되었던 기술교육 기관은 폴리테크닉 학교였다. 프로이센에서 그랬던 것처럼 중부 유럽의 다른 지역에서도 선진 기술을 어떻게 잘 수용해 자국 산업을 부흥시킬 것인가라는 문제에 골몰하고 있었다. 그에 대한 장기적 해결책은 고급 기술자를 양성하는 교육 기관을 설립하는 것이라는 데 이론의 여지는 없었다. 그렇다면 이들 국가는 당시 어떤 기관을 염두에 두었던 것일까? 이에 대한 논의가 분분하긴 했지만, 의심할 바 없이 여기에서 가장 큰 역할을 한 것은 프랑스의 에콜 폴리테크닉이었다. 이 고등 기술교육 기관의 특징은 수공업적 요구와 경험에 근거한 전통적 기술교육에서 벗어나, 여러 기술에 기초가 되는 수학 · 물리 · 화학 등 과학의 이론적 원리를 교육하는 것이었다. 2년제 학교—직업 경험이 있는 학생은 1년—였던 에콜 폴리테크닉은 학생들에게 과학적 이론 교육을 실시해 장차 전문학교(포병학교, 토목학교, 광산학교 등)에 진학할 때 필요한 기본 교육을 제공하는 예비 학교의 성격을 띠고 있었다. 19세기의 기술교육에서 필요한 것은 더 이상 손재주가 아니라 수학적이고 과학적인 이론과 원리였다. 이것을 이해하지 못하고서는 새로운 기계를 만드는 것은 고사하고 고장 난 기계를 수리하기도 어려웠으며, 기계의 작동 방식을 제대로 이해할 수조차 없었다. 그러므로 작업장에서 어깨너머로 전수하던 기술을 이제는 과학적 원리에 토대를 둔 체계적인 지식의 형태로 교육하기 시작했다. 산업화 시대에 부응하는 기술교육을 선구적으로 시도한 에콜 폴리테크닉이 당시 중유럽 국가들이 설립하고자 한 기술교육 기관의 모델이 된 것은 당연했다.

독일과 오스트리아 지역에서 에콜 폴리테크닉을 모델로 새로운 기술자 양성 고등 교육 기관을 처음으로 설립한 곳은 바로 보헤미아(당시 오스트리아 합스부르크 왕가 소속)였다. 1806년 설치된 프라하 폴리테크닉은 오늘날 프라하에 있는 체코 공과대학(Czech Technical University)의 전신이다. 보헤미아가 다른 곳보다 일찍 엔지니어 교육 기관으로 등장할 수 있었던 것은 그곳에 이미 100여 년 전통의 기술학교(Institute of Engineering Education)가 존재했기 때문이다. 1707년 문을 열 당시 12명의 학생을 받아들인 이 기술학교는 1779년에는 학생 수가 200명이 넘을 정도로 급성장했다. 그리고 1806년에는 에콜 폴리테크닉을 모델로 폴리테크닉 학교가 문을 열게 되어 당시 중부 유럽 지역에서 유일한 고등 기술교육 기관이 되었다.

빈에서도 당시 폭발적인 기술자 수요에 대응하기 위해 오래전부터 교육 기관의 설립을 추진했다. 독일 지역에서와 마찬가지로 이곳에도 이미 18세기부터 군사 엔지니어 학교, 바우 아카데미, 광산 아카데미 그리고 상업에 관한 실무를 익히는 실무 아카데미(Realakademie) 등이 있었다. 새로운 기술 인력을 확보해 영국의 선진 경제를 따라 잡고 합스부르크 왕실 경제를 튼튼히 하기 위한 목적으로 기술교육 기관에 대한 논의가 활발했다. 오스트리아는 파리에 에콜 폴리테크닉이 설립된 지 몇 년 후이자 베를린에 바우 아카데미가 문을 열기 두 해 전인 1797년에 기술교육 기관에 대한 논의를 전담할 왕실교육위원회(Studienhofkommission)를 설치했다. 1805년 합스부르크 황제 프란츠 2세는 빈에 폴리테크닉 학교를 세우는 기획안을 작성하도록 왕실교육위원회에 지시했지만 나폴레옹 1세와의 전쟁 때문에 잠시 중단되었다. 이에 따라 프라하에서 먼저 폴리테크닉 학교가 설립되었다.

오늘날 빈 공과대학(Technische Universität Wien)의 전신인 왕립 폴리테크닉 양성 기관(k. k. polytechnisches Institut)이 설립된 것은 유럽에서 나폴레옹 전쟁이 완전히 끝난 1815년이었다. 당시 빈 실업학교 교수이던 요한 프레흐틀(Johann Prechtl, 1778~1854)이 1810년 폴리테크닉 학교의 조직과 교과 과정에 대한 기안을 제출했다.[3] 이어 1814년 말, 프레흐틀은 다음 해에 문을 열 학교의 교장으로 임명되었고, 이 학교는 그다음 해인 1815년 11월 교수 3명과 학생 47명으로 정식 개교했다. 1817년 작성된 학교 정관에 따르면, 이 학교의 세 가지 임무는 학문적 수준을 갖춘 기술교육 기관, '학문과 기예의 보존' 업무 그리고 '국가 산업' 진흥을 위한 협회로서 활동하는 것이었다.

흥미로운 것은 독일 지역에서 1820년대에 설립된 수많은 폴리테크닉 학교의 모델이 바로 빈과 프라하의 기술교육 기관이었다는 점이다. 빈과 프라하, 파리의 폴리테크닉 양성 기관은 모두 수학, 물리 등의 과학적 원리를 중시한다는 점에서 똑같았다. 그러나 파리의 경우는 군사사관학교의 성격이 짙었지만 빈과 프라하의 경우는 좀더 대학의 면모에 가까웠다. 이런 차이는 학교 설립 목적에서 한층 뚜렷하게 드러난다. 빈과 프라하의 학교는 기술 관료 양성보다 민간 산업에서 필요한 체계적으로 훈련받은 전문 기술자, 곧 엔지니어 양성에 그 목적을 두었다. 이에 따라 빈 폴리테크닉 학교에서는 수학 및 과학의 원리뿐만 아니라 산업 현장에서 실제로 응용할 수 있는 전문 기술을 학교 작업장에서 교육했다. 이제 폴리테크닉 졸업자는 관료로서뿐 아니라 민간 영역에서 공장 경영자나 산업 전문가 역할을 맡게 될 것으로 기대되었다. 이에 못지않게 파리의 에콜 폴리테크닉과 다른 마지막 차이점은 바로 빈 폴리테크닉 학교에서는 교수가 대학과 동등한 수준의 신분을 유지할 수 있었고 일반 대학에서처럼 강의나 학문의 자유를 누렸다는 점이다. 이는 훗날 이들 학교가 '고등기술학교'로 발전하는 토대가 되었다.

빈과 프라하의 폴리테크닉 학교를 본받아 독일 지역에서 이와 비슷한 폴리테크닉 학교가 최초로 설립된 곳은 카를스루에였다. 이곳에서는 이미 빈 및 프라하와 비슷한 시기인 1808년 폴리테크닉 학교를 세우는 계획서를 작성하기도 했다. 이후에도 비슷한 의견이 나왔지만 재정 문제로 좌초했다. 반대하는 쪽의 주장은 영국은 그러한 폴리테크닉 학교 없이도, 다시 말해 이론적 지식의 전수 없이도 산업화를 잘 진행하고 있다는 것이었다. 따라서 그런 곳에 쓸 돈이 있으면 실용적인 곳에 사용해야 한다는 논리였다. 하지만 수공업자와 작업 현장 관리자는 달랐다. 그들은 수학과 자연과학에 바탕을 둔 지식을 전수해야 한다고 주장했다. 따라서 폴리테크닉 학교를 세워야 한다는 주장이 곳곳에서 끊임없이 제기되었다. 한때는 프라이부르크에 그런 기술학교를 건립하자는 안건도 나왔지만, 우여곡절을 거친 끝에 1825년 카를스루에 학교를 설립하기에 이르렀다. 카를스루에 학교는 1825년 출발 당시에는 전문기술학교보다 수준이 낮았으나 1832년 개편 작업을 거치면서 전문가를 양성하는 학교로 발돋움했다. 특이한 점은 빈의 학교와 마찬가지로 실습 교육을 강조해 1833년 실습이 가능한 작업장을 설치했다는 것이다. 이는 인근 공장과 작업장을 견학해 실습하는 교육을 중시하는 결과를 낳았고, 이후 독일 기술교육의 특성으로 자리 잡았다.

비슷한 시기, 앞서 말한 것처럼 베를린에는 폴리테크닉 학교를 세우려는 시도가 여러 번 있었지만 번번이 실패했다. 프로이센 교육부는 1823년 프로이센 학술원 회원이자 화학 교수인 아일하르트 미처리히(Eilhard Mitscherlich)에게 파리를 방문해 자연과학 수업 현황에 대해 알아보는 시찰 업무를 맡겼다. 파리로 간 그는 당시 그곳에 머물던 알렉산더 폰 훔볼트(Alexander von Humboldt, 빌헬름 폰 훔볼트의 동생으로 1923년 초부터 몇 년간 파리에 머무르고 있었다)의 격려에 힘입어 근대 산업은 정밀과학을 토대로 삼아야 한다는 주장을 강력하게 펼쳤다. "이곳의 공장 및 영업의 완성도와 에콜 폴리테크닉에서 배출한 졸업생들의 뛰어난 공헌은 분명 물리, 화학 그리고 수학 교육에 근거한 것이다."[4] 이것을 기초로 폴리테크닉 학교를 설립하려는 계획이 1828년, 1829년, 1834년, 1844년 등 여러 차례나 있었지만 모두 성사되지 못했다. 여기에는 여러 가지 이유가 작용했는데, 첫째는 물론 재정 정책 때문이었다. 재정 담당관은 이런 계획에 회의적인 시각을 갖고 있었다. 둘째는 이 계획과 관련 있는 다른 부서, 곧 상무부와 국방부—공병학교와 연관성 때문에—도 난색을 표명했다. 셋째는 이론 수업을 강조한 폴리테크닉 학교와 성격은 다르지만 실기 수업 등을 가르치는 기술학교인 실업학원을 운영하던 보이트가 이에 부정적이었다. 마지막으로 당시 베를린에 만연한 자연과학에 대한 미온적 반응도 적지 않은 영향을 미쳤다. 어떤 학자는 당시의 분위기를 이렇게 전했다. "나는 '에콜을 둘러싼 논쟁'을 지켜본 결과, 우리 독일 언어학자들은 예수교 신부와 똑같이 불관용적이고 수학이 등장하지 못하도록 하는 데 깊은 연대감을 느낀다는 것을 깨달았다."[5] 또한 신인문주의적 교육 이념을 갖고 있던 교육부 관리의 소극적 태도에 대해 어떤 이는 다음과 같이 촌평했다. "기술 측면에서도 자연과학을 최고 수준으로 올려놓아야 할 필요성이 있음에도, 그들은 이러한 '현실적이고 물질적인 방향'을 기껏해야 '기본 욕구와 환경을 충족시키는 학문 나부랭이'쯤으로 부드럽게 포장하는 정도였다."[6] 1830년대 프로이센의 대학에서는 자연과학이 인문과학과 어깨를 나란히 하기에는 아직 역부족이었다.

베를린을 제외하면 카를스루에를 필두로 1827에는 뮌헨, 1828년에는 드레스덴, 1829년에는 슈투트가르트, 1831년에는 하노버와 카셀, 1833년에는 아우크스부르크, 1835년에는 브라운슈바이크에 그리고 다음 해인 1836년에는 다름슈타트와 켐니츠에 폴리테크닉 학교가 건립되어 이른바 폴리테크닉 전성시대를 구가했다. 베를린에도 기술학교가 아예 없었던 것은 아니기 때문에, 이로써 독일 지역에 엔지니어 교육의 토대가 마련되었다고 말할 수 있다. 그렇지만 초기부터 이 모든 폴리테크닉 학교가 '고등'기술학교였다고 보기는 어렵다. 베를린의 '실업학원'에서처럼 그리고 카를스루에의 초기 모습처럼 원래는 고등 교육 기관이라기보다 오히려 중등학교에 가까웠다. 그리고 다른 폴리테크닉 학교도 전반적으로 전문기술학교와 중등학교 사이에 있었고, 상대적으로 후기에 생긴 브라운슈바이크와 켐니츠 폴리테크닉 학교 등만이 고등 교육 기관이라고 할 수 있다.[7] 그렇지만 카를스루에 학교부터 거의 모든 학교가 곧바로 교육 수준이 올라갔음을 볼 때 이 시기 폴리테크닉 학교는 개교 후부터 역동적인 발전을 거듭했다. 이는 장차 '고등기술학교'로 나아가기 위한 출발이었다.

2.2 기술교육의 '학문화': '폴리테크닉 학교'에서 '고등기술학교'로

1840년대 이후 산업화가 본격적으로 진전되면서 전문 기술 인력에 대한 수요도 덩달아 증가했으며, 엔지니어에게 기대하는 기술 수준도 높아졌다. 이러한 요구에 대응해 전문기술학교의 교과 과정과 수업 방식도 변화했다. 이때 드러난 변화의 내용은 기본적으로 입학 수준의 상승, 교과 과정에서 전문성의 강화 그리고 수공업적 전통에서 비롯된 실습의 도입 등이었다. 이는 장차 1860년대 이후 고등기술학교로 전환하는 과정에서 더 뚜렷하게 감지할 수 있지만, 실제로는 그보다 앞선 1840년대부터 이미 시작되었다.

우리는 이런 변화를, 더 정확하게 말하면 발전을, 먼저 카를스루에 폴리테크닉 학교에서 찾아볼 수 있다. 여기에서 결정적 역할을 한 사람은 내무부 관리였던 카를 프리드리히 네베니우스(Karl Friedrich Nebenius)였다. 1830년 말 바덴 지역의 학교 문제를 총괄하던 그는 1818년 바덴의 헌법을 기초하는 등 정치적 영향력이 아주 컸던 인물이었다. 당시 산업이 부재했던 바덴 지역 주민들의 빈곤을 퇴치하기 위해서는 학교를 개혁하고 체계화하는 것이 급선무임을 그는 자각했다. 이에 따라 기존에 있던 여러 기술학교를 한 곳에 모으고 그것을 바탕으로 폴리테크닉 학교를 세우기로 했다. 그 결과 1825년 설립된 이 학교는 1832년 개편을 통해 고등 교육 기관으로서 면모를 갖추게 되었다. 그리고 곧이어 기계 제작 기술자를 양성하는 엔지니어학교, 건축가를 배출하는 건축학교, 화학 및 광산업에 종사하는 기술자를 교육하는 고등공업학교, 또한 산림학교 및 상업학교까지 모두 5개 전문학교를 한데 모은 종합전문학교로 승격했다. 학생들은 이들 전문학교로 진학하기 전 2년간의 예비 과정에서 기초가 되는 수학, 물리, 도면 제작 등의 수업을 받았다. 이들이 받는 교육 내용은 실업학교 및 중등학교의 수준보다 훨씬 높아 입학 수준도 높아졌다. 특히 초기에는 관료나 장교 양성에 치중했지만 1825년 이후에는 그것을 포기하고 일반 민간 기술자 양성을 중요한 목적으로 삼았다. 이처럼 파리의 에콜 폴리테크닉과 베를린의 바우 아카데미와 달리 카를스루에 폴리테크닉 학교는 관료뿐 아니라 민간 기술자 배출이 주요 목적이었다.

카를스루에 폴리테크닉 학교는 이어 1841년 빈 폴리테크닉 출신의 페르디난트 레텐바허(Ferdinand Redtenbacher)가 기계공학 교수로 부임하면서 새로운 도약의 기회를 맞이했다. 도약을 위한 개혁은 1847년에 이루어졌는데, 그 내용은 학교를 기계기술학교(mechanisch-technische Schule)와 화학기술학교(chemisch-technische Schule)로 분리하는 것이었다(1860년에는 명칭을 각각 기계제작학교와 화학학교로 변경했다). 1851년에는 화학기술학교에 실험실을 설치함으로써 연구와 실험이 가능해졌다. 또한 장기적으로 카를스루에 폴리테크닉 학교는 특히 레텐바허가 교장으로 재직하는 동안 당시 폴리테크닉 학교에서는 가능하지 않았던 연구과 교육을 융합하는 새로운 면모도 보여주었다. 빌헬름 폰 훔볼트의 대학이념에 접근하는 변신를 통해 장차 일반 대학과 동등한 위치로 올라설 기반을 구축한 것이다.

그런데 오스트리아 태생인 레텐바허가 새로 선보인 수업 방식의 특징 중 하나는 순수 수학을 강조하지 않은 점이었다. 일반 대학이 순수 수학을 고집하고 에콜 폴리테크닉도 기계 제작의 수학적 이론에 치중한 데 비해, 레텐바허는 이론에 기초한 수학 수업과 경험에 기초한 설계 디자인 수업을 내용적으로 결합하려 했다. 당시의 산업화 과정과 그에 걸맞은 기술교육을 고민한 결과, 레텐바허가 주목한 것은 이제는 더 이상 기술 수업을 개별 기업 수준에 맞추어서는 안 되고 과학적 원리에 토대를 두어야 한다는 점이었다. 그렇지만 기계 제작에서 수학·역학 등 기초과학 이론의 중요성이 커진다고 해서, 그것이 순수하게 이론적이어서는 곤란하다고 생각했다. 곧 이론이 실제로 얼마나 이용 가능한가와 같은 의문점을 항상 염두에 두어야 한다고 보았다. 레텐바허가 1863년까지 이곳에 재직하면서 정착시킨 것은 이처럼 파리의 에콜 폴리테크닉과 빈 폴리테크닉 학교와 다른 새로운 방식이었으며, 이후 독일 지역의 다른 폴리테크닉 학교들이 이를 본받음에 따라 이 학교는 점차 '독일식 폴리테크닉 학교'의 전형이라는 평가를 받게 되었다.

카를스루에 폴리테크닉 학교가 독일 지역에서 점차 명성을 얻음에 따라 많은 학생이 이곳으로 몰려들었다. 기계제작학교의 경우 1847년 입학생이 38명이었는데 반해 1859/1860년에는 215명으로 증가했다. 또한 이론 수업을 강화하면서 입학 자격 요건 역시 실업학교 졸업이나 실업 김나지움 졸업 등으로 높아졌다. 이에 따라 입학생 연령도 초기에는 13~14세에서 나중에는 16~17세로 올라갔다. 학교생활도 초기에는 오로지 관료와 장교 양성 기관이었기 때문에 거의 병영에 가까웠지만, 나중에 민간 기술자 양성도 목적으로 삼음에 따라 자유로운 분위기가 형성되었다. 게다가 카를스루에 폴리테크닉 학교는 1865년 임명권—학과장과 학교장의 자체 선출 권리—과 행정 자율권을 부여받음으로써 대학과 비슷한 위상을 얻게 되었다. 또 2년 후에는 독일 지역 최초로 기술학 분야 졸업 시험을 통해 디플롬(Diplom) 학위를 도입했다. 이제 남은 것은 사회적 인식의 변화 및 대학과 동등한 학위였다.

바이에른 지역에서 발전한 폴리테크닉 학교는 이와 비슷하지만 몇 가지 다른 점도 눈에 띈다. 가장 중요한 차이점은 다른 폴리테크닉 학교가 독립적 공간과 수업 방식을 고수한 데 반해, 이곳에서는 바이에른 공국에 있는 국영 기술학교들이 서로 유기적으로 연관되었다는 것인데,[8] 이는 훗날 기술학교와 일반 대학이 서로 연계하는 결과를 가져왔다. 바이에른 지역에서 첫 폴리테크닉 학교를 설립한 곳은 공국의 수도인 뮌헨이 아니라 뉘른베르크였다(1823년). 이어 뮌헨에서도 폴리테크닉 학교가 세워졌는데 1827년 바이에른 공국은 이에 대해 다음과 같이 밝혔다.

"생업에 대한 근면성을 이끌어내고 고양시키는 국가의 조치로서 …… 공국의 수도인 뮌헨에도 다른 도시의 경우처럼 마찬가지로 폴리테크닉 학교를 건립하기로 결정해 다음과 같은 조치를 취한다……. 1. 뮌헨에 폴리테크닉 중앙학교를 설치해야 하며 수학, 물리, 역학 그리고 자연과학에 기초한 생업에 종사하고자 하는 자영업자나 공장 및 매뉴팩처에서 관리자나 감독관으로 일하고자 하는 개개인의 고등 기술에 대한 예비 교육과 전문 교육을 실시하는 것이다."[9]

여기서 분명하게 드러나듯 뮌헨 폴리테크닉 학교의 목적은 관료가 아니라 민간 기술자 양성에 있었다. 다만 국가가 양성 기관을 설립하고 유지하며 학생들에게 주는 장학금을 부담할 뿐이었다.

사실 뮌헨은 당시 산업과 거의 무관한 도시였다. 따라서 프라하 및 빈과 연계성을 지니면서 주변의 민간 기업 사이에서 날로 명성을 쌓아가는 뉘른베르크의 폴리테크닉 학교와 달리, 뮌헨 폴리테크닉 학교는 한동안 성장하지 못했다. 오늘날 뮌헨 공과대학의 뿌리가 된 이 학교는 1829년 일부 개혁을 단행했지만 별무신통이었다. 따라서 1833년 아예 총체적인 개혁이 실시되었다. 그 내용은 폴리테크닉 중앙학교를 폐지하고 대신 3단계로 구성된 기술교육 기관을 설치하는 것이었다. 이는 이후 1860년대에 실시된 고등기술학교로의 통합 개혁 때까지 거의 변함없이 지속되었다. 이렇게 되어 예전에는 바이에른 공국의 20여 개 도시에 설립한 실업학교에서 3년간 수업을 마치면, 졸업생 가운데 직업을 구해 현장에 나가는 사람들만 있었지만 이제는 세 폴리테크닉 학교, 곧 뮌헨, 뉘른베르크 그리고 아우크스부르크에 있는 세 기술학교에 입학하는 사람도 생겼다. 이어 뮌헨 대학의 국가경제학부에 정식 명칭은 아니지만 '고등기술학교'라고 일컫던 부속 기관을 세웠고(1839년에는 뷔르츠부르크 대학에 비슷한 기관이 설립되었다), 1840년에는 관료가 될 '엔지니어 과정'을 개설했다. 1856년 이 '엔지니어 과정'이 2년으로 늘면서 건축 및 엔지니어 학교라는 명칭도 붙었다. 이러한 과정을 거치며 구(舊) 뮌헨 폴리테크닉 학교는 1860년대에 대대적인 근대화 개혁을 착수했다. 그 결과 이전과 완전히 새로운 모습을 갖춘 이른바 신(新) 뮌헨 폴리테크닉 학교는 1868년 대학과 유사한 지위를 얻었다.

약간 다른 발전 과정을 보여준 곳은 프로이센의 베를린이었다. 물론 장기적으로는 대학과 동등한 지위를 갖춘 기술 고등 교육 기관으로 변모하려는 노력은 이곳에서도 비슷하게 나타났다. 앞서 이야기한 대로, 베를린 실업학원도 1850년에 이르러 입학 연령을 17세 이상으로 올리고 입학 요건으로 1년의 실습 경력과 지방 기술학교나 실업학교 혹은 김나지움 졸업장을 갖추도록 했다. 수업 연한도 3년으로 늘어나고 분야 또한 기계, 화학, 토목 기술로 세분화·전문화했다. 초기에 보이트가 교장으로 재직할 당시에는 수업 및 학교생활이 아주 엄격하고 군사적 분위기에서 이루어졌다. 하지만 이후 학생들에게 자율권을 주고 분위기도 훨씬 자유로워졌으며 1852년에는 학생회도 조직했다. 이로써 전반적으로 폴리테크닉 학교와 비슷한 모습을 갖추었다. 이어서 1873년 학생들이 디플롬 학위를 받는 시험에 응시할 수 있는 체제를 갖추면서, 학교 규정에 "이 왕립 실업 아카데미는 고등기술학교이다"[10]는 문구가 더해졌다.

이보다 변화를 더 심하게 겪은 것은 바우 아카데미였다. 19세기 초 이미 예술 아카데미와 결합한 바우 아카데미는 폴리테크닉 학교의 설립 붐이 일던 1820년대에 다시 전환기를 맞이했다. 프로이센 상무부가 시대의 변화에 발맞추고자 이 학교를 광산 및 임업 학교까지 합쳐 문자 그대로 폴리테크닉 학교로 전환시킬 생각을 갖고 있었기 때문이다. 그렇지만 관련 부서의 서로 다른 이해관계 때문에 이 계획은 실현되지 못했다. 그 결과 1824년 바우 아카데미는 오히려 예술 아카데미와 분리되었고, 그로써 전문적 엔지니어 양성 기관으로서 그 면모가 더욱 뚜렷해졌다. 이에 따라 바우 아카데미의 교과 과정은 기초 강좌와 전문 강좌를 확대했다. 그러던 중 1831년 학교장으로 부임한 보이트가 학교 명칭을 종합건축학교(Allgemeine Bauschule)로 바꾸고 교육 과정을 두 가지로 분리하면서 또 다른 변화에 휩싸였다. 그는 단순히 건축가가 아니라 기술 관료를 양성한다는 취지 아래 교육 방식도 개개인의 특성을 살리기보다 훈육을 통한 관료 양성을 지향했다. 하지만 결과는 그리 신통치 않았다. 왜냐하면 이후 학생 수가 급감했기 때문이다. 보이트가 교장직에서 물러난 1845년 이후 바우 아카데미는 교육 과정의 목표를 관료 양성뿐만 아니라 다방면에 필요한 민간 건축 장인을 양성하는 것으로 바꾸었다. 이에 따라 1849년에는 교육 과정이 더욱 세분화되고 더욱 전문화되었으며, 입학 조건도 한층 강화해 1850년대에는 마침내 대학교 입학 자격을 요구했다. 이어 1868년에 단행한 개혁으로 바우 아카데미의 교과 과정은 더욱더 체계화되었다. 1866년 프로이센과 오스트리아가 전쟁을 벌일 때 오스트리아 편에 선 하노버 공국을 프로이센이 병합하자, 하노버에 있던 폴리테크닉 학교와 베를린에 있던 이와 유사한 전문기술학교 사이에 점차 통일을 기할 필요성이 제기되었기 때문이다. 이로써 베를린에서 전문 기술교육 기관은 점차 고등기술학교로 가는 수순만 남겨놓고 있었다.

이상의 몇몇 폴리테크닉 학교를 살펴볼 때, 1850년대부터 시작된 이들 기관의 변화 과정에서 두드러진 특징을 한마디로 요약하면 '학문화'였다. 이는 단순히 교과 과정에서 수학이나 자연과학을 더 집중적으로 가르쳤다거나 입학 요건이 더 까다로워졌다거나 하는 것에서만 나타나는 것이 아니다. 교수진도 학문적인 능력을 갖춘 사람들로 채워졌고, 부분적으로 연구와 실험이 가능해졌으며, 학교생활도 훨씬 자유로워져 훈육이나 교육적인 분위기보다는 개방적인 연구 분위기를 자아냈다.

이러한 학문화 특성은 또한 도서관 설립과 보강에서도 나타난다. 예컨대 카를스루에 폴리테크닉 학교에서 개혁을 추진한 레텐바허의 업적 가운데 하나도 바로 학교 도서관 증설이었다. 학교 도서관의 증설을 한층 더 자세하게 보여주는 것은 바우 아카데미이다. 이 학교는 개교한 지 얼마 되지 않은 1802년 프로이센 건축 관료들이 소장하고 있던 책을 모두 학교 도서관으로 옮김으로써 기본 장서를 구비했다. 특히 1800년 이 학교 교수였던 프리드리히 길리(Friedrich Gilly)가 사망하자 바우 아카데미는 2500탈러를 주고 그의 장서를 구입했다. 책 700여 권과 동판화 1500점에 이르는 그의 소장품 중에는 전 세계적으로 중요한 고대 건축물과 조형 작품에 대한 자료뿐만 아니라 건축에 필요한 제도, 원근법, 광학 등에 관한 서적도 있었다. 1824년 약 3000권이던 장서 수는 1848년 두 배가량 늘어났으며 1858년에는 약 8000권까지 증가했다. 19세기 중반부터는 아예 도서관의 장서 구입 예산을 해마다 약 800탈러씩 별도로 책정했다. 또한 예전에는 도서관 장서를 바우 아카데미의 행정 담당자가 관리했지만, 나중에는 사서를 따로 고용했다.

물론 당시 독일에 있던 여러 기술교육 기관에서는 수공업적 전통을 확인할 수 있다. 이론에 대한 관심이 증대했지만, 이로 인해 교육 방식에서 실습과 경험의 중요성을 무시했던 것이 아니다. 이러한 실무 중심 교육은 우선 입학 자격으로 실무 경험을 중시한 것에서 잘 드러난다. 여러 기술교육 기관에서 실무 경험을 한 사람과 그렇지 않은 사람을 구분했고, 실무 경험자는 수업 연한이 짧기도 했다. 이는 실무 경험자에게 이론적 토대를 제공하려는 기술학교의 목적에 부합한 조치였다. 바우 아카데미같이 전통적인 전문 인력을 교육하는 기관에서는 도제나 직인을 통해 수련을 거친 사람에게 강의를 들을 수 있는 자격을 부여하기도 했다. 게다가 교수진도 초기에는 수공업자 출신이 적지 않았다. 19세기 후반으로 가면 이론적 교육을 받은 사람의 수가 늘어나지만 초기에는 역시 수공업자가 많았다.

사회적 분위기도 수공업의 미적 측면을 강조했다. 영국에서 기계로 생산한 신상품이 들어왔지만, 일부에서는 기계 작업을 통해 대량 생산한 제품보다는 수작업을 통해 만든 제품이 우수하다는 인식도 있었다. 당대의 유명한 작가 괴테도 예술은 수작업(Handwerk)을 통해 이루어지는 것으로 인식했고, 수작업이야말로 창조적인 모든 활동의 근간이라고 생각했다. 아울러 기계 생산을 통해 미적 요소가 사라지는 것을 안타깝게 여겼으며, 바우 아카데미 출신인 프리드리히 쉰켈(Friedrich Schinkel)이나 보이트가 근대적 생산 체제 속에서도 수공업의 미적 요소를 유지하려 한 노력에 경의를 표했다. 물론 이는 건축처럼 전통적 직업 집단에서 더 두드러지는 현상이었지만, 이론적 수업을 앞세운 폴리테크닉 학교에서도 이런 전통적 성격이 남아 있었다.

폴리테크닉 학교의 '학문화' 과정의 결실은 바로 일반 대학과 동등한 수준의 독자적인 고등기술학교의 성립이었다. 일반 대학에서는 공학 같은 실용 학문에 대해 여전히 거부감이 강했다. 일반 대학에서도 이미 여러 학과가 실제로는 '밥벌이 학문(Brotstudium)'이 되어가고 있었음에도 불구하고 고등기술학교가 자신들과 똑같은 지위를 얻고자 하는 데에는 강력하게 반발했다. 이들은 일반 대학의 졸업생만이 국가시험을 통해 대학 학위를 취득할 수 있다고 주장했다. 일반 대학의 이 같은 반발에도 불구하고, 1870년 통일을 달성한 후 약 10년 동안 각 폴리테크닉 학교는 명실상부하게 대학과 동등한 고등기술학교로 발돋움하기 시작했다. 1877년 바이에른 공국의 루트비히 2세는 뮌헨 폴리테크닉 학교에 고등기술학교라는 정식 명칭을 부여했고, 바로 그해에 다름슈타트와 브라운슈바이크에 있는 폴리테크닉 학교도 대학 자격을 얻었다. 베를린에서는 1879년 바우 아카데미와, 1866년 실업 아카데미로 이름을 바꾼 실업학원이 결합한 왕립 베를린 고등기술학교가 탄생해 샤를로텐부르크에 터를 잡았다. 같은 해 하노버와 아헨에 있던 폴리테크닉 학교도 각각 고등기술학교 명칭을 부여받았다. 1885년에는 카를스루에 폴리테크닉 학교가, 1890년에는 드레스덴과 슈투트가르트의 폴리테크닉 학교가 뒤를 이어 고등기술학교가 되었다.

이들 고등기술학교는 폴리테크닉 학교의 교과 과정을 정비해 일반 대학에서 전수하는 전문 지식과 동등한 수준의 수업을 진행하도록 준비했다. 베를린 실업학원의 경우, 설립 당시인 1820년 초 저학년에서는 기하학과 산술 등에 할당한 수학 관련 수업이 일주일에 8시간, 고학년에서는 일주일에 12시간이었다. 하지만 1845년이 되자 수학 수업은 양뿐만 아니라 수준도 크게 높아졌다. 곧이어 기하학과 산술에 머무르던 수업이 기하학, 대수학, 미적분 계산, 분석 기하, 실용 계산으로 수준과 양이 훨씬 더 향상되었다. 19세기 중반에 이르러서는 기계공학 전공자에게도 수 이론, 방정식, 물리 법칙에 대한 수학적 설명과 실험 화학 등 공통 과목이 늘어났다. 요컨대 엔지니어에 대한 과학적 · 수학적 기초를 한층 중시하는 쪽으로 수업 내용의 '학문화'가 이루어진 것이다.

이뿐만 아니라 폴리테크닉 학교는 입학 자격과 학위 과정 그리고 학교 행정의 개혁에도 박차를 가했다. 예컨대 앞서 살펴본 대로, 19세기 중엽 이후에는 거의 모든 폴리테크닉 학교에서 대학 입학 자격에 버금가는 높은 수준의 입학 조건을 요구했다. 또 카를스루에 폴리테크닉 학교의 사례에서 드러난 것처럼 1870년 이전에 이미 대학이라는 이름만 달고 있지 않았을 뿐 대학과 거의 유사한 행정 체계를 도입했다. 1876년 기계공학과에 국가시험을 도입한 베를린 실업학원도 1879년 바우 아카데미와 통합한 후에는 별도로 기술학 분야 졸업 시험을 주관할 권리를 갖게 되었다. 이를 통해 이전에 별다른 자격증이 없던 기술자와 다른 디플롬이라는 자격증을 갖춘 엔지니어를 배출하게 되었다.

앞서 보았듯이 1820년대에 폴리테크닉 학교와 기술학교를 설립할 때, 그것을 주도한 사람은 베를린의 보이트와 카를스루에의 네베니우스 같은 계몽 관료였다. 이들은 국가 산업의 발전을 위해 폴리테크닉 학교 설립이 필수적이라고 인식했으며 이를 적극적으로 추진했다. 그렇다면 19세기 중반에 일어난 폴리테크닉 학교의 '학문화'를 추구한 주체는 누구였을까? 이들 학교의 설립을 추진한 관료나 혹은 이제 막 늘어나기 시작한 민간 경제 추진자들이 이런 '학문화'를 추구했던 정황은 거의 보이지 않는다. 보이트 같은 관료는 높은 학력으로 무장한 엔지니어를 배출하는 것보다 실무에 밝은 기술자를 양성하는 것이 국가에 더 필요하다고 인식했다. "더 많이 배우고자 하는 사람은 대학으로 가라. 기술학교에서 그 이상을 가르치는 것은 필요 없는 일이다. 왜냐하면 내가 보기에 그것은 기본적으로 경제의 발전과 번영에 영향을 주기보다 장식품에 불과하기 때문이다."[11] 그러므로 관료 입장에서는 폴리테크닉 학교의 학문화가 그다지 반가운 일은 아니었다. 그렇다고 기업가들이 이를 요구한 것도 아니었다. 그렇다면 누가 이러한 일을 주도했을까? 바로 엔지니어 자신들이었다.

3 '교양 시민층'을 향해: '기술자'에서 '엔지니어'로

19세기 초만 하더라도 엔지니어라고 하면, 바로 전문기술학교인 바우아카데미나 광산 아카데미를 졸업한 사람들을 떠올렸다. 하지만 이들은 엄밀한 의미에서 엔지니어라기보다는 왕실과 군대의 업무를 수행하는 국가 관료라는 특성이 더 강했고, 민간 기술자 및 전문 직업인으로서의 정체성은 오히려 부족했다. 관료가 아닌 민간 부문에 종사하는 실질적인 엔지니어 집단이 탄생하기까지는 더 오랜 시간이 필요했다. 독일어권에서 엔지니어라는 용어는 이미 16세기부터 사용한 것처럼 보이지만, 18세기까지는 주로 '공구 제작 장인'이나 군대의 '공병 장교'를 대신하는 용어로 쓰였다. 일종의 수공업자처럼 '무엇을' 손으로 만드는 사람이지만 손기술보다는 기계나 기술을 더 잘 이용하는 장인 정도로 생각했음직하다. 따라서 19세기 초만 하더라도 독일어권에서는 '엔지니어'라는 용어보다 '기술자'라는 말이 더 보편적으로 사용되었다. 그런데 여기서 말하는 '기술자'란 고등 교육을 받은 사람부터 공장 노동자와 수공업자까지를 아우르는 아주 포괄적인 용어였다. 그러다 19세기 중반에 시작된 기술교육의 '학문화' 추세에 힘입어 고등기술학교를 설립한 이후부터는 '기술자'라는 용어와 엔지니어라는 용어가 더 명확하게 구분되기 시작했다. 요컨대 전자는 기술을 다루는 숙련 노동자, 후자는 대학과 대등한 고등 교육을 받은 전문 직종의 기술자를 일컫게 되었다.

그렇지만 예외적으로 '전통적 엔지니어'는, 다시 말해 건축가와 토목공학 전문가는 대부분 졸업 후 관료라는 직업을 가짐으로써 일자리도 안정되고 사회적 위상도 여전히 높은 편이었다. 물론 다른 일반 관료처럼 대학 입학 자격시험인 아비투어(Abitur)를 통과하고 대학 졸업 시험에 합격하는 과정을 거치지 않았기 때문에 그들보다 사회적 위상은 낮았지만 그래도 중간 이상의 사회적 지위를 향유했다. 그러므로 바우 아카데미 등과 같은 전문기술학교는 인기가 많았다. 19세기 독일의 가장 대표적인 엔지니어인 베르너 폰 지멘스(Werner von Siemens)도 베를린의 바우 아카데미에 입학하고 싶어 했다. 그는 집안의 전통 때문에 일반 김나지움을 다니고 있었지만 인문학에 그다지 큰 관심이 없고 재능 또한 없었다. 오히려 자연과학에 더 흥미를 보였다. 그래서 17세 되던 해에 김나지움을 중퇴하고 기업가가 되어 돈을 벌려 했지만 역시 집안에서는 그리 달가워하지 않았다. 당시 프로이센에서는 학자와 관료가 기술자와 상인보다 더 우대받는 분위기였다. 그렇지만 그는 집안의 반대에도 불구하고 바우 아카데미에 들어가기로 결심했다. 하지만 집안의 경제 사정이 급격히 나빠져 그것마저 포기하고, 1835년 포병 및 엔지니어 전문학교에 입학해 공병 장교가 되었다. 지멘스의 사례는 몰락해가는 상류층이 19세기 초만 해도 기술전문학교에 입학해 엔지니어로 살아가는 것이 사회적으로 점차 용인되었다는 것을 보여준다. 곧 상류층 자제가 전문학교에 입학하는 것은 그다지 놀라운 일이 아니라 집안이 기울면 얼마든지 선택할 수 있는 하나의 길이었다. 물론 그러한 선택에서 몰락한 상류층이 의미를 둔 것은 엔지니어라는 직업 분야보다는 장교 혹은 관료였다.

이처럼 국가에 고용된 건축가는 엔지니어 집단 내에서 상층부를 형성했지만, 19세기 중반 무렵 서서히 민간 건축가들이 등장하기 시작했다. 19세기 중반 들어 산업화가 본격적으로 진행되면서 국가나 지방 조직뿐만 아니라 민간인도 많은 건축물을 짓기 시작했다. 특히 공장과 상점에 대한 수요가 기하급수적으로 늘어났다. 아울러 도시화의 결과로 공동 주택과 부유한 개인 주택의 건축 붐까지 겹치면서, 이를 담당할 민간 건축가에 대한 수요도 크게 증가했다. 이에 발맞춰 폴리테크닉 학교에서도 늘어나는 민간 건축가를 양성할 필요성이 제기되었다. 이로써 전체 건축가 중 민간 건축가가 차지하는 비율은 1820년 이전에는 15퍼센트도 채 안 되었으나, 19세기 후반에 이르면 거의 40퍼센트까지 올라갔다.

그렇지만 건축가에 대한 수요 증가도 신진 엔지니어 집단인 기계 엔지니어의 폭발적인 증가에는 전혀 미치지 못했다. 초창기에 이들은 엔지니어라기보다 '기술자'로 일컬었다. 19세기 초까지, 곧 기계의 도입을 본격화하기 전까지 이들은 수적으로나 사회적 위상에서 주변부 집단에 속했다. 산업화 초기에는 기계가 비교적 간단해서 그것을 조작하거나 수리할 수 있는 기술자가 필요했다. 하지만 점차 기계가 복잡해지고 날마다 새로운 기계가 선보이면서 이것들을 제대로 다룰 좀더 수준 높은 전문가가 필요해졌다. 다시 말해, 기술적 원리를 제대로 이해해 기계를 변형하거나 혹은 신기술이나 새로 발전한 기계를 도입하더라도 이를 조작·수리할 고급 인력에 대한 수요가 생겨난 것이다. 게다가 독일의 상황에서는 대부분 선진 기술과 발달한 기계를 외국에서 수입했기 때문에, 외국어에도 능통한 기술자를 선호했다. 19세기 초반에는 외국 공장에 견학을 가거나 외국 전문가를 초빙하는 것은 물론 심지어 산업 스파이까지 동원해 이러한 문제를 해결했지만, 산업화가 본격화하면서 자체적으로 기술자를 양성하지 않으면 안 되는 상황에 직면했다.

이들을 양성한 곳이 위에서 언급한 베를린 실업학원과 여타 독일 지역의 폴리테크닉 학교였는데, 이들 기술교육 기관이 배출한 인력은 초기에는 중등 학력의 기술자 정도였다. 이들 학교는 처음에 무료였던 데다가 장학금도 많았기 때문에 입학자는 수공업자나 하급 관리 등의 중간 계층에서 충원되었다. 기계를 조작하는 사람을 엔지니어라기보다 기술자로 일컫던 시절, 중상류층에서는 이들을 양성하는 베를린 실업학원이나 폴리테크닉 학교에 자식을 보내지 않았다. 초기에는 이런 학교를 졸업하면 과거의 수공업자와 비슷한 위치를 갖는 것으로 여겨졌기 때문에 지원자의 사회적 출신 배경은 주로 수공업자나 상인의 자제가 많았다. 그렇지만 19세기 중반에 이르면 이런 학교의 입학생에 중상류층 출신자가 많이 섞여 있음을 확인할 수 있다. 예컨대 1855~1867년까지 베를린 실업학원에 입학한 학생의 출신 배경을 분석해보면 수공업자와 일반 사무직 종사자 자제가 26퍼센트, 상인이나 공장장 혹은 상층 사무직 종사자의 자제가 27퍼센트, 관료와 군인 출신 집안의 자제가 38퍼센트를 차지했다. 다시 말해, 엔지니어의 사회적 위상이 높아지면서 이들을 교육하는 학교에 점차 중상류층 출신자가 많이 몰렸다.

폴리테크닉 학교의 출현으로, 특히 1850년대부터 시작된 폴리테크닉 학교의 '학문화' 경향으로 이들 기계 분야 엔지니어는 더욱더 이론 수업을 많이 받았다. 따라서 이곳을 졸업한 '엔지니어'는 작업 현장에서 손기술과 기본적 지식만을 전수받는 실업학교 출신 '기술자'와 확연히 구분되기 시작했다. 이러한 차이는 졸업 후 이들이 사회에 진출하는 과정에서도 드러났다. 즉 실업학교 졸업생은 주로 현장에서 기계를 다루는 자리를 차지했던 반면 폴리테크닉 학교의 졸업생은 관료가 되거나 소규모 공장 경영자 혹은 감독관 그리고 기계 제작 기술자 등 실업학교 졸업생보다 사회적으로 상위의 직종에 종사하게 되었다. 앞서 논의했듯 독일의 폴리테크닉 학교는 애초부터 민간 기업에 필요한 전문 인력 양성을 목표로 삼았고, 따라서 양성 과정에서 이론 교육뿐만 아니라 현장 경험도 중시했다. 이러한 폴리테크닉 학교의 특징 때문에 이들 학교 졸업자는 영국의 경우와 달리 현장 경력 없이도 산업체에 진출했고 장차 새로운 엔지니어 집단을 형성할 수 있었다.

기계 분야의 엔지니어가 19세기에 가장 역동적인 장면을 연출한 것은 바로 철도 건설 분야였다. 일찍부터 각 지역에서 여러 차례 철도 건설을 시도했지만 대부분 실패하고 독일 지역에서 공식적으로 철도가 처음 놓인 것은 1835년 뉘른베르크에서였다. 이 뉘른베르크의 철도는 민간 기업이 부설한 것이었다. 그 후 얼마 지나지 않아 프로이센도 베를린과 포츠담을 잇는 철도를 개통했다. 초기에는 주로 민간업자가 철도를 건설했지만, 산업화로 인해 철도의 중요성이 커지자 19세기 중반부터는 각 영방 국가가 개입해 본격적인 '국가 철도' 건설에 나섰다.

물론 남부의 바덴과 뷔르템베르크 지역에서는 이미 1830년대와 1840년대에 각각 영방 국가가 철도 건설 법령을 만들었고 바이에른 지역에서는 1850년대에 국영 철도를 건설하기도 했다. 그렇지만 국가가 본격적으로 철도 건설에 뛰어든 것은 독일 통일 이후인 1870년대에 들어서면서부터였다.

철도의 건설로 기관차 생산이 아주 중요한 산업으로 부상했다. 보이트가 학원장으로 있던 베를린 실업학원에 등록해 1년 반 동안 기술교육을 받은 아우구스트 보르지히(August Borsig)는 이후 학교를 그만두고 기관차 만드는 공장을 세워 기업가로 큰 성공을 거두었다. 수공업자의 아들로 태어난 그는 처음에는 브레슬라우에서 건축수공업학교에 다니며 목공업을 익혔다. 그 후 베를린 실업학원에 등록했지만 적성에 맞지 않았는지 1년 반 만에 중퇴했고 다시 주물 공장에서 직업 교육을 받았지만 역시 재능을 발휘하지 못했다. 그러다 1836년 공작 기계 공장을 세워 기관차를 만들기 시작했고, 1844년 새로운 기관차인 보이트(Beuth) 제작에 성공했다. 독일이 스스로 제작한 최초의 기관차였다. 보르지히는 학교 시절 은사인 보이트의 가르침에 대한 감사의 표시로 새로 제작한 기관차에 그의 이름을 붙였다. 보이트는 학교 시절 두각을 나타내지 못한 보르지히가 언젠가는 큰일을 할 것이라는 예언을 했다고 한다.

기관차 생산에서 기계 엔지니어의 중요성을 인식시킨 사람은 바로 작센 출신의 철도 기술 선구자 막스 마리아 폰 베버(Max Maria von Weber) 남작이었다. 드레스덴에서 작곡가 카를 마리아 폰 베버(Carl Maria von Weber)의 아들로 태어난 그는 일찍부터 기술에 관심을 가져 드레스덴 공대의 전신인 기술교육원(Technische Bildungsanstalt)에 입학했고, 이어 철도 기술에서 두각을 나타냈다. 기관사로서 경험을 쌓은 후에는 1844년부터 벨기에 · 영국 · 프랑스 등을 답사해 선진 기술을 수용했으며, 귀국해서는 작센 정부에서 일하기 시작했다. 1868년 작센의 철도 공사가 재편되자 관계(官界)를 박차고 나와 철도 기술에 관해 수많은 저술을 남겼다. 그는 1854년 한 전문 잡지에 기고한 "기술자 교육과 공직을 위한 이들의 시험에 관해서"라는 글에서 엔지니어의 신분을 직업적으로 다른 직종과 구별하고 사회적 위상을 높일 수 있는 방법은 무엇보다 교육과 직업 훈련 그리고 시험을 통해서만 가능하다고 주장했다.

19세기 중반 이후 엔지니어는 관료로서뿐 아니라 다양한 분야에서 민간 기술자로 일하기 시작했다. 특히 엔지니어는 민간 기업에 종사하면서 '산업 관료(Industriebeamter)' 혹은 '민간 관료(Privatbeamter)'로 일컫기도 했다. 이는 주로 대기업에 고용된 엔지니어를 일반 노동자와 구분하기 위해 쓰던 명칭이었다. 사무직 노동자를 일컫는 말이지만 그중에는 기술직도 포함되었다. 이들은 노동자와 달리 연공서열에 따른 연봉을 받고 상대적으로 높은 지위를 갖고 있었다. 고학력 엔지니어가 배출되면서 기계 조작을 담당하던 하층 기술자는 점차 일반 노동자층에 가까운 위치로 전락했다. 더 정확하게 말하면, 숙련 노동자가 예전의 기술자가 하던 역할을 물려받았던 것이다.

앞서 이야기한 대로 19세기 독일 기술교육의 특징이 비록 실용적 측면을 강조한 데 있었긴 하지만, 기술학교에서 배운 지식은 표준적이고 보편적이며 이론적이었기 때문에 엔지니어가 그것을 그대로 현장에서 활용하기란 쉽지 않았다. 게다가 이제는 기계와 기술 그리고 분야까지 다양해져 학교를 졸업한 엔지니어가 곧바로 직장에서 자신의 능력을 충분히 발휘할 수 없었다. 따라서 엔지니어는 기업에서 새로운 환경에 맞는 실습을 받아야 했다. 당시 기업가들은 엔지니어가 학문적 수업을 받고 배출되지만 현장 기술이나 창조성에서는 뒤떨어진다는 불만을 자주 토로했다. 이를 향상시키기 위한 엔지니어의 적응 훈련은 주로 수공업적 교육으로 이루어졌다. 곧 엔지니어의 교육이 학문화하면 할수록 기업에서는 이론과 현장의 간극을 줄이기 위해 계속해서 수공업적 교육에 매달렸다.

기술학교를 졸업한 엔지니어에게는 국가 엔지니어나 기업 엔지니어 이외에도 또 다른 길이 있었다. 계속해서 학문과 연구를 더해 기술교육자로 나서거나 자립해서 공장이나 기업을 설립하는 것이었다. 19세기에 엔지니어의 위상을 높이기 위해 힘쓴 사람 가운데는 기술교육자와 기업가가 유독 많았다. 엔지니어 전체에서 이들이 차지하는 비율은 물론 낮았다. 특히 독립 자영업자인 엔지니어의 수는 아주 미미했다. 19세기 말 무렵에는 그 비율이 조금 높아졌을 것으로 추정하지만 그래도 5퍼센트 정도에 그쳤다. 그러나 적은 수에 비해 그들이 수행한 역할은 결코 작지 않았다. 이들은 기능적으로 노동자와 기업가라는 두 가지 역할을 스스로 맡아야 했기 때문에 나중에 협회 등의 사회적 활동에서 이 둘 사이의 중재자를 자처하고 나섰다. 또한 보르지히의 경우처럼 이들은 수공업적 직업 교육을 받은 경험이 있기 때문에 이후 기업가가 되었을 때 수공업의 중요성을 강조했다. 보르지히는 기계 제작은 수공업적이고 독학으로 훈련된 기술자의 영역이라고 주장했다.

19세기 후반이 되자 화학 및 전기 엔지니어가 새로 등장해 이들의 수가 급속도로 증가했다. 이들 산업 부문의 부상으로 엔지니어 세계에도 다소 큰 변화가 생겼다. 전기와 화학 분야는 건축이나 기계 제작보다 과학적 지식을 훨씬 더 요구했기 때문에 엔지니어 교육의 학문화에 이들 분야의 엔지니어가 더욱더 적극적으로 나섰다. 베르너 폰 지멘스가 그 대표적 인물이었다. 그렇지만 지멘스 기업의 엔지니어 구성을 보면, 그가 여전히 전자공학의 유용성에 대해 회의를 갖고 있었음을 확인할 수 있다. 지멘스 운트 할스케(Siemens und Halske) 공장은 1910년에도 고등기술학교 출신 엔지니어를 중등 혹은 전문학교 출신 기술자와 비슷한 비율로 고용했다. 이는 전자 산업의 공정을 세부적으로 분할하고 또 중앙에서 통제하는 관료적 시스템을 도입해 엔지니어에게 각 개별 공정이 요구하는 기능을 하도록 했기 때문이다. 그 결과 이 기업의 엔지니어는 보편적 지식뿐만 아니라 특수한 개별 공정에 대한 전문 기술을 갖추어야 했다. 이때 후자의 기능은 물론 현장 경험을 통해서만 축적할 수 있는 것이었다.

4 독일 엔지니어 협회: 전문 직업화

19세기 중반 기술자에서 엔지니어라는 직업인으로 분화되어 변모하는 과정에서 엔지니어는 스스로 협회를 결성해 전문 직업인으로서 정체성과 사회적 위상을 높이려 했다. 앞서 말한 것처럼 관료가 대다수인 전통적 엔지니어인 건축가를 제외하면 새로 등장한 기계 엔지니어의 사회적 위상은 처음에 그렇게 높지 못했다. 이들이 19세기 말에 이르러 최상위 계층은 아니더라도 사회적으로 비교적 높은 계층으로, 다시 말해 부르주아 계층의 한 집단으로까지 성장할 수 있었던 것은 스스로 전문 직업인으로서 정체성을 강화했기 때문이다.[12] 그 기반은 물론 사회적 기술의 중요성이었고, 그 수단은 기술교육의 학문화였다.

19세기 중반에 지속된 산업화는 이들 집단이 자신의 사회적 역할을 강화하는 데 좋은 계기로 작용했다. 독일 엔지니어는 과거와 달리 이제는 기술의 중요성이 사회적으로 인정받고 있다는 점을 의식해 자신들의 직업이 사회적으로 그에 합당한 대우를 받아야 한다고 주장했다. 사실 독일은 다른 나라에 비해 전통적으로 기술을 무시하는 경향이 있었다. 앞서 지멘스의 사례에서도 드러난 것처럼 그나마 실용적 분위기가 존재했던 미국이나 영국과 달리, 전통적인 인문적 지식을 우대하던 독일 지역의 경우에는 이들에 대한 태도가 결코 호의적이지만은 않았다. 19세기 중반까지도 엔지니어 집단은 당시 사회적으로 대표적인 중산 계급이던 교양 시민층에 낄 수 없었다. 지멘스는 기업가로서 성공을 거둔 이후인 1876년 독일 엔지니어의 지위가 다른 나라에 비해 형편없다는 점을 강조했다. 곧 영국과 프랑스에서는 기술과 산업 문제에 엔지니어가 커다란 영향력을 행사하지만, 독일에서는 국가 조직에 엔지니어가 설 자리는 없다고 지적했다. 이처럼 국가와 사회가 엔지니어의 존재를 평가 절하함으로써 낙담한 엔지니어가 공적인 문제에 아예 개입하지 않으려 한다는 것이었다. 이런 문제의식은 앞서 막스 마리아 폰 베버가 했던 주장과 대동소이하다. 독일 엔지니어는 이들 성공한 기업가를 앞세워 스스로를 조직하고, 전문직 종사자로서 면모를 갖추기 위해 노력하고, 사회에 기술의 중요성을 홍보함으로써 정치적으로 자신들의 입지를 구축해나갔다. 19세기 중반 이후 지속된, 폴리테크닉 학교를 고등기술학교로 전환하려던 노력이 그 대표적 사례이다. 그들은 이를 통해 새로운 '기술 시대'를 맞이해 실용적 지식을 갖춘 자신들도 교양 시민층의 일부이며 일반 대학 졸업자인 전통적 전문직 종사자, 곧 법률가 및 의사와 어깨를 나란히 할 수 있다는 주장을 펼쳤다.

이를 위해 엔지니어 집단은 우선 스스로 협회를 조직했다. 엔지니어 협회가 내세운 목표는 대략 세 가지였다. 회원 간의 친목과 정보 교류, 자기 구제와 평생 교육 그리고 기술과 산업의 증진이 그것이었다. 엔지니어 집단의 조직화는 가장 먼저 직업적 특성과 구분이 비교적 명확한 전통 직업인 건축가에서 시작되었다. 예컨대, 베를린 건축가 18명이 1824년 베를린 건축가 협회(Architekten-Verein zu Berlin)를 결성한 것을 시작으로, 1842년에는 뷔르템베르크 건축가와 아우크스부르크 건축가들이 각각 협회를 조직했다. 19세기 중반에는 건축가와 이제 막 늘어나기 시작한 다른 분야의 엔지니어들이 함께 협회를 결성했다. 곧 1846년에는 드레스덴에서 작센 엔지니어 및 건축가 협회를 설립했고 1851년에는 하노버에서 건축가 및 엔지니어 협회를 설립했다. 이들 초창기 엔지니어 집단을 조직한 사람은 주로 관료였으며, 대부분 지역적 조직이라는 성격을 갖고 있었다.

전국적 단위의 조직인 독일 엔지니어 협회가 결성된 것은 1856년의 일이었다. 아직 정치적으로 통일되기 이전이었음에도 불구하고 독일이라는 용어를 사용하고 있는 점이 먼저 눈에 띈다. 이 협회의 출발점은 베를린 실업학원의 학생들 모임이었다. 앞서 언급한 대로 이 학교의 규율은 아주 엄격했는데, 이에 학생들은 학문적 자유의 부재와 학교의 강제성에 대응하기 위해 학생 대표단을 구성하기로 했다. 또 지방에서 온 학생들은 친목회를 조직하기도 했다. 이런 모임에서 출발해 1846년 이 학교 출신 학생을 대표하는 왕립실업학원 생도 모임(Verein der Zöglinge des Königlichen Gewerbeinstituts)이 조직되었다. 이어 그해 말에는 이 학교 재학생들이 휘테(Hütte, '제련소'라는 뜻으로 '기술의 승리가 일어나는 곳'이라는 의미에서 이 단어를 채택했다)라는 일종의 세미나 모임을 구성했다. 이 모임의 목적은 "생도들의 서로 간 친목과 배움"을 위한 것이었는데, 토요일에 모여서 학문적 발표 및 토론을 하고 그것이 끝나면 친목을 도모하고 여흥을 즐겼다. 이는 19세기 전형적인 협회의 특성을 고스란히 보여주는 모임이었다.

1848년 휘테 구성원들은 창립 10주년이 되는 1856년에 모임을 갖기로 결의했다. 또한 1854년에는 엔지니어를 위한 소사전을 만들기로 결정해 독일 엔지니어 협회를 창설한 다음 해인 1857년에 그것을 출간했다. 1852년 협회로 확장하는 데 걸림돌이 되는 내부 규정을 없애면서 휘테는 공동 협력과 상호 교육 그리고 사교를 지향하는 한층 폭넓은 모임으로 발전할 수 있었고, 드디어 1856년 독일 엔지니어 협회(Verein Deutscher Ingenieure, VDI)를 창립했다. 초대 회장으로는 베를린 실업학원 출신이자 그곳 교수를 역임했고 나중에 카를스루에 대학에서 레텐바허 뒤를 이어 기계학과 교수가 된 프란츠 그라스호프(Franz Grashof, 1826~1893)가 선출되었다. 베를린에 있는 실업학원 졸업생들의 소규모 모임이 비교적 빠른 시간에 프로이센이라는 공국을 넘어 아직 통일되기 이전인 독일 전 지역을 망라하는 방대한 조직(물론 초기에는 소수에 불과했다)을 염두에 둘 만큼 발전한 것은 당시 결성된 전문 협회들 사이에 대두하고 있던 애국주의적 조류와 결코 무관하지 않았다. 그렇지만 다른 한편으로 이는 '기술자'라는 새로 생겨난 직업의 정체성에 대한 자부심과 기대, 불만과 야심이 있었기 때문에 가능했다. 기술 관련 직업에 종사하는 사람들은 기술이 국가 산업 발전의 원동력이라는 자부심을 느꼈고, 사회적으로 그에 마땅한 대우를 받을 수 있을 것이라는 기대감도 지니고 있었다. 아울러 그들은 대학의 고전 교육을 바탕으로 등장한 전통적 전문 인력인 법률가나 의사에 비해 푸대접을 받고 있다는 불만을 품었고, 그들과 비슷한 사회적 지위를 획득하려는 야심을 갖고 있었다.

이들은 '기술'이라는 핵심어를 통해 전국에 있는 기술과 관련한 모든 사람을 끌어들여 협회를 조직하려 했다. 이런 생각은 이 조직이 한 지역이나 분야 그리고 자격증에 연연하지 않고 가입 기준을 아주 느슨하게 정했다는 점에서 바로 드러난다. 정관에 따르면 이 협회의 목적은 "독일 전체 산업의 이익을 위해 독일 기술의 정신적 세력을 내적으로 한 곳에 모아 서로를 고양시키고 지속적으로 교육하는 것"이었다. 협회의 명칭은 엔지니어로 되어 있지만 그 구성원을 애매하게 "독일 기술의 정신적 세력"이라고 지칭한 것이다. 그러므로 엔지니어가 아닌 사람, 예컨대 기술학교 교사, 기술학 관련 학자, 기술과 관련한 공장의 주인이나 경영자, 심지어 특별한 경우이긴 하지만 기술에 관심이 있는 문외한도 가입할 수 있었다. 여기서 흥미로운 것은 그럼에도 불구하고 왜 명칭에 엔지니어라는 단어를 사용했는가 하는 점이다. 앞서 이야기한 대로 엔지니어라는 단어는 당시 독일어권에서 포괄적인 개념으로 사용되었고, 따라서 결론적으로 말하면 엔지니어든 기술자든 그리 큰 문제가 되지 않았다고 할 수 있다. 이 협회의 제2차 총회에서 실제로 이 문제를 거론했지만 별로 급하지 않은 것으로 여겨 제대로 논의조차 하지 않았다. 1876년 엔지니어라는 명칭을 의사처럼 자격시험과 연계해 사용하자는 주장이 나왔을 때에도 그에 따른 어려움과 반대 의견 또한 만만치 않게 제기되었다. 그 후 이 사안은 너무 복잡한 문제로 간주되어 더 이상 다루지 않았다.[13] 이는 곧 초반에는 이 협회가 엔지니어의 자격 조건을 따지지 않고 가능한 한 모든 사람을 망라해 조직하고자 했다는 것을 보여준다. 당시의 상황으로 보아 자격 규정을 내세우기도 어려웠지만 만약 그렇게 했다면 조직의 힘이 떨어질 것이 분명했기 때문에 이를 피하고자 했던 것이다. 또한 이 협회는 정관에 "독일 전체 산업의 이익을 위해"라고 적시함으로써 엔지니어 이익 집단임을 표방하기보다 민족적 애국심을 강조하고자 했다. 통일을 앞두고 민족 운동이 팽배했던 당시의 사회 분위기를 감안하면, 이는 적어도 이러한 분위기에 영향을 받아 나타난 것이거나 아니면 고도의 정치적 계산이 포함된 것이라고 할 수 있다. 게다가 산업화 경쟁이 날로 치열해졌기 때문에 국가의 전체 이익에 이바지한다는 것이 더욱 돋보일 수 있었다.

독일 엔지니어 협회는 이어 각 지방 조직을 세우고 잡지를 간행해 서로 간의 교류를 촉진하면서 점차 발전하기 시작했다. 회원 수는 창립 당시 172명에 불과했지만, 1861년에는 두 배 이상인 469명으로 늘었고, 이어 1866년에는 1245명, 1871년에는 1939명 그리고 창립 20주년인 1876년에는 3245명으로 크게 불어났다. 지역적으로는 가장 먼저 북부를 중심으로 지부를 창립했고 이어 통일 후에는 카를스루에(1872년), 뮌헨(1876년), 슈투트가르트(1877년)에서 지부를 결성했다. 회원 구성에서도 약간의 변화가 있었다. 창립 당시에는 엔지니어가 65퍼센트, 기술학교 교수 및 교사가 22퍼센트, 수공업자가 9퍼센트의 비중을 차지하고 있었다. 그런데 1년도 채 안 되어 두 가지 변화의 조짐이 나타났다. 첫째는 기술학교 교사 및 교수의 비율이 줄어든 것이고, 둘째는 기업가의 비율이 늘어난 것이다. 예컨대 약 25년 후에는 기업가의 비중이 28퍼센트로 증가한 반면, 교사 및 기타 직업인의 비중은 10퍼센트 이하로 떨어졌다. 기술학교 교사의 비중이 줄어든 것은 계속 늘어나는 일반 엔지니어에 비해 교사의 수적 증가는 제한을 받았기 때문이다. 기업가가 수적으로 늘어났지만 협회의 주도권은 여전히 일반 엔지니어가 쥐고 있었다.

독일 엔지니어 협회가 모든 분야의 엔지니어를 망라한 통합 조직 역할을 하긴 했지만 건축, 철강, 화학 등 다양한 분야의 이해관계를 통일하기는 어려웠기 때문에 독일 엔지니어 협회 산하 혹은 외부에 분야별 모임이 출현한 것은 당연한 흐름이었다. 분야별로 서로 이해관계가 충돌하거나 경쟁하는 측면이 분명 존재했으므로 이후 독일 엔지니어 협회와 별도로 독자적인 여러 분야별 협회가 만들어지거나(예컨대, 건축가 협회 등) 혹은 독자적인 협회가 독일 엔지니어 협회의 산하 조직으로 들어오는(예컨대, 철강 분야 엔지니어) 움직임이 일기 시작한 것은 결코 뜻밖의 일이 아니었다. 전자의 사례는 건축가 협회에서 잘 나타난다. 초창기 독일 엔지니어 협회에 참여한 사람들은 베를린 실업학원 출신이었기 때문에 주로 기계 및 제련과 관련된 엔지니어였다. 다른 분야, 특히 기술 관료로 일하던 사람들은 여기에 포함되지 않았으며, 앞서 언급한 대로 건축 관련 관료는 이미 자신들끼리 협회를 결성한 터였다. 건축가 협회는 회원이 주로 관료이고 가입하기 위해서는 자격증과 기존 회원 3분의 2의 찬성을 얻어야 하는 등 폐쇄적이었다. 그렇지만 건축가 협회도 시간이 지나면서 엔지니어를 포함하기 시작했으며—명칭에도 엔지니어라는 용어를 점차 첨가했다—특히 기술과 관련한 기본적 이념은 독일 엔지니어 협회와 동일했다. 이에 따라 1870년을 전후해 두 협회를 통합하는 문제가 제기되었지만, 독일 엔지니어 협회의 반대로 뜻을 이루지는 못했다. 후자의 사례로는 철강 제련 부문 기술협회(Technischer Verein für Eisenhüttenwesen)를 들 수 있다. 1850년 루르 지방의 철강 분야 기술자와 기업인을 중심으로 뒤셀도르프에서 결성한 이 협회는 1860년대 초 협상을 거쳐 독일 엔지니어 협회의 산하 조직으로 들어갔다.

독일 엔지니어 협회가 창립과 더불어 정력적으로 추진해 성과를 거둔 분야 중 하나는 앞에서 언급한 폴리테크닉 학교의 '학문화'였다. 여기에서는 초대 회장으로서 1890년까지 오랫동안 독일 엔지니어 협회를 이끈 그라스호프의 활약이 두드러졌다. 그는 1864년 하이델베르크에서 열린 독일 엔지니어 협회 제7차 총회 때 폴리테크닉 학교의 전망에 대해 유명한 연설을 했다. "폴리테크닉 학교의 조직에 토대가 될 원칙에 관해서(Über die der Organisation einer polytechnischen Schule zugrunde legenden Prinzipien)"[14]라는 제목의 이 연설에서, 그라스호프는 "폴리테크닉 학교의 생사가 달린 문제"는 바로 고등기술학교의 특성을 갖추고 유지하는 것, 다시 말해 중등 혹은 하층 기술자의 직업과 관련한 교육은 실업학교 혹은 특별한 경우에는 장인학교에 맡기고, 폴리테크닉 학교는 국가나 민간 기업에서 요구하는 수학 · 자연과학 · 제도술(製圖術) 등 높은 수준의 교육을 제공해야 한다고 강조했다. 한마디로 폴리테크닉 학교를 대학 수준에 맞춰야 한다는 이러한 요구는 이후 독일 엔지니어 협회의 전폭적인 지지를 받았고, 나중에는 정부와 의회의 동의를 얻어 실현되었다.

이를 통해 외부적으로 엔지니어의 사회적 위상을 과시한 독일 엔지니어 협회는 엔지니어 집단이 전문 직업 집단의 면모를 계속 유지하기 위해서는 내부적으로 엄격한 자격 제도와 직업 활동의 통제를 마련해야 한다는 점을 깨달았다. 자신들의 사회적 위상을 유지하기 위해서는 사회적 홍보와 정치적 영향력의 행사도 필요하지만 스스로의 직업적 소양과 필요성이 존재해야 한다는 것이다. 그렇지만 이 협회는 전문 집단의 자격 요건에 대해 다른 집단의 개입, 특히 국가의 개입에 반대하고 자체적으로 이를 수행하고자 했다. 이는 곧 이 협회가 초기의 다양한 집단 구성에서 앞으로 좀더 단일한 구성을 지향하고, 이후 빌헬름 제국 시기 때에는 국가 이익 등과 같은 대의적 명분을 내세우기보다는 한층 협소한 의미에서 이익 집단의 역할에 충실하고자 하는 의도를 내보인 것이라고 할 수 있다.

5 새로운 출발

1870년대에 폴리테크닉 학교가 대다수 고등기술학교로 전환함에 따라 엔지니어 양성을 이들 고등기술학교가 맡게 되었고, 이로써 전문 직업화를 추진해온 엔지니어 집단의 노력은 일단 결실을 맺었다. 그렇지만 이를 통해 엔지니어의 물질적 · 사회적 위상이 바로 상승한 것은 아니다. 특히 이제 막 성장 단계에 있던 대기업에 소속된 많은 엔지니어는 경제적으로는 물론 직위에서도 곧바로 변화를 실감하지 못했다. 그렇지만 이들은 고등기술학교 설립과 이후의 발전에 계속 적극적으로 지지를 표명했다. 이는 당시 엔지니어에게 중요한 것은 물질적 풍요 혹은 직업상 지위 상승보다 엔지니어로서의 자부심 혹은 자격증이었기 때문이다. 이어 1899년 고등기술학교에서 박사를 배출하는 등 일반 대학과 어깨를 나란히 하자 이들의 기대감도 어느 정도 충족되었다.

돌이켜보면, 독일 지역에서 엔지니어 집단의 출현은 관료가 주도하고 국가가 재정을 부담한 기술학교를 설립함으로써 가능했다. 전통적 직업인 건축 등 몇몇 분야에서뿐만 아니라 산업화에 특히 필요한 기계 같은 분야에서도 기술 인력은 국가가 설립한 이들 각종 기술학교에서 배출되었다. 베를린의 실업학원이나 프로이센 이외의 지역에 설립한 폴리테크닉 학교는 이론적인 지식과 기술을 동시에 교육했다. 이를 통해 특히 수공업자나 중간층 자제는 비싸지 않은 등록금과 장학금으로 기술교육을 받아 졸업 후 숙련된 기술자가 될 수 있었다.

19세기 중반부터 자연과학의 발전이 기술 발전과 결합하면서 이들 폴리테크닉 학교는 새로운 변화를 모색했고, 엔지니어 협회의 지원을 받아 이른바 '학문화'로 나아가기 시작했다. 이러한 추세는 신인문주의적 교육 이념으로 인해 일반교양을 중시하는 당시 대학의 풍토에 대응해 고등 교육을 지향한 결과였다. 폴리테크닉 학교는 이제 무료가 아니라 등록금을 받았고 입학 자격으로 아비투어를 요구했다. 아울러 수업 연한도 길어졌을 뿐만 아니라 수학과 자연과학 같은 이론 수업을 더 강화했으며, 일반 대학처럼 연구를 수행하고 학문적 자유와 자율성을 점차 허용했다. 이로 인해 이들 학교 졸업자는 단순한 기술자와 점차 구별되는 고등 교육을 받은 엔지니어로서 정체성을 갖기 시작했다. 이들은 또한 스스로 직업 단체인 독일 엔지니어 협회를 구성해 바로 이런 '학문화'에 주도적 역할을 맡았다.

그렇지만 고등기술학교의 등장, 곧 엔지니어의 고학력화는 1890년대부터 본격적으로 시작된 또 다른 산업화 과정에서 새로운 문제점을 낳았다. 경제 단체는 고등기술학교가 고학력자만 양산할 뿐 일선에서 일할 실무적 기술자는 양성하지 못한다고 강하게 비난했다. 이에 따라

기술교육은 다시금 전문학교라는 새로운 교육 기관의 설립을 통해 중간층 실무 기술자를 양성하는 새로운 방향으로 나아가기 시작했다. 이 같은 새로운 출발은 장기적으로 독일 엔지니어 집단의 정체성과 사회적 위상에 변화를 가져왔다. 곧 이때 설립된 전문학교는 이후 4년제 대학교로 바뀌고 아주 오랜 후인 1970/1971년이 되어서야 비로소 법 개정을 통해 이들 전문대학 졸업자도 공과대학 졸업자와 똑같이 엔지니어로 일컫게 되었다.

주

1. P. Steven Turner, "Universitäten," in Karl-Ernst Jeismann and Peter Lundgreen, *Handbuch der deutschen Bildungsgeschichte, Bd. 3, 1800-1870, Von der Neuordnung Deutschlands bis zur Gründung des Deutschen Reiches*, München, 1987, pp. 221-249 참조, 인용문은 p. 225에서 재인용.
2. 몇몇 고등기술학교는 바로 공과대학이라는 명칭으로 변경하지 않았다. 다름슈타트 고등기술학교는 1997년이 되어서야 비로소 공과대학으로 이름을 바꾸었고, 아헨 고등기술학교는 아직도 공과대학이라는 명칭 대신 '고등기술학교' 라는 과거의 명칭을 고수하고 있다.
3. 그는 이후에도 여러 번 수정된 계획서를 제출했고, 폴리테크닉 학교를 개교한 후인 1817년에 작성한 안이 황제의 인가를 받아 '빈 왕립 폴리테크닉 양성소 정관(Verfassung des k. k. polytechnischen Instituts in Wien)'으로 1865년까지 존속했다. http://www.tuwien.ac.at/dle/archiv/geschichte_der_tu_wien/ (2013년 1월 15일 최종 접속).
4. Hans-Werner Schütt, "Pläne zur Gründung einer 'Ecole polytechnique' in Berlin," in Karl Schwarz (ed.), *1799-1999: von der Bauakademie zur Technischen Universitaet*

Berlin, Geschichte und Zukunft (Berlin, 2000), pp. 119-122, 특히 p. 119.

5. Ibid., p. 121.

6. Karl-Heinz Manegold, "Eine Ecole Polytechnique in Berlin," *Technikgeschichte*, vol. 33, pp. 182-196, 특히 p. 196.

7. 이렇게 교육 수준에서 차이를 보인 것은 각 공국이 이들 학교의 역할에 거는 기대 수준이 달랐기 때문이다. 1836년 설립한 켐니츠 폴리테크닉 학교의 경우, 공장주나 작업장 소유자의 자제를 대상으로 4년제 '고등실업학교'로 출발했다. 이들 학교에서는 공장이나 수공업 분야에 진출하려는 학생에게 필수적인 기술교육을 제공하고 소규모 공장을 운영하는 데 필요한 지식도 가르쳤다. 만약 학문적으로 더 높은 수준의 교육을 받으려면 근처 드레스덴에 있는 상급 학교로 진학해야 했다.

8. 이에 대해서는 Ilja Mieck, "Ingenieuer-Ausbildung in Deutschland und Frankreich im 19. Jahrhundert im Vergleich," *Francia, Forschungen zur westeuropäischen Geschichte*, vol. 33 (2007), pp. 1-27, 여기에서는 pp. 16-17 참조.

9. 원래 관보에 실었던 내용을 다시 잡지에 게재한 것이다. "Errichtung einer polytechnischen Centralschule in München", *Polytechnischen Journals*, Vol. 26 (1827), pp. 168-171, URL: http://dingler.culture.hu-berlin.de/article/pj026/mi026043_3 (2003년 1월 16일 최종 접속)

10. Hans Joachim Wefeld, *Ingenieure aus Berlin. 300 Jahre technisches Schulwesen*, Berlin, 1988, p. 109.

11. Peter Lundgreen, "Fachschulen," in Karl-Ernst Jeismann and Peter Lundgreen, *Handbuch der deutschen Bildungsgeschichte, Bd. 3, 1800-1870, Von der Neuordnung Deutschlands bis zur Gründung des Deutschen Reiches*, München, 1987, p. 298에서 재인용.

12. Wolfgang König, "Technical Education and industrial performance in Germany: a triumph of heterogeneity," in Robert Fox and Anna Guagnini (ed.), *Education, technology and industrial performance in Europe, 1850-1939*, Cambridge, 1993, pp. 65-87.

13. 몇몇 역사가—예컨대 코카—의 견해에 따르면 원래는 엔지니어라는 용어를 포괄적으로 사용했으나 1850년 무렵부터 학문적으로 교육받은 기술자와 이론적 토대가 없는 기계 조작자, 구식 공장장, 숙련 기술자 등으로 나뉘어졌으며 전자(엔지

니어)는 기술교육의 학문화로 인해 '기술적 지식인'으로서 새로운 정체성을 갖게 되었다. 그런데 숄은 몇 가지 사례를 들어 이들 역사가의 주장이 잘못되었다고 지적한다. 그렇지만 이런 사례만으로 19세기 후반의 전반적 경향을 무시하는 것은 침소봉대이다. Lars U. Scholl, "Der Ingenieur in Ausbildung, Beruf und Gesellschaft 1856 bis 1881," in Ludwig, Karl-Heinz and Wolfgang König (ed.), *Technik, Ingenieure und Gesellschaft. Geschichte des Vereins Deutscher Ingenieure, 1856-1981*, Düsseldorf, 1981, pp. 1-66, 특히 pp. 16-17 참조.

14. 그가 이 연설에서 다룬 내용은 1) 폴리테크닉 학교의 목적과 성격, 2) 입학 요건과 예비 과정, 3) 전문 과정, 4) 각 학과의 수업 자료 확대 및 체계화, 5) 학생 현황, 6) 교수와 학교장 등이었다.

참고문헌

Albrecht, H. *Technische Bildung zwischen Wissenschaft und Praxis: Die Technische Hochschule Braunschweig 1862-1914*, Hildesheim: Olms Weidemann, 1987.

Bolenz, Eckard, *Vom Baubeamten zur freiberuflichen Architekten : technische Berufe im Bauwesen Preußen/Deutschland 1799-1931* (Frankfurt am Main, 1991).

Boehm Laetitia and Charlotte Schönebeck, *Technik und Bildung* (im Aufrag der Georg-Agricola-Gesellschaft) (Düsseldorf, 1989).

Chatzis, Konstantinos, "Introduction: The National Identities of Engineers," *History and Technology*, 23/3 (2007).

Fox, Robert and Anna Guagnanini (eds.), *Education, Technology and Industrial Performance in Europe, 1850-1939* (Cambridge: Cambridge University Press and La Maison des Sciences de l'Homme, 1993).

Gispen, K., *New profession, old order. Engineers and German Society, 1815-1914* (Cambridge: Cambridge University Press, 1987).

Hoepke, K.P. *Geschichte der Fridericiana. Stationen in der Geschichte der Universität Karlsruhe (TH) von der Gründung 1825 bis zum Jahr 2000* (Karlsruhe: Uni.-Verl, 2007). http://digbib.ubka.uni-karlsruhe.de/volltexte/1000006996.

Jeismann, Karl-Ernst and Peter Lundgreen, *Handbuch der deutschen Bildungsgeschichte, Bd. 3, 1800-1870, Von der Neuordnung Deutschlands bis zur Gründung des Deutschen Reiches* (München, 1987).

Kaiser, W. & König, W. (eds.), *Geschichte des Ingenieurs. Ein Beruf in sechs Jahrtausenden* (München/Wien: Hanser Verlag, 2006).

Kändler, W., *Anpassung und Abgrenzung: Zur Sozialgeschichte der Lehrstuhlinhaber der Technischen Hochschule Berlin-Charlottenburg und ihrer Vorgängerakademien, 1851 bis 1945* (Stuttgart: Steiner, 2009).

König, W., *Künstler und Strichezieher: Konstruktions- und Technikkulturen im deutschen, britischen, amerikanischen und französishcen Maschinenbau zwischen 1850 und 1930* (Frankfurt am Main: Suhrkamp, 1999).

Ludwig, Karl-Heinz and König, Wolfgang (ed.), *Technik, Ingenieure und Gesellschaft. Geschichte des Vereins Deutscher Ingenieure, 1856-1981*, Düsseldorf, 1981.

Lundgreen, Peter, "Engineering Education in Europe and the U.S.A., 1750-1930: The Rise to Dominance of School Culture and the Engineering Professions," *Annals of Science* 47 (1990).

Lundgreen, P. & Grelon, A. (eds.), *Ingenieure in Deutschland, 1770-1990* (Frankfurt/New York: Campus, 1994).

Manegold, Karl-Heinz, "Eine Ecole Polytechnique in Berlin," *Technikgeschichte*, vol. 33, pp. 182-196.

Mieck, Ilja, "Ingenieuer-Ausbildung in Deutschland und Frankreich im 19. Jahrhundert im Vergleich," *Francia, Forschungen zur westeuropäischen Geschichte*, vol. 33 (2007), pp. 1-27.

Meiksins, Peter and Chris Smith (eds.), *Engineering Labour: Technical Workers in Comparative Perspective* (London: Verso, 1996).

Nottebohm, F. W., *Chronik der Königlichen Gewerbe-Akademie zu Berlin. Festschrift zur Feier des fünfzigjährigen Bestehens der Anstalt* (Berlin: Decker, 1871).

Paulinyi, A. & Troitzsch, U., *Propyläen Technik Geschichte. Mechanisierung and Maschinisierung* (Berlin: Propyläen Verl, 1997).

Rektor der Technischen Universität Chemnitz, *Von der Kgl. Gewerbeschule zur*

Technischen Universität (Chemnitz, 2003).

Scholl, Lars Ulrich, *Ingenieure in der Frühindustrialisierung, Staatliche und private Techniker im Königreich Hannover und an der Ruhr (1815-1873)* (Göttingen, 1978).

Schwarz, Karl (ed.), *1799-1999: von der Bauakademie zur Technischen Universität Berlin, Geschichte und Zukunft* (Berlin, 2000).

Strecke, Reinhart, *Anfänge und Innovation der preußischen Bauverwaltung* (Köln, 2002).

von Bonin, Udo, *Geschichte des Ingenieurkorps und der Pioniere in Preußen* (Berlin, 1877-1878).

Wefeld, Hans Joachim, *Ingenieure aus Berlin. 300 Jahre technisches Schulwesen* (Berlin, 1988).

이은경 · 이내주

영국: 전문 단체와 신사-엔지니어의 이상

1 머리말

영국은 산업혁명 종주국이고 최초의 산업 국가다. 산업혁명을 나타내는 주요 단어는 '공업화', '경제 성장', '근대화'다. '공업화'는 농업 생산 일변도에서 벗어나 석탄 등 광물 자원과 기계를 이용하고 공장에서 물건을 대량 생산할 수 있게 된 공장제의 성립과 성장 과정을 말한다. 공업화를 거치면서 1인당 생산과 사회의 총생산이 지속적으로 증가하는 근대적 경제 성장이 가능해졌다. 산업혁명은 동시에 사회 변화의 과정이었다. 산업혁명이 진행되면서 인구가 늘어나고 도시화가 이루

■ 이 글은 다음 두 논문을 기초로 완성한 것이다. 이은경, "철도 붐과 기계 엔지니어의 사회적 등장", 〈공학교육연구〉, 제14권 5호(2011). 이내주, "영국 근대 토목 엔지니어의 탄생 1760s~1860s: 토목공학 초기 주요 엔지니어들의 활동을 중심으로", 〈공학교육연구〉, 제14권 5호(2011).

어져 사람들의 일상적 삶의 모습 또한 이전과 달라졌다. 교육과 사회 문화, 각종 제도가 오늘날과 비슷하게 달라지는 변화가 시작된 것이다. 사회 계층도 귀족 지주와 자본가, 중산층 그리고 노동자 계급으로 분화되었다.

산업혁명을 촉발한 새로운 기술을 개발한 주역은 전통 방식으로 훈련받은 장인, 독학한 기술자 또는 재주 있는 기술자였다. 이들은 대부분 가난하고 변변찮은 집안 출신이었고 정식 기술교육을 받지 못했다. 그러나 전해오는 기술에 새로운 아이디어를 접목해 강력한 동력원이 된 증기 기관, 면방직 공업의 부흥을 불러온 방적기나 방직기 그리고 정밀 공작 기계를 만들었다. 이들은 주로 제작소나 공업사를 운영하면서 주문받은 기계 장치를 제작해 납품하는 방식으로 활동하며 도제 방식으로 기술자 지망생을 훈련시켰다. 즉 19세기 전반까지 영국의 산업 도시를 중심으로 자리 잡은 기술자는 근대적 기술을 구사하기는 했지만 사회적으로는 여전히 장인에 가까웠다.

근대 엔지니어는 토목 분야에서 나타났다. 18세기 후반부터 19세기 초까지 영국에서는 대규모 도로망 건설, 운하 건설 사업을 추진했다. 토목 기술자는 이러한 대규모 토목 사업을 지휘 감독하고 새로운 토목 기술을 개발해 사업을 성공적으로 이끌었다. 이들 중 일부는 경제적으로 성공했고 중요한 대형 사업을 위해 자본가 및 의회에 자문을 하는 등 기술적 권위를 바탕으로 사회적 명성과 지위를 얻었다. 성공한 주역급 토목 기술자는 당시 영국 사회에서 대접받던 전문직(profession), 예를 들면 의사나 변호사 같은 위상을 얻었다고 믿으며 스스로를 '엔지니어'로 부르기 시작했다. 또 이들은 행동 양식, 사고, 교육, 사회 활동 등에서 사회적으로 존경받을 만한 신사(gentleman)의 모습을 지향했다. 영국 근대 엔지니어의 기원은 바로 이들에게서 시작되었다. 이들이 생각한 영국 근대 엔지니어의 모습은 한마디로 신사-엔지니어(gentleman-engineer)라고 할 수 있다.

영국 근대 엔지니어의 조상들은 '엔지니어 이름을 내건' 자신만의 전문 단체를 만들어 사회적으로 그 존재를 드러냈다. 엔지니어 전문 단체는 특히 영국에서 전문직으로서 엔지니어의 위상 확립에 중요했다. 왜냐하면 영국에서는 19세기 중반까지도 고등 교육 수준의 기술교육을 확립하지 못했고, 거의 대부분의 기술자를 기술 현장에서 장인 제도를 통해 배출했기 때문이다. 별도의 제도화한 엔지니어 자격이 없는 상황에서 전문 단체의 회원이 되는 것은 기술자가 전문성을 인정받고 당당하게 엔지니어라는 타이틀을 가질 수 있음을 뜻했다. 그래서 영국에서는 엔지니어 집단의 성장과 전문 공학 교육, 공학의 학문적 발전 모두가 엔지니어 전문 단체를 중심으로 이루어졌다.

전문 기술교육 과정이 없던 영국의 엔지니어에게는 현장 전통과 문화(shop culture)가 강했고, 도제 전통이 유럽의 다른 나라에 비해 오래 지속되었다. 실제로 19세기에 전국에 이름을 날린 엔지니어 중 대학 교육을 받은 사람은 소수였고, 이들조차 기술 훈련은 현장에서 받았다. 이는 한편으로 영국의 엔지니어가 현장에서 부딪치는 기술 문제에 정통하고 그 문제의 해결을 통한 기술 발전과 혁신에서 강점을 갖게 했다. 그러나 다른 한편으로는 과학 이론을 기반으로 하는 체계적이고 전문적인 공학 교육 정착이 늦어지는 데 영향을 주었다. 이 상태는 19세기 말에 가서야 개선되기 시작했다.

단순한 기술 전문가가 아니라 신사-엔지니어를 지향한 초기 영국 토목 엔지니어의 이상은 19세기 동안 지속되었다. 적어도 공학의 각 영역에서 이름을 날린 유명 엔지니어는 삶의 방식, 사회적 위상, 경제적 부 등에서 신사로서 부족함이 없었다. 그러나 산업이 발전하고 기술 전문 인력이 증가하면서 엔지니어 사회에도 분화가 일어날 수밖에 없었다. 엔지니어라고 일컫는 이들 중 소득 수준, 기술 전문성, 기술 현장의 지위 등에서 신사의 풍모에 미치지 못하는 사람들의 비중이 증가했기 때문이다. 이처럼 실제 엔지니어 사회의 균질성은 점차 줄어들었지만 신사-엔지니어의 이상은 19세기 내내 지속되었다. 산업, 교육, 자격 등에서 정부의 어떤 개입이나 규제 없이 엔지니어가 민간 전문단체 중심으로 성장하고 사회적으로 존재감을 인정받을 수 있는 중요한 배경이었기 때문이다.

2 영국 근대 엔지니어의 기원

산업혁명 이전에 영국의 기술 종사자 중 공병을 제외하면 엔지니어라고 부를 만한 사람이 없었다. 군대에서는 전쟁을 효과적으로 수행하기 위해 성을 짓고 참호를 파고 도로를 건설하는 공병단을 체계적으로 키웠다. 예를 들면 1770년대 중반에 조직된 왕립공병단(Corps of Royal Engineer)

이 있다. 공병은 군대 안에서도 과학기술을 체계적으로 공부하는 전문 직종 중 하나였다. 반면 산업혁명 이전의 기술자는 전통적으로 내려오는 기술을 기반으로 하는 수공업 장인이었다. 이들의 사회적 지위나 역할은 공병에 비할 바가 못 되었다.

산업혁명 초기에 활약한 토목 기술자는 도로와 운하 같은 대규모 사업을 성공적으로 수행하고 기술 전문성과 사회적 지명도를 얻음으로써 근대 엔지니어의 출발을 알렸다. 깊은 계곡을 가로지르는 수문이나 다리처럼 이들이 건설한 건축물은 사람들에게 놀라움과 편리함을 동시에 안겨주었다. 선구적인 일부 토목 기술자는 자신들의 일이 군대 엔지니어와 비슷하고 사회에서의 위상이나 역할은 전문직과 비슷하다고 생각했다. 그리하여 스스로를 엔지니어라 부르고 민간의 전문직으로서 엔지니어의 위상에 걸맞은 모습을 보이려고 노력했다. 이런 노력을 통해 토목 분야에서 근대 엔지니어가 탄생했다.

2.1 군사공학의 등장과 발달

토목 기술은 인류가 정착 생활을 하면서 시작되었다. 세계의 주요 고대 문명이 놀라운 건축물과 체계를 갖춘 도시를 건설했음을 우리는 알고 있다. 잘 알려진 대로 고대 이집트의 피라미드, 그리스의 파르테논 신전, 중국의 만리장성 그리고 로마의 군사 도로 등은 바로 고대 토목공학 기술의 총아였다. 이후 토목 기술은 정확하게 사회 문화와 경제를 반영하는 성과를 남겼다. 중세에는 어마어마한 규모를 자랑하는 대형 고딕 성당을 건축했다. 르네상스 이후에는 요새형 성채를 짓는 축성술이 등장했고 16~17세기에 전쟁이 다반사로 일어나면서 축성술은 더욱 발전했다.

영국에서 엔지니어라고 부를 수 있는 집단이 처음으로 등장한 곳은 군대였다. 전통적으로 일명 '대호(對壕)를 파는 자(sapper)'라고 일컫던 영국 공병은 1066년 윌리엄 정복왕의 영국 본토 침공까지 거슬러 올라갈 정도로 긴 역사를 갖고 있다. 이때 국왕의 군대에 고용된 이래 공병은 축성 작업은 물론 각종 전투에 참가하면서 항상 군대와 함께 했다. 통상적으로 공병은 전투를 시작하기 전과 마지막으로 철수할 때 활약했다. 즉, 전투 이전에는 아군을 위해 진지와 도로를 만들고 포대를 설치했다. 그리고 전투가 끝나고 부대가 철수할 때에는 군사 시설을 없애는 일을 맡았다.

근대 국가가 등장하고 군대 규모가 대폭 확대되면서 공병의 역할은 세분화되었다. 전쟁을 수행하기 위해 17세기부터 전문 조선공과 포병대원을 조직했고, 18세기에는 여기에 대호를 파고 지뢰용 장애물을 매설하는 특기병을 더했다. 이들은 처음에는 주로 해군 기지의 선착장, 육군 조병창에서 실기 위주로 교육을 받았다. 그러던 중 공병의 중요성이 커지자 국가 엔지니어 제도가 없던 영국의 군대에서는 이들을 일종의 '국가 엔지니어'로 여겨 체계적으로 전문 교육을 시켰다. 유명한 울위치 왕립 군사 아카데미(Royal Military Academy at Woolwich, 1741)와 채텀 공병학교(School of Military Engineers at Chatham, 1812)는 이들을 위한 교육 기관이었다. 공병의 수가 늘어나자 군대는 1770년대 중반, 앞서 말한 왕립공병단을 만들어 공병을 조직화했다.

비록 근대 엔지니어의 등장에서 군사공학이 얼마나 기여했는지 측정하기는 어렵지만 군대가 어떤 형태로든 공학 발전, 특히 토목공학 발전에 영향을 미쳤다는 점은 부인하기 어렵다. 초창기 토목 엔지니어의 작업은 공병의 작업과 매우 유사했기 때문이다. 특히 19세기 동안 인도와 아프리카 같은 식민지에서는 군대에 소속된 엔지니어가 측량, 철도 건설 같은 국가 토목 사업에 대거 참여했다. 또 민간에 별다른 기술 전문 교육 기관이 없었던 때에도 군대의 엘리트 공병은 기술의 전 분야에 걸쳐 수준 높은 교육을 받았다. 전직 공병 장교 또는 포병 장교 중에는 토목공학을 필두로 기계, 전신 등 공학 분야 전문 단체를 결성할 때 참여하고 왕성하게 활동한 사람이 여러 명 있었다.

그러나 공병을 일종의 국가 엔지니어로 인정하더라도, 이들을 근대 엔지니어의 원조로 보는 데는 한계가 있다. 왜냐하면 산업혁명을 선도한 국가임에도 불구하고 영국에서 이들의 역할은 독일이나 프랑스의 국가 엔지니어에 비해 미약했고 민간 영역까지 확대되지 못했기 때문이다. 더구나 공병의 활약은 그다지 오래 지속되지도 못했다. 따라서 군대의 영향이 엔지니어의 사회적 위상 변화에 어떠한 도움을 주었는지 판단하기는 어렵다. 군사공학이 공학 발전에 어떠한 형태로든 영향을 주었을 것은 분명해 보이지만 산업혁명을 이끈 영국의 공학을 선도한 것은 아니었다. 오히려 산업혁명과 더불어 비약적으로 성장한 민간 분야에 비해 19세기의 군사공학은 상대적으로 낙후되어 있었다.

2.2 '민간 엔지니어'의 등장

영국에서 '엔지니어'는 오랫동안 공병, 즉 군대 엔지니어를 가리키는 용어였다. 그러나 1770년 무렵 민간에서 군대 엔지니어와 비슷한 일을 하는 전문 기술자가 등장했고, 이들은 공병과 구별하기 위해 스스로를 '민간 엔지니어'라고 불렀다. 이들은 1760년경부터 도로와 운하 건설 같은 토목 분야를 중심으로 나타나기 시작했으며 나중에는 철도 부설, 증기 기관차와 정밀 공작 기계에 이르기까지 폭넓은 분야에서 활동했다. 이러한 민간 엔지니어는 컨설턴트, 독립 사업가, 피고용인 등 여러 지위를 갖고 있었다.

토목 분야에서 엔지니어가 처음 등장한 것은 1750~1760년대였다. 이 시기 영국에서는 운하와 다리 건설, 항만 보수, 등대 축조 그리고 농지 배수(排水) 작업 등을 대대적으로 추진하기 시작했다. 특히 교통망 확충을 위한 도로와 운하 건설은 전국에 걸친 대규모 사업이었다. 이러한 대형 토목 사업은 영국 사회의 모습을 여러 측면에서 바꾸었다. 교통망이 정비되자 사람과 물자의 이동이 늘어나고 이동 시간은 줄어들었다. 런던에서 잉글랜드 북부의 산업 도시 맨체스터까지 마차로 3일 걸리던 것이 18세기 후반의 대대적인 도로 건설 이후에는 18시간이면 충분하게 되었다. 18세기 후반 두 차례에 걸친 '운하 광풍(canal mania)' 시기에는 주요 산업 거점을 연결하는 운하를 대거 건설했다. 그리하여 1815년에는 운하의 총 연장이 3520킬로미터에 달해 배가 다닐 수 있는 자연 하천의 3500킬로미터와 비슷한 수준이 되었다. 운하 덕분에 석탄, 철 등 공업 원료의 수송비가 대폭 줄었고 그에 따라 공업 제품의 생산 비용도 낮아졌다.

대형 토목 공사를 추진하는 과정에서 새로운 토목 기술 전문가가 나타났다. 이전에 경험하지 못한 새로운 기술 문제가 나타났기 때문이다. 큰 다리와 수문을 짓는 일은 작은 다리와 수문을 짓던 과거의 기술을 그대로 활용하면서 길이나 넓이만 크게 만드는 것과는 다른 문제였다. 예를 들어, 작은 구조물에서는 무시할 수 있는 수준의 측량 오차도 큰 구조물에서는 엄청난 틈으로 벌어져 안전을 위협하는 결정적 결함이 될 수 있다. 또한 육중한 무게를 견딜 수 있도록 튼튼하게 시공하기 위한 기술도 따로 필요했다. 따라서 18세기 중엽부터 활발해진 대형 토목 공사 현장에서는 이러한 문제를 해결하고 대규모 사업을 지휘 감독할 유능한 토목 기술자와 측량 기술자가 전에 없이 중요한 역할을 하게 되었다.

먼저 도로를 살펴보자. 오랫동안 영국의 도로 사정은 유럽에서도 가장 열악한 수준이었다. 민간 트러스트에 의한 유료 도로 건설이 흔해진 1706년 이후에야 도로 사정이 개선되기 시작했다. 1750년 이후에는 유료 도로 트러스트의 수가 급증했고, 그에 따라 도로 연장 거리도 확대되었다. 1750년, 1770년, 1830년을 비교하면 유료 도로 연장 거리는 각각 5400킬로미터, 2만 4000킬로미터 그리고 3만 5200킬로미터였다. 1750~1770년까지 불과 20년 동안 거의 4.5배나 늘어났다.

도로 건설의 양적 확대를 위해서는 새로운 기술이 필요했다. 많은 돈을 들여 새로 건설한 도로는 장기간에 걸쳐 많은 교통량을 견딜 수 있어야 했다. 그러므로 한층 견고한 도로 포장법과 겨울에도 통행이 가능한 배수 시스템이 필요했다. 이런 문제를 해결하는 데 필요한 새로운 도로 기술을 개발한 기술자들은 곧 유명세를 타고 여러 중요한 공사를 책임지게 되었다. 그중에는 존 메트카프(John Metcalf, 1717~1810), "도로의 거인"이라 부르던 토머스 텔퍼드(Thomas Telford, 1757~1834), 존 런던 매캐덤(John London McAdam, 1756~1836) 등이 있었다.

비슷한 시기에 대대적으로 이뤄진 운하 건설에서도 걸출한 토목 기술 전문가가 많이 나왔다. 1761년에는 "18세기 토목 공학의 걸작"이라 부르는 브리지워터 운하가 개통되었다. 이 운하는 브리지워터 공작의 탄광이 있는 워슬리(Worsley)에서 16킬로미터 떨어진 맨체스터까지 석탄을 실어 나르기 위해 건설되었다. 브리지워터 공작이 고용한 토목 기술자 제임스 브린들리(James Brindley, 1716~1772)는 이 운하를 건설하기 위해 계곡에 여러 개의 아치형 고가다리를 세우는 송수로 다리(aqueduct bridge) 공법을 개발했다. 브리지워터 운하 덕분에 맨체스터까지의 석탄 운반 비용은 절반으로 줄어들었다. 브리지워터 운하의 성공은 1760~1770년대 초와 1790년대 초 두 차례의 '운하 광풍' 시기를 이끌었다. 1791년부터 1794년까지 4년 동안에만 42개의 새로운 운하를 착공했다. 많은 토목 기술자가 운하 건설을 통해 토목 기술 전문가로서 이름을 날렸다. 대표적 인물로는 도로 건설에서 이미 명성을 떨친 텔퍼드 이외에 존 스미턴(John Smeaton, 1724~1792)과 존 레니(John Rennie, 1761~1821) 등이 있었다.

토목 기술자는 자신들의 활동이 사회적으로 중요하고 기술 전문성도 높다는 점을 인식했다. 공병이 전시에 토목 공사를 통해 주요 업무를 수행하듯 자신들은 토목 공사를 통해 민간에서 주요 업무를 수행한다고 생각했다. 또 토목 사업을 진행하는 과정에서 부와 명성을 얻었으며 투자자, 의원 등 상류층 인사를 고객(client)으로 삼아 기술 자문 활동을 하면서 사회적 위상을 높였다. 이런 일들을 통해 토목 기술자는 민간의 기술 전문가, 즉 민간 엔지니어로서 스스로를 어렴풋이 자각하기 시작했다.

토목과 더불어 산업 혁명기 기술 발전의 또 다른 한 축을 이루는 기계 분야의 성과는 면공업에서 분명하게 드러났다. 영국의 섬유 산업에서는 전통적으로 모직물 공업이 강세였고 면공업은 미약했다. 산업혁명이 시작된 1770년 모직물 공업의 부가가치는 700만 파운드인 데 반해 면공업의 부가가치는 그 10분의 1도 안 되는 60만 파운드에 불과했다. 그러나 면공업에서 실을 잣는 방적기와 옷감을 짜는 방직기 등을 도입해 공정을 기계화한 혁신, 뒤이어 기계 장치의 동력을 수차에서 증기 기관으로 바꾸는 혁신이 일어나자 면공업의 생산량과 생산 효율성은 빠르게 증가했다. 1820년대에 면공업은 실을 잣고 옷감을 짜는 전체 공정을 기계화한 생산 체제를 갖추었고 동력으로는 증기 기관을 사용했다. 이렇게 대량 생산한 제품은 발달한 교통망을 통해 국내외로 팔려나갔다. 그 덕분에 1831년 면공업의 부가가치는 2560만 파운드까지 치솟았다. 이에 비해 같은 해 모직물 공업의 부가가치는 1590만 파운드, 아마공업의 부가가치는 500만 파운드, 견공업의 부가가치는 580만 파운드였다. 요컨대 1830년대 이후에는 섬유 산업에서 면공업의 비중이 양모와 마를 비롯한 모든 섬유 공업을 합친 것과 비슷하거나 더 높아졌다.

섬유 산업의 발전을 촉발한 수차, 섬유 기계, 증기 기관은 토목 분야의 성장 이전부터 기술 성과가 높았다. 다만 기계 분야 기술자는 기술 활동 수행 방식, 기술의 영향력 등에서 덜 전문적이고 전통적인 장인 기술자에 더 가까웠다. 수차 제작자는 물려받은 기술을 활용해 주문자의 요구대로 수차를 제작해주었다. 수차는 점점 효율적이고 정교하게 제작되었지만 수차 제작자의 지위나 전문성은 별로 달라지지 않았다. 방적기와 방직기 등 섬유 산업을 획기적으로 변화시킨 기계의 발명과 개발에는 기계 분야에서 도제를 하고 수력 방적기와 방직기 등을 발명한 존 케이(John Kay, 1704~1780)를 제외하면 기계 분야 훈련을 제대로 받은 사람이 거의 없을 정도로 전문화되어 있지 않았다. 뮬 방적기를 발명한 새뮤얼 크럼프턴(Samuel Crompton, 1753~1827)은 방적공 출신이고, 방직기를 발명한 에드먼드 카트라이트(Edmund Cartwright, 1743~1823)는 전직 목사였다.

사정은 증기 기관에서도 비슷했다. 뉴커먼(Newcomen) 증기 기관은 18세기 초 석탄 광산에서 지하 갱도의 물을 퍼 올리는 펌프의 동력 장치로 고안되었는데, 증기 낭비가 심하다는 단점이 있었다. 이후 수차 제작자, 기계공 등 많은 기술자가 뉴커먼 증기 기관을 개량하고 광산주의 주문에 따라 자신만의 증기 기관을 제작·공급했다. 특히 기계공은 수차 제작자와 마찬가지로 다른 기계 장치 제작에서 연마한 숙련 기술을 활용해 기존 구조를 그대로 두고 효율을 향상시키거나 정밀도를 높이는 등 부분적으로 개선된 뉴커먼 증기 기관을 만들었다. 토목 엔지니어가 기술 현장에서 기획하고 자문하고 관리 감독하던 것과 달리, 기계 분야에서는 대부분의 기술자가 경험과 숙련에 바탕을 두고 개인 작업장에서 주문받은 것을 제작하는 방식을 고수했다.

제임스 와트(James Watt, 1736~1819)는 기계 분야에서 토목 엔지니어와 비슷한 위상을 얻은 거의 유일한 인물이었다. 원래 대학의 실험 기구 제작자이던 와트는 과학적인 분석 방법을 활용해 뉴커먼 증기 기관의 효율을 높이고 나아가 피스톤의 수직 상하 운동을 회전 운동으로 전환하는 기능을 갖도록 개량하는 데 성공했다. 그리고 1769년에는 18인치 실린더를 장착한 증기 기관의 특허를 얻었다. 회전 운동을 할 수 있게 개량한 와트식 증기 기관은 이후 여러 차례의 개선을 거쳐 공장의 각종 기계 장치를 작동하는 19세기의 대표적 동력원이 되었다. 와트는 특허에 그치지 않고 의회에 로비 활동을 벌여 이 특허의 보호 기간을 1775년부터 25년간 연장받는 특별법 통과에 성공했다. 이를 위해 와트는 기술 문헌을 만들고 의회에 출석해 기술적인 질문에 답하는 등의 활동을 해야 했다. 특별법 덕분에 와트는 오랜 기간 증기 기관의 개량 및 제작을 독점할 수 있었다.

특허를 독점하는 동안 기술자로서 와트의 위상은 한껏 높아졌다. 부를 이루었고 기술자로서 전국에 이름을 떨쳤으며 증기 기관의 작동을 과학적으로 설명하는 논문을 발표하는 등 학술 활동도 펼쳤다. 성능이 뛰어나고 독점적 지위를 가진 와트의 증기 기관은 산업용 증기 기관의 표준이라는 지위도 얻었다. 그 덕분에 와트가 동업자 매슈 볼턴(Matthew

Boulton, 1728~1809)과 버밍엄에 세운 소호 공작소(Soho Manufactory)는 와트식 증기 기관을 대량 생산하고 관련 기술을 개발하는 등 당대 증기 기관 기술의 중심 역할을 하며 많은 증기 기관 기술자를 배출했다. 그러나 와트를 제외하면 이들의 기술 활동은 제작, 설치, 운전에 집중되어 전통적인 장인적 기계 제작자와 크게 다르지 않았다. 요컨대 기계 분야에서는 와트를 제외하면 근대 엔지니어의 조상에 해당하는 집단이 18세기 말까지도 성장하지 못했다.

2.3 신사-엔지니어의 원조, 존 스미턴

엔지니어가 사회에서 전문직으로 인정받는 계기를 마련한 것은 스미턴이었다. 브린들리나 메트카프같이 스미턴 이전의 유명한 토목 기술자들은 대부분 가난한 집안 출신으로서 정규 교육을 거의 받지 못했고 뛰어난 기술 능력을 가졌음에도 불구하고 사회 활동에서는 이전의 장인 기술자와 유사한 모습을 보였다. 그러나 스미턴은 달랐다. 그 역시 과학기술의 정규 교육을 받지는 못했지만 부유한 법률가 집안에서 태어나 문법학교에 다녔고 법률 공부를 하기 위해 런던에 머무르는 동안 왕립 학회의 과학자들과 친분을 쌓으면서 과학기술을 공부했다. 그리고 20세 되던 해에 법률가 대신 과학 실험 도구 제작자라는 기술자의 길로 들어섰다. 당시 과학 실험 도구는 대표적인 정밀 기계 장치였다. 4년 뒤 런던에서 개업한 그는 사업에서도 수완을 보이며 기계 기술자로서 성공적인 경력을 쌓았다.

1750년대에 스미턴은 당시로서는 드물게 일반 과학 원리에 기초해 기술 문제를 해결하는 기술자이자 토목 현장의 문제를 과학적으로 분석하는 과학자였다. 교육 수준이 높았던 스미턴은 국내외 여러 과학기술 문헌을 통해 얻은 지식을 활용할 수 있었다. 그 덕분에 실험 도구, 수차 등의 기계 제작자로 출발했지만 곧 전국에 걸쳐 수문, 다리, 항만 시설 등을 설계하고 건설하는 일에 참여했다. 1759년에는 에디스톤 등대를 3년간 보수 공사해 새롭게 만들어냄으로써 토목 분야에서 명성을 얻었다. 그리고 같은 해에 풍차와 수차의 효율성을 분석한 논문을 발표해 왕립 학회로부터 코플리 메달(Copley Medal)을 받았다. 코플리 메달은 왕립 학회가 1731년부터 그해에 가장 뛰어난 과학 업적을 낸 과학자에 주는 상이었다. 18세기 말에 스미턴은 영국에서 가장 성공한 컨설팅 엔지니어 중 한 사람이 되었다.

이처럼 과학자와 기술자로서 명성을 얻은 스미턴은 1768년의 한 보고서에서 자신을 "민간 엔지니어"라고 불렀다. 아마 당시 스미턴은 이 말을 토목공학에 국한하기보다는 공병과 비슷한 일, 즉 전문적인 기술 활동을 하는 민간인이란 뜻으로 썼을 것이다. 이 용어는 18세기 후반 대거 등장한 새로운 기술자 사이에서 자신들의 위상을 잘 드러내는 말로 받아들여졌다. 당시 지도급 토목 기술자는 주문받은 기계 장치 따위나 만들던 수공업 기술자나 공방에 고용된 수차 제작자와 자신들이 다르다고 생각했다. 왜냐하면 자신들은 공공성 있고 사회적으로 중요한 기술을 새롭게 만들어내는 민간 전문가이며 독립적으로 고객을 상대하는 기술 자문역이었기 때문이다. 다른 분야에서 공공성 있는 대규모 산업이 아직 등장하기 전이었기 때문에 민간 엔지니어의 주된 활동 영역은 토목 분야였다. 따라서 민간 엔지니어라는 용어는 종종 토목 엔지니어와 같은 뜻으로 사용되었다. 특히 1771년 새로운 정체성을 가진 전문가 집단을 표방하면서 스미턴 주도로 토목 엔지니어 단체(Society of Civil Engineers)를 결성했는데, 그 회원 대다수가 토목 분야에서 일했기 때문에 오래지 않아 토목 엔지니어는 민간 엔지니어 또는 엔지니어 전체를 나타내는 용어로 이해되었다.

토목 엔지니어 단체는 여러 명의 전문 기술자가 '엔지니어라는 이름을 내걸고' 만든 첫 번째 조직이었다. 사실 초기의 토목 엔지니어 단체는 학문 토론의 장이나 전문직 단체라기보다 스미턴을 중심으로 엔지니어 또는 과학기술에 관심 있는 저명인사가 정기적으로 모여 식사를 하면서 과학기술에 대해 토론하는 사교 모임에 가까웠다. 11명으로 시작한 토목 엔지니어 단체의 회원은 1800년에는 총 42명으로 늘어났다. 토목 엔지니어 단체는 토목 엔지니어를 주축으로 구성되었지만, 이들의 활동과 연관이 깊은 다른 분야의 전문가, 예를 들면 왕립 학회 회원, 건축가, 수차 제작자, 사업가 등에게도 회원 자격을 주었다. 말하자면 토목 엔지니어 단체는 18세기 말 빠르게 성장하는 산업 기술과 관련 있는 스미턴의 '좋은 친구들' 모임으로 출발한 셈이다. 1792년 스미턴이 죽은 뒤, 토목 엔지니어 단체는 스미턴 토목 엔지니어 단체(Smeatonian Society of Civil Engineers)로 이름을 바꾸고 운영 방식도 제도적으로 정비했다. 토목 엔지니어 단체는 19세기 내내 존속하며 소수의 명망 있는 신사-엔지니어의 사교 모임이라는 성격을 유지했다. 앞으로 이 글에서 언급할 대표적인 영국 엔지니어 중 상당수는 토목 엔지니어 단체의 회원이기도 했다.

스미턴은 여러 측면에서 이후의 엔지니어, 특히 토목 엔지니어에게 전문직 엔지니어 상을 남겼다. 그것은 바로 영국 엔지니어의 고유한 모습, 즉 '신사-엔지니어'였다. 이미 말한 대로 스미턴은 전통적인 장인과 달리 기술의 이론적 기초에 정통했고, 대학의 과학자와 달리 이론을 현장에서 구현할 수 있었다. 동시에 그는 토목 분야 기술 자문으로서 투자자 또는 고객과 현장의 기술 인력을 매개하는 역할을 했다. 이를 위해 기술 현장의 감독 업무 외에 전문성을 바탕으로 계획을 수립하고 의회에 제출할 운하 건설 관련 법안 작성에 참여하는 등의 활동도 했다. 법률을 공부한 적이 있는 스미턴은 자신의 이러한 여러 가지 활동을 법률가가 의뢰인에게 제공하는 서비스와 비슷한 것으로 간주했다. 그뿐만 아니라 전문성을 기반으로 엔지니어로서 명성과 사회적 지위 그리고 부를 이루었고, 신사 계층 사람들과 어울리는 등 신사로서 면모도 갖추었다. 스미턴은 이후 토목 엔지니어들에게 하나의 역할 모델이 되었다.

3 엔지니어의 성장과 분화

산업혁명이 전개되면서 엔지니어의 양적 성장과 사회적 지위 향상이 빠른 속도로 일어났다. 특히 산업혁명의 주된 기술 흐름이 몇 십 년을 단위로 도로, 운하, 철도와 증기 기관차, 증기 동력 등으로 크게 변화하면서 엔지니어의 전문 영역도 넓어졌다. 스미턴 이래로 토목 엔지니어는 전문직으로서 위상을 세우는 데 관심을 보였고, 그 결과는 전문 단체의 설립으로 나타났다. 소수의 명망가 중심이던 토목 엔지니어 단체와 별도로 전체 토목 엔지니어를 대표할 수 있는 단체가 조직되었다. 그러나 시간이 지나면서 기술의 세분화가 이루어지자 엔지니어 사회 내에서도 분야별로 전문성을 대표할 수 있는 독자적인 단체를 조직하기 시작했다. 즉 19세기는 전체로서 엔지니어가 성장함과 동시에 전문성에 따른 엔지니어의 분화가 일어난 시기였다.

3.1 토목 엔지니어의 집단화

토목 엔지니어의 집단화는 1818년 토목 엔지니어 협회(Institute of Civil Engineers, ICE)의 설립과 함께 가시화되었다. 토목 엔지니어 협회 설립의 사회적 배경으로는 첫째, 토목 엔지니어 단체를 통해 지난 30~40년간 토목 엔지니어라는 용어가 사회에 정착되었다. 토목 분야에서 전문성을 인정받고 사회적 지위와 부를 얻은 인물들이 토목 엔지니어를 자처했기 때문에 토목 엔지니어가 '토목 엔지니어 단체 회원 같은' 특징을 가진 사람을 가리키는 말로 자리를 잡기 시작했다. 둘째, 도로와 운하, 특히 1790년 이후에는 운하 건설 사업을 중심으로 수많은 토목 분야 전문 기술자가 존재했다. 이들은 주로 토목 엔지니어 단체 회원 수준의 명망 있고 영향력 있는 토목 엔지니어의 도제 및 조수 훈련을 거쳐 배출된 새로운 세대였다. 1810년대 이후에는 신사-엔지니어가 중심인 사교 모임 성격의 토목 엔지니어 단체로는 급성장하는 새로운 세대의 토목 엔지니어를 모두 대표할 수 없게 되었다. 토목 엔지니어 단체가 있음에도 불구하고 새로운 엔지니어 단체 설립이라는 아이디어가 나온 것은 바로 이 때문이다.

토목 엔지니어 협회를 만든 주역들이 처음 목표로 삼은 것은 이미 일가를 이룬 명망 있는 엔지니어의 사교 클럽 같은 단체가 아니라 본격적인 학술 단체였다. 토목 엔지니어 단체를 창립한 스미턴 같은 제1세대 토목 엔지니어는 독학을 통해 새로운 기술과 공법을 스스로 익히고 개발해 새로운 기술 영역을 확립했다. 그 결과 19세기 초에는 토목, 특히 운하 부문에서 기술적 기반이 잘 갖추어졌다. 따라서 토목 엔지니어 협회를 제안한 젊은 토목 엔지니어 세대는 처음부터 이미 확립된 기술 현장에서 토목 엔지니어의 도제나 문하생으로서 체계적인 훈련을 받았다. 말하자면 이들은 토목 엔지니어가 사회적으로 존재하는 환경에서 경력을 시작했고, 시작부터 토목 엔지니어로서 기술 전문성을 강조하는 교육을 받았다. 그리고 도제를 마친 후에는 토목 사업 현장에서 시공과 관련한 실질적인 업무를 관리 감독하는 역할을 주로 맡았다. 기존의 전통도 없고 독학을 통해 스스로 기술을 만들어낸 선배 세대와 달리 이들은 전문성 확보를 위한 학습과 지식 교류의 필요성을 느꼈다. 그러나 이들이 활용할 수 있는 적절한 교육 기관이 없고 유일한 전문 단체격인 토목 엔지니어 단체의 자격 조건은 이들에게 너무나 높았다.

그래서 토목 엔지니어 협회는 애초 젊은 토목 엔지니어의 실질적인 학습 또는 지식 증진을 통한 전문성 확보를 목표로 삼았다. 토목 엔지니어 협회를 처음 제안한 것으로 알려진 팔머(Henry R. Palmer, 1795~1844)는 당시 23세의 문하생(pupil) 신분이었고, 다른 창립자들의 평균 나이 역시 25세밖에 되지 않았다. 이들은 엔지니어가 "철학자와 현장 기계공을 매개하는" 존재이므로 "현장 지식(practical knowledge)과 이론 지식을 모두" 갖추어야 한다고 생각했다. 토목 엔지니어 협회는 이러한 "필수 지식의 상호 교육"을 촉진하기 위한 조직이었다. 실질적인 학습 활동을 위해 회원 자격을 20~35세로 제한해 경력이 높고 명망을 얻은 엔지니어의 참여를 오히려 배제했다. 또한 회원들은 매주 한 가지씩 주제 발표를 하고 토론에 참여해야 한다는 규정을 두었다.

토목 엔지니어 협회 같은 학술 단체는 18세기 말과 19세기 초 영국에서 널리 확산된 사회 흐름 중 하나였다. 토목 엔지니어 단체는 사교 모임 성격이 강했지만 기술 토론이나 논문집 발간, 도서관 운영 등 지식 활동에도 관심을 두었다. 1775년에 공식 출범한 버밍엄의 루너 협회(Lunar Society)는 지역의 산업가, 과학자, 엔지니어의 학술 모임과 사교 모임이라는 성격을 모두 가지고 있었다. 와트는 비록 과학을 체계적으로 교육받은 적이 없지만 루너 협회의 회원들과 교류하며 증기 기관의 원리를 과학적으로 설명할 수 있었다. 또 다른 예로, 1807년에 설립한 런던 지질학회(Geological Society of London)는 학술 모임과 대중 강연을 통해 지질학을 단숨에 최고 인기 과학으로 만들고 지질 탐사를 신사들의 고상한 여가 활동으로 격상시켰다. 19세기 영국에서는 특정한 기관에 소속되지 않고 경제적으로 독립된 존재로서 과학을 공부하고 연구하는 사람들이 있었는데, 이들을 "신사-과학자(gentleman-scientist)"라고 불렀다. 런던 지질학회에 참여하는 신사-과학자 상당수는 동호인 수준이었지만, 이 학회를 주도한 중심인물은 전문 과학자들이었다. 전문성을 갖춘 신사-과학자의 대표적인 인물은 진화론을 주창한 다윈(Charles Darwin, 1809~1882)이었다. 다윈은 연구와 저술 활동 이외에 다른 직업을 가진 적이 없었고, 출판을 제외하면 런던 지질학회를 중심으로 학문 활동을 수행했다.

청년 토목 엔지니어의 학술 단체를 표방한 토목 엔지니어 협회는 이상과 달리 설립 후 심각한 운영난을 겪었다. 토목 엔지니어 단체와 루너 협회 등은 이미 신사이거나 사회적으로 어느 정도 자리를 잡은 사람들이 회원인 반면 토목 엔지니어 협회는 경력 초기의 현장 엔지니어를 대상으로 했기 때문이다. 현장의 젊은 토목 엔지니어에게는 별도로 회비를 내고 매주 한 번씩 토론에 참여할 정도로 토목 엔지니어 협회를 통한 지식 교류의 필요성이 절실하지 않았으며 그럴 만한 시간적 · 경제적 여유도 없었다.

난관에 부딪친 토목 엔지니어 협회를 토목 엔지니어 대표 단체로 발전시킨 것은 60대에 접어든 저명한 토목 엔지니어 텔퍼드였다. 토목 엔지니어 협회는 조직의 존립을 위해 당시의 최고 토목 엔지니어인 텔퍼드에게 회장직을 제안했다. 텔퍼드는 석공에서 시작해 도로, 다리, 운하 건설에 이르기까지 토목의 전 분야에 걸쳐 명성을 얻었고 1818년 당시에는 스미턴 이후 최고의 토목 엔지니어 중 한 사람으로 대접받고 있었다. 텔퍼드는 토목 엔지니어 협회가 공학 분야에서 런던 지질학회 같은 전문 단체 역할을 할 수 있을 것으로 보았다.

1820년 토목 엔지니어 협회 회장이 된 텔퍼드는 1834년 죽을 때까지 15년 동안 엔지니어 전문 단체로서 토목 엔지니어 협회의 기틀을 잡기 위해 노력했다. 토목 엔지니어 단체가 소수에 국한된 조직이기 때문에 텔퍼드는 토목 엔지니어 협회가 토목 엔지니어 전체를 대표할 수 있는 조직이 되어야 한다고 생각했다. 그래서 먼저 가입 연령 제한을 없애고 경륜 있는 저명한 엔지니어를 회합에 초청하거나 영입해 회원의 범위를 넓혔다. 1825년에는 규정을 정비해 회원 가입 절차, 회장 선출 방식, 정기 모임, 정기 간행물 발간 등 조직 운영을 체계적으로 제도화했다. 특히 회원 자격을 세분화해 많은 토목 엔지니어와 인접 분야 인사들이 경력과 지위에 맞는 자격으로 참여할 수 있도록 했다. 이런 변화의 결과 토목 엔지니어 협회는 처음의 젊은 엔지니어 학술 모임 성격에서 벗어나 경력 엔지니어의 전문 단체인 동시에 학술 단체로서 제도적 기틀을 갖추게 되었다. 그러나 토목 엔지니어 협회 회원 자격이 경력 엔지니어에게 실질적인 혜택을 별로 주지 못했기 때문에 토목 엔지니어 협회의 성장은 토목 엔지니어 전체의 성장에 비하면 느렸다.

토목 엔지니어 협회를 토목 엔지니어를 대표하는 실질적이고 권위 있는 단체로 우뚝 세운 것은 1828년의 왕실 특허장(Royal Charter)이었다. 영국은 민간 영역에 대한 정부의 권한이나 개입이 프랑스와 독일에 비해 약했다. 그래서 정부는 직접 통제하거나 관리하는 대신 민간의 대표들에게 왕실 특허장을 내려 스스로 규제하도록 권한을 위임하고 최소한의 감독 기능만 수행했다. 그뿐만 아니라 왕실 특허장을 남용하지 않으려고 노력했다. 따라서 영국에서 왕실 특허장을 받는 것은 해당 분야가 사회적으로 중요하고 해당 기관이 그 분야에서 최고의 권위와 자율적 규제 권한을 가진다는 뜻이었다. 토목 엔지니어 협회는 법률 자문을 맡고 있던 변호사 W. 투크(W. Tooke)의 제안에 따라 왕실 특허장 청원서를 제출했고 마침내 1828년 6월 초 국왕 조지 4세가 수여하는 왕실 특허장을 받았다. 청원서는 토목공학을 "인간의 편의와 사용을 위해 자연에 대한 거대한 힘의 원천을 지배하는 기예"로 폭넓게 정의해 기술 일반을 모두 포함했다.

왕실 특허장 역시 토목 엔지니어 협회의 전문 영역을 토목에 국한하지 않고 도시 건설 전 분야 그리고 기계류 도입과 제작 등으로 규정했다. 1828년에는 아직 철도와 전신이 등장하지 않았기 때문에 이러한 영역은 사실상 공학 전체를 뜻하는 것이었다. 왕실 특허장에서는 토목 엔지니어의 전문 영역을 인간의 편익을 위해 자연의 위대한 힘을 다루는 기술로 규정하고, 토목 엔지니어 협회를 기계과학(mechanical science) 중에서도 특히 이러한 기술의 습득과 발전을 책임지는 기관으로 정의했다. 이로써 토목 엔지니어 협회는 사실상 토목 엔지니어뿐 아니라 엔지니어 집단 전체를 대표하는 기관으로서 위상을 갖게 되었다. 실제로 1840년대까지 토목 엔지니어 협회에는 토목 엔지니어뿐 아니라 증기기관, 정밀 기계, 공작 기계 등에서 이름을 날리던 기계 엔지니어도 신사의 풍모를 갖출 정도가 되면 정회원이 될 수 있었다.

왕실 특허장 이후 토목 엔지니어 협회는 1830년대를 거치며 엔지니어를 대표하는 전문 단체로서 위상을 확실히 굳혔다. 먼저 회원 수가 빠르게 증가했다. 19세기 초 영국에서 토목 엔지니어의 자격 조건은 별다른 것이 없었다. 대부분의 토목 엔지니어는 현장에서 도제 제도를 통해 배출되었기 때문이다. 엔지니어의 능력은 엔지니어 동료들의 평가와 사회 평판에 의존했다. 이런 점은 토목 엔지니어 협회에서도 마찬가지였다. 토목 엔지니어 협회 회원이 되기 위해서는 경력, 기존 회원의 추천과 운영위원회의 심사가 중요할 뿐 다른 제도적 자격 조건은 없었다. 토목 엔지니어 협회가 전문 단체로서 위상을 세워감에 따라 토목 엔지니어 협회 회원 가입이 곧 엔지니어로서 능력을 인정받는 것과 같은 역할을 하게 되었다. 그리고 바로 이것이 엔지니어가 토목 엔지니어 협회 가입을 원하는 동기가 되었다. 토목 엔지니어 협회 회원 자격이 곧 토목 엔지니어로서 전문성을 인증받는 것처럼 되자, 전문성과 경력에 따라 회원의 등급을 나누는 제도를 도입했다. 1834년 토목 엔지니어 협회는 경력에 따라 회원 자격을 세분화해 기존 정회원(Member)과 부회원(Associate) 외에 갓 도제를 마친 경력 초기의 엔지니어를 위해 '준회원(Graduate)' 자격을 새로 만들었다.

제도 정비 외에 텔퍼드는 자신의 사후 토목 엔지니어 협회가 학술 단체로서 기반을 갖추는 데에도 일조했다. 그는 2000파운드를 출연해 협회 기금을 만들고 이 금액에서 발생하는 수익을 협회 자율로 집행할 수 있도록 했다. 그래서 협회는 1835년부터 매년 우수한 논문을 쓴 필자(회원, 비회원 상관없이) 3명을 선발해 이들에게 텔퍼드 메달을 주기 시작했다. 그 밖에 텔퍼드는 책, 각종 유인물과 설계도 그리고 책장까지 기증해 토목 엔지니어 협회 도서관의 기반을 마련했다.

3.2 장인적 기계 엔지니어

기계 기술은 18세기 말과 19세기 초를 거치며 크게 발전했지만 이 시기 영국에는 당대의 기준으로도, 근대적 의미에서도 기계 엔지니어는 존재하지 않았다. 기계 기술자는 부와 사회 활동에서 신사-엔지니어와 거리가 멀었다. 또 정밀 공작 기계와 증기 기관 발전에도 불구하고 철도 붐 이전까지는 경험과 숙련에 바탕을 둔 개인 작업장에서 주로 주문 제작에 충실한 장인 전통에 머물렀다.

먼저 증기 기관 분야를 살펴보자. 1712년에 등장한 뉴커먼 증기 기관은 당시 굉장한 신기술이었지만 증기 기관의 개량과 제작은 전통적인 방식으로 이루어졌다. 뉴커먼 증기 기관은 증기의 팽창과 수축을 이용해 피스톤을 상하로 운동시키는 비교적 단순한 장치였다. 그러므로 장치에 능숙한 수차 제작자(mill wright)는 증기 기관을 수차처럼 개량하고 주문자의 요구에 맞게 제작할 수 있었다. 그 덕분에 연료 효율이 낮고 불안정한 작동 문제에도 불구하고 뉴커먼 증기 기관은 빠르게 확산되었다. 예를 들어, 운하 엔지니어가 되기 이전 브린들리는 수차 제작 경험을 살려 1750년대에 여러 개의 변형 뉴커먼 증기 기관을 제작할 수 있었다.

기술자의 뉴커먼 증기 기관 개량과 제작은 와트 증기 기관이 나온 후에도 계속되었다. 와트 증기 기관은 연료 효율, 작동 안정성 면에서 우월하고 회전 운동도 가능해 뛰어난 성능을 보였다. 그럼에도 불구하고 뉴커먼 증기 기관은 석탄 값이 상대적으로 낮은 탄광 지역과 탄광 인접 산업 지역에서 제작, 설치, 운전이 용이하다는 장점이 있었기 때문이다. 따라서 철도 건설 본격화 이전까지 존재했던 수많은 증기 기관 기술자는 숙련을 통한 기술 전문성은 있지만 사회적 위상이 낮은, 여전히 엔지니어라기보다 장인적 증기 기관 기술자에 가까웠다.

정밀 공작 기계는 증기 기관보다 늦게 등장했지만 비슷하게 장인 전통이 강했다. 19세기 초에 산업용 공작 기계의 정밀도를 군사 무기나 과학 기구용 공작 기계 수준으로 높인 사람은 헨리 모즐리(Henry Maudslay, 1771~1831)였다. 그는 정밀 금속 가공 기술을 익힌 뒤 자동 나사 절삭기(screw machine)를 개발했다. 모즐리의 자동 나사 절삭기는 지름 2인치, 길이 5피트의 나사에 1인치당 50개의 나사산을 가진 나사와 12인치 길이에 600개의 나사산을 가진 암나사를 깎아 정확하게 맞출 수 있었다. 모즐리는 이 공작 기계를 사용해 해군 선박용 블록의 자동 생산 라인을 제작함으로써 해군의 블록 수요를 효과적으로 충족했다. 이 사업의 성공으로 모즐리는 공작 기계 제작자로서 명성을 얻고 토목 엔지니어 협회 회원이 되었다. 그러나 토목 엔지니어와 비교하면 여전히 뛰어난 기계 장인에 가까웠다. 왜냐하면 자기가 주문받은 기계 제작에 정밀 공작 기계를 이용했을 뿐 판매용 정밀 공작 기계를 대량 제작할 생각은 없었기 때문이다. 모즐리에게 정밀 공작 기계는 장인들이 쓰던 '자기만의' 도구와 같았다. 이런 점에서는 모즐리의 도제 출신으로 정밀 공작 기계 분야에서 명성을 떨친 조지프 클레멘트(Joseph Clement, 1779~

1844)와 리처드 로버츠(Richard Roberts, 1789~1864)도 비슷했다.

역시 모즐리의 도제 출신이지만 다음 세대인 조지프 휘트워스 경(Sir Joseph Whitworth, 1st Baronet, 1803~1887)과 비교해보면 19세기 초반 정밀 기계 기술자들의 장인적 모습은 더욱 분명하게 드러난다. 철도 건설, 증기선 건조 등 규격화한 부품 제작의 수요가 커진 시기에 활동한 휘트워스는 균일한 부품 제작이 가능한 정밀 공작 기계를 개발했고, 이러한 기계를 처음부터 판매용으로 제작했다. 1841년에는 당시 통용되던 나사의 크기가 들쭉날쭉해서 생기는 문제를 인식하고, 나사산 평균값 55도를 표준 나사산 각도로 제안했다. 그리고 이 표준 나사를 생산할 수 있는 나사 절삭기를 개발해 판매했다. 이로써 많은 철물 제작소에서 같은 규격의 나사를 생산해 시장에 공급할 수 있었다. 이 나사는 철도 건설에 채택되어 일부 규격화를 이루었고, 훗날 영국 표준 중 하나가 되었다.

휘트워스는 저명한 토목 엔지니어처럼 활발한 사회 활동도 펼쳤다. 예를 들어, 맨체스터의 기계공 협회(Mechanics' Institute)를 후원하고, 1868년에는 휘트워스 장학금을 만들어 능력 있는 기계 엔지니어 지망생을 지원했으며, 왕립 학회의 회원으로 선출되어 학술 활동도 펼쳤다. 휘트워스가 스승 또는 선배 세대의 기계 기술자와 달리 신사-엔지니어의 풍모를 보일 수 있었던 것은 1830년대 이후 철도 분야를 중심으로 기계 산업이 빠르게 성장하고, 기계 분야에서도 전문성을 강조했기 때문이다. 그러나 휘트워스는 당대 기계 분야에서 예외적인 경우였다.

3.3 철도 붐과 철도 엔지니어의 성장

기계 분야의 변화는 '철도 붐'과 함께 시작되었다. 토목공학에서 18세기 후반에 일어난 엔지니어의 양적 및 질적 성장이 기계 분야에서는 1830년대 이후 철도 건설과 함께 일어났다. 그리고 이 시기에 스티븐슨 부자(George Stephenson, 1781~1848, Robert Stephenson, 1803~1859)나 휘트워스같이 전문성과 사회적 명성을 함께 얻은 신사-엔지니어로서 면모를 갖춘 엔지니어가 기계 분야에서도 등장하기 시작했다. 증기 기관 기술자는 철도 엔지니어로 불리게 되었고, 정밀 기계 제작자는 나사의 표준화 및 공작 기계 보급처럼 작업장에서의 기계 제작을 넘어 복합적인 기계 기술 문제를 고려하게 되었다.

기계 엔지니어가 철도 사업을 통해서 성장할 수 있었던 것은 철도 사업의 특성 때문이다. 철도 사업은 기술과 사회경제적 요소의 대규모 복합체이다. 성능 좋은 증기 기관차 개발은 철도 사업의 필요조건일 뿐 충분조건이 아니다. 운하 건설이 단순한 토목 공사가 아니듯 철도 사업에서도 증기 기관차와 철로 기술 개발 외에 노선 계획과 측량, 사업비 추산, 입법 활동, 다리 건설 같은 장기간에 걸친 대규모 토목 사업 관리 감독 등의 활동이 필요하다. 증기 기관 기술자가 이런 경험을 하게 된 것은 철도 사업 덕분이고, 조지 스티븐슨과 그의 아들 로버트 스티븐슨은 그 첫 번째이자 가장 대표적인 사례였다.

철도 사업과 관련을 맺기 전까지 조지 스티븐슨은 전형적인 증기 기관 기술자였다. 가난한 집안에서 태어나 정규 교육이나 도제 생활을 하지는 못했지만 타고난 손재주와 눈썰미를 바탕으로 독학해서 증기 기관 기술을 익혔고 탄광에서 증기 기관 제작자로 일했다. 그는 실력 있는 증기 기관 제작자였다. 그러나 증기 기관의 성능 개선 · 주문 제작 · 고장 수리 등을 담당하는, 당시에는 흔한 증기 기관 기술자 중 한 사람이었다. 그럼에도 그는 정규 교육과 과학기술 지식을 중시해 아들 로버트 스티븐슨을 도제로 보내는 대신 정규 학교에 입학시켜 교육을 받게 하고 대학에도 보냈다. 그리고 자신 역시 증기 기관과 관련한 기술적 성과를 꾸준히 습득했다. 그는 리처드 트레비식(Richard Trevithick, 1771~1833)이 발명한 철로를 달리는 증기 기관차에 대해서도 알고 있었다. 트레비식은 증기 기관차가 말이 끄는 수레보다 빠르다는 것을 보여주기 위해 광장에 레일을 설치하고 사람들이 보는 앞에서 증기 기관차 운전 시연을 했다. 이때 트레비식이 사용한 철로는 증기 기관차의 무게를 견디지 못했기 때문에 속도가 느리고 실용적이지 못했다. 한마디로 새로운 기술로서 성공은 했지만 실용성은 없었다.

조지 스티븐슨은 뉴캐슬에 있는 탄광 연합으로부터 트레비식 방식의 레일 위를 달리는 증기 기관차 제작을 의뢰받은 것을 계기로 철도 사업에 뛰어들었다. 그는 트레비식의 철로 문제를 기술적으로 해결했다. 증기 기관차를 개량했을 뿐만 아니라 증기 기관차의 무게를 견딜 수 있는 철로를 함께 개발했고, 마침내 1820년에는 말보다 빠른 증기 기관차 운행에 성공했다. 이어서 탄광의 소규모 선로와 증기 기관차 제작을 통해 축적한 경력을 기반으로 1825년 최초의 철도인 스톡턴-달링턴 노선을 성공적으로 건설했다. 총 연장 19킬로미터의 스톡턴-달링턴 노선은 화물을 실어 나르는 용도의 철도였다. 이어서 그는 1825년 착수한 리버풀-맨체스터 노선 사업의 책임을 맡아 마침내 1830년 세계 최초의 여객 철도를 성공적으로 완성했다. 리버풀-맨체스터 노선의 성공으로 조지 스티븐슨은 "철도의 아버지"가 되었다.

리버풀-맨체스터 노선 건설은 스톡턴-달링턴 노선을 제외하면 증기 기관 제작 분야에서만 경력을 쌓은 조지 스티븐슨에게 엔지니어로서 새로운 경험이었다. 여객 철도 사업을 추진하기 위해서는 이미 능력을 입증한 증기 기관차와 철도 레일의 성능 개선 외에도 책임 엔지니어로서 해결해야 할 다른 문제가 많았기 때문이다. 예컨대 노선 확정을 위한 측량, 공사비 산정, 평평한 철로를 위한 다리 설계와 건설, 객차의 안전성 보장 등이다. 스미턴이나 텔퍼드처럼 운하 건설을 주로 하던 토목 엔지니어는 이런 업무에 익숙했지만, 조지 스티븐슨은 리버풀-맨체스터 노선을 통해 처음 경험을 쌓았다. 조지 스티븐슨이 철도 부설 공사에 집중하는 동안 실제 투입될 여객 증기 기관차를 개발한 것은 그의 아들 로버트 스티븐슨이었다. 아버지의 도제를 거친 로버트 스티븐슨은 53분에 약 19킬로미터를 안정적으로 달리는 증기 기관차 "로켓(Rocket)"을 개발했다.

리버풀-맨체스터 노선의 성공으로 철도는 운하에 이어 대자본을 투자해 많은 이익을 기대할 수 있는 산업 분야가 되었다. 1830년대부터 1840년대까지 철도 산업은 빠르게 성장했는데, 특히 1836~1837년에는 44개 회사가 총 연장 2410킬로미터의 사업 계획을 승인받아 '철도 붐'이 일어났다. 1837년 이후 경기 후퇴와 금융 경색으로 새로운 사업

계획은 주춤했다. 그러다 1845~1847년에 다시 한 번 철도에 대한 투자자의 관심이 증가해 4년 동안 무려 626개 회사가 승인받은 철도 건설의 총 연장은 1만 5340킬로미터에 달했다. 철도 붐을 넘어 가히 '철도 광풍'이라 부를 만했다. 물론 인가받은 사업 계획이 모두 실행된 것은 아니기 때문에 실제 건설 규모는 이보다 작았다. 그럼에도 불구하고 1852년까지 영국에 건설된 철도의 총 연장은 1만 2000킬로미터에 이르렀다. 이는 현대 영국 철도 총 연장의 약 3분의 1에 해당하고, 영국의 주요 도시를 잇는 간선 철도망을 대부분 포함했다. 리버풀-맨체스터 노선을 개통한 지 불과 20년 만에 이루어낸 성과였다. 1830년부터 1850년에 이르는 20년 동안 영국 전역의 주요 도시에서 동시 다발로 철도 건설이 이루어지고 있었던 셈이다.

철도 산업의 빠른 성장과 함께 철도 분야에 종사하는 전문 기술자를 가리키는 철도 엔지니어라는 용어가 생겨나기 시작했다. 마치 운하 광풍의 시대에 사회적으로 존재감을 갖게 된 전문 기술자를 운하 엔지니어라고 부른 것과 비슷한 맥락이었다. 증기 기관차 운행을 위한 철도 사업은 철로 부설에 따른 다리 및 터널 건설 등의 토목 영역과 증기 기관차의 개량, 제작, 운전과 유지 보수 등의 기계 영역으로 크게 나뉜다. 철도의 대명사로 떠오른 스티븐슨 부자는 맨체스터-리즈, 맨체스터-버밍엄, 런던-버밍엄 노선 건설의 책임 엔지니어로 활약하면서 두 영역을 모두 관장했다. 특히 아직 30대 초반인 젊은 로버트 스티븐슨은 한편으로는 증기 기관차 제작소를 운영하고 다른 한편으로는 책임 엔지니어로서 철도 부설과 관련한 토목 영역에서도 두각을 나타냈다.

토목 엔지니어를 통해 확립된 엔지니어의 위상에 비추어보면, 철도 엔지니어는 철도 분야의 기술 전문가로서 상당한 사회적 위상을 가진 사람을 가리켰다. 이미 상당한 지명도를 얻은 스티븐슨 부자는 철도 엔지니어란 용어에 가장 적합한 인물들이었다.

철도 산업의 확대와 더불어 철도 엔지니어도 성장했지만, 실제 철도 엔지니어라 일컬은 사람들은 대부분 증기 기관차 관련 전문 기술자였다. 철도 건설 사업에서는 토목 공사의 비중이 컸다. 그 때문에 철도 건설 사업의 주역은 대부분 토목 엔지니어 출신이었다. 특히 철도 노선이 강 또는 계곡을 건너거나 높은 산 등 지형이 험한 곳을 지날 경우 더욱 그러했다. 토목 엔지니어의 위상이 어느 정도 확립된 시기에 경력을 시작한 토목 엔지니어 이잠바드 킹덤 브루넬(Isambard Kingdom Brunel, 1806~1859)이 건설한 대서부 노선(Great Western Railway)을 살펴보자. 1835년 착공한 대서부 노선은 런던에서 브리스톨과 엑스터까지, 잉글랜드 남서부와 서부 그리고 웨일스를 지나는 간선 철도 중 하나였다. 이 사업에서 브루넬은 템스 강 하상 터널 공사에 참여했던 경험을 살려 배스(Bath)와 치펜햄(Chippenham)을 연결하는 구간에 복스 구릉(Box Hill)을 가로지르는 터널을 건설했다. 길이 2950미터의 복스 터널은 설계 당시 많은 엔지니어들의 반대에 부딪쳤고, 1841년 완공할 당시 세계에서 가장 긴 터널일 정도로 도전적인 공사였다. 스티븐슨 부자를 제외하면 철도 분야에서 이름을 날린 엔지니어 상당수는 이처럼 토목 엔지니어였다. 따라서 이 시기에 철도 엔지니어의 수는 급성장했지만, 이들은 대부분 증기 기관차 관련 전문 기술자들이었다.

증기 기관차 분야에 종사하던 철도 엔지니어는 토목 엔지니어에 비할 바는 아니라 하더라도 철도 산업의 성장과 함께 엔지니어로서 전문 기술 활동을 경험했다. 토목 엔지니어 출신이 책임을 맡은 철도 사업에서는 대개 증기 기관차 관련 기술자가 부(副)엔지니어로서 기계 부문을 담당했다. 예를 들어 브루넬이 맡은 대서부 노선 사업에서 3명의 부엔지니어 중 2명은 조지 스티븐슨의 도제 출신 대니얼 구치(Daniel Gooch, 1816~1889)와 조지프 암스트롱(Joseph Armstrong, 1816~1877)이었다. 철도 사업에 참여한 증기 기관 기술자는 증기 기관차의 생산과 이용 증가에 따라 균일한 증기 기관차 제작을 위한 설비를 개발하고 표준화하는 작업을 했다. 제작과 설치 이후에는 운전 과정에서 필요한 유지 및 보수를 맡았다. 이들은 철도 건설 사업에 참여함으로써 대규모 기술 사업의 체계적 기획, 관리, 시공 경험을 얻었다. 철도 엔지니어라는 말을 널리 사용한 것을 보면 기술 현장에서 이들의 전문성과 지위가 분명 제분소용 증기 기관 제작자나 기계공보다 높았다는 것을 알 수 있다.

그럼에도 불구하고 1840년대 말까지도 기계 분야의 독자적 기술 전문성에 대한 인식은 상대적으로 미흡했고, 철도 엔지니어나 기계 엔지니어는 사회적 위상에서 토목 엔지니어에 미치지 못하는 존재였다. 철도 엔지니어 중에서 철도 사업의 책임 엔지니어급이 될 정도로 교육을 받고 경력을 갖춘 엔지니어, 예를 들어 증기 기관차 분야에서 경력을 시작한 대표적인 철도 엔지니어 로버트 스티븐슨 같은 사람은 과학 단체 회원이 되고 명성을 얻어 신사-엔지니어의 면모를 갖추면 토목 엔지니어 협회에 가입할 수 있었다. 실제로 로버트 스티븐슨은 1855~1857년까지 2년간 토목 엔지니어 협회 회장을 역임하기도 했다. 그러나 기계에만 종사하는 대부분의 철도 엔지니어는 토목 엔지니어 협회 가입이 어렵거나 가입하더라도 부회원 자격에 그쳤다. 즉 1840년대 중반 영국의 산업 현장에서는 기계 분야에 종사하는 전문 기술자 집단이 성장하고 있었지만, 사회적으로는 확립된 토목 엔지니어 외에 철도 엔지니어가 있었을 뿐이다.

3.4 기계 엔지니어 협회의 설립

1840년대 중반 영국의 기계 산업은 공장용 증기 기관 및 증기 기관차와 이를 만들기 위한 제작 설비를 중심으로 성장했으며 이 분야에 종사하는 기계 기술자의 수도 증가했다. 이들은 주로 버밍엄, 리버풀, 맨체스터 같은 잉글랜드 중북부의 산업 도시에 집중되어 있었다. 이들은 기술 전문성을 갖추었지만 모두가 철도 산업에 종사한 것은 아니었다. 따라서 철도 엔지니어라는 용어로는 이들을 모두 포괄할 수 없었다. 런던을 기반으로 한 명망 있는 신사-엔지니어 중심의 콧대 높은 토목 엔지니어 협회는 더더욱 이들을 대표하지 못했다.

이런 배경 속에 영국 엔지니어 사회에서는 1847년 제도적으로 흥미로운 변화가 일어났다. 이미 왕실 특허장을 얻어 명실공히 최고 권위를 가진 토목 엔지니어 협회가 공학 전 분야를 대표하는 상황에서 기계 엔지니어 협회(Institute of Mechanical Engineers, IME)를 새롭게 설립한 것이다. 1846년 버밍엄에서 엔지니어 8명이 독자적인 단체, 즉 기계 엔지니어 협회를 만들자는 취지의 문서를 지역 기술자들에게 돌렸다. 이 제안은 예상보다 많은 호응을 얻었고, 그 결과 바로 다음 해인 1847년 버밍엄에서 기계 엔지니어 협회가 출범했다.

기계 엔지니어 협회 설립 제안이 어떤 배경에서 이루어졌는지에 대해서는 흥미로운 설명이 있다. 토목 엔지니어 협회가 조지 스티븐슨의 회원 가입을 거절하자 이에 불만을 품은 철도 엔지니어가 자신들의 선구자격인 그의 위상과 업적을 인정하는 조직을 만들자고 제안했다는 것이다. 기계 엔지니어 협회 발의자 중 다수가 철도 회사의 증기 기관차 또는 기계 엔지니어였고, 토목 엔지니어 협회에 가입하지 않았던 만년의 조지 스티븐슨이 기계 엔지니어 협회 초대 회장직을 수락했다는 사실이 이러한 설명을 그럴듯하게 만든다. 그러나 이 설명은 정확하지 않다. 조지 스티븐슨이 토목 엔지니어를 "런던의 엔지니어"라고 불렀고 그들과 친분 관계를 맺지 않았던 것은 사실이지만 토목 엔지니어 협회가 조지 스티븐슨의 가입을 거절한 것은 사실이 아니기 때문이다. 이 에피소드는 진위 여부를 떠나 당시 철도 엔지니어의 사회적 지위가 토목 엔지니어 협회 회원보다 낮았음을 보여준다.

철도 엔지니어에게는 그들만을 위한 조직을 구성할 실질적인 동기도 있었다. 별도의 기술학교나 교육 프로그램이 없는 상황에서 기계 분야에서도 전문 지식을 논의하고 정보를 교류할 필요가 생겼다. 마치 처음 토목 엔지니어 협회를 만들자고 제안했던 젊은 토목 엔지니어들과 비슷한 필요성을 느낀 것이다. 또 철도 엔지니어를 중심으로 한 기계 종사자는 자신들이 전통적인 장인 수공업자나 기계공과 다른 전문성을 가졌다고 인식했다. 그래서 자신들의 달라진 위상과 지위를 보여줄 무엇인가가 필요하다고 생각했다. 그런데 런던의 신사-엔지니어가 중심인 토목 엔지니어 협회는 지리적으로나 사회적으로 너무 멀었다. 별도의 대표 조직이 필요하다는 인식은 꽤 널리 퍼져 있었던 듯싶다. 왕실 특허장을 받은 토목 엔지니어 협회 회원이 누리는 지위와 명예 같은 특별한 가입 동기가 없음에도 불구하고 기계 엔지니어 협회는 설립 2년 만에 300여 명의 회원을 모았다. 토목 엔지니어 협회가 설립 직후 운영난을 겪었던 것과 대조적이다. 기계 엔지니어 협회 회원은 대부분 버밍엄과 인근 산업 도시의 철도 회사, 기계 제작 회사, 철공소 등에서 일하는 기술자들이었다.

기계 엔지니어 협회는 기계 엔지니어라는 용어를 널리 퍼뜨리는 데 기여했다. 사실 기계 엔지니어 협회 설립 이전에는 기계 엔지니어라는 말을 거의 사용하지 않았다. 기계 엔지니어 협회 설립을 주도한 철도 엔지니어는 이 점을 잘 알고 있었다. 그들은 기계 엔지니어 협회 발기문에서 기계 엔지니어를 '기계'를 중심으로 다양한 산업 활동에 종사하는 사람들로 규정했다. 정회원 자격은 "증기 기관이나 기계를 제작하는 조직, 어떤 종류의 기계라도 이용하는 조직의 관리자급이나 명망 있는 기계 엔지니어가 자격을 인정하는 21세 이상의 사람"이었다. 아울러 설립 취지는 "공장, 철도 등 여러 영역에 종사하는 기계공과 엔지니어가 서로 만나고" "기계과학"의 발전을 기반으로 지식을 증대하고 새로운 발명을 고취하는 것이었다. 토목 엔지니어 단체와 토목 엔지니어 협회가 운하 엔지니어 중심이었지만 토목 엔지니어, 나아가 전체 엔지니어를 대표하는 단체를 표방한 것처럼 기계 엔지니어 협회 설립을 주도한 철도 엔지니어는 전체 기계 분야 종사자를 아우르는 단체를 표방한 것이다.

기계 엔지니어 협회는 토목 엔지니어 협회 같은 전문 단체가 되기를 원했기 때문에 모든 면에서 토목 엔지니어 협회를 모델로 삼았다. 조직과 운영 규정, 특히 회원 자격, 정례 학술 발표 모임과 간행물 발간 등을 포함해 전문가 단체를 표방했다. 비록 기계 엔지니어 협회 회원 대다수는 지방 산업 도시의 이름 없는 기술자였지만 전국적인 명성을 가진 엔지니어를 회장단으로 추대해 전문 단체로서 이미지를 쌓으려고 애썼다. 초대 회장은 1847년 당시 기계 분야 종사자로서 가장 널리 알려진 조지 스티븐슨이었다. 그리고 1848년 조지 스티븐슨이 사망한 뒤에는 그의 아들 로버트 스티븐슨, 윌리엄 페어베른(William Fairbairn, 1789~1874), 휘트워스 등 다른 회원들과는 명성이나 지위 그리고 전문성에서 현격한 차이가 있는 명망가들이 차례로 회장직을 맡았다. 로버트 스티븐슨과 페어베른은 토목 엔지니어 협회 회원이면서 증기 기관차를, 휘트워스는 왕립 학회 회원이면서 공작 기계를 대표했다.

이러한 제도적 노력에도 불구하고 전문 단체로서 기계 엔지니어 협회의 사회적 위상은 오랫동안 미약했다. 사실 기계 엔지니어 협회는 설립 초기부터 회원 확보와 조직 운영 측면에서는 비교적 안정적이었다. 상대적으로 가입 조건이 느슨했기 때문이다. 기계 엔지니어 협회는 21세 이상이면 회원 가입 자격을 주었다. 당시에는 일반적으로 14~15세에 도제를 시작해 4~5년 정도의 수련 기간을 거쳤기 때문에 이 규정에 따르면 경력 초기의 기술자도 회원 가입이 가능했다. 토목 엔지니어 협회 회원이 되려면 도제를 마친 후 최소 5년 이상의 현장 경력이 필요한 것과 대조적이었다. 덕분에 기계 엔지니어 협회는 설립 첫 해에 회원 107명, 다음 해에 201명을 확보할 수 있었다. 이들은 대부분 버밍엄과 인근 산업 도시에 분포했다. 별다른 교육 기회를 갖지 못한 대다수 기계 엔지니어 협회 회원에게 정기 모임에서 기술 관련 논문을 발표하고, 학습하고, 토론하는 등의 지식 활동은 새로운 사회문화적 경험이었다. 1856년부터는 여름 정기 총회를 버밍엄이 아닌 다른 산업 도시에서 개최해야 할 정도로 회원 범위가 확대되었다.

이 같은 양적 성장에도 불구하고 기계 엔지니어의 사회적 존재감은 엔지니어 사회에서조차 크지 않았다. 토목 엔지니어 협회 역시 기계 엔지니어 협회를 경쟁 상대로 보거나 기계 엔지니어 협회 설립을 경계하지 않았다. 기계 엔지니어 협회가 대부분의 전문 단체가 몰려 있던 런던이 아니라 버밍엄에서 출발했다는 점, 기계 엔지니어의 정체성이 분명하지 않았다는 점, 신사 이미지를 가진 토목 엔지니어 협회 회원에 비해 기계 엔지니어 협회 회원의 전문성 · 경력 · 사회적 위상이 상대적으로 낮았다는 점 때문이다. 경계는커녕 토목 엔지니어 협회는 기계 엔지니어 협회가 런던에서 회합할 때 장소를 제공하는 등 편의를 제공하기도 했다. 설립 이후 오랫동안 기계 엔지니어 협회는 토목 엔지니어 협회보다 한 수 아래, 토목 엔지니어 협회의 지부 또는 영역을 세분화한 조직 정도로 간주되었다. 기계 엔지니어 협회가 왕실 특허장 청원서를 냈을 때 의회에서 "같은 분야에 이미 토목 엔지니어 협회라는 대표 단체가 있다"는 이유로 청원을 기각했을 정도다. 기계 엔지니어 협회는 1930년이 되어서야 왕실 특허장을 받을 수 있었다.

이 한계를 극복하기 위해 기계 엔지니어 협회는 회원 확보와 운영이 안정되자 전문성 강화를 시도했다. 첫째, 회원의 경력을 세분화하고 그에 따라 부회원 · 준회원 등의 회원 등급제를 도입했다. 1866년에는 정회원 나이 제한을 토목 엔지니어 협회처럼 24세로 높여 도제 이후 현장 경력을 중시했다. 둘째, 전문성을 강화하기 위해 기계 분야의 주요 문제 연구를 지원하는 200파운드의 별도 예산을 편성하는 등 지식 발전을 강조했다.

왕실 특허장은 없었지만 독자적인 전문 단체로 우뚝 서려는 기계 엔지니어 협회의 이상과 꿈은 1870년대 이후에야 부분적으로 실현되기 시작했다. 1877년 기계 엔지니어 협회는 설립 30년 만에 본부를 버밍엄에서 런던으로 옮겼다. 이는 산업 도시를 중심으로 한 지역 단체 성격이 강했던 기계 엔지니어 협회가 전국적인 조직을 갖춘 규모 있는 단체가 되었음을 보여주는 상징적인 사건이었다. 1860년대 이전까지 기계 분야는 수차, 증기 기관, 증기 기관차처럼 대부분 토목과 밀접한 관계를 맺고 있었기 때문에 명망 있고 실력 있는 토목 엔지니어는 두 분야를 넘나들 수 있었다. 그래서 기계공학과 기계 엔지니어가 독자적 전문성을 인정받기 어려웠다. 그러나 1860년대 이후 전신 · 전기 · 공작 기계 등의 기계 산업은 더욱 다양화되고 관련 종사자 수가 많아지고 관련 전문 지식도 체계화되기 시작했다. 여전히 토목 엔지니어 협회는 전체 엔지니어를 대표하는 위상을 누렸지만 19세기 중반을 넘어

서면 토목에서만 훈련받은 엔지니어가 기계 엔지니어로 활동하는 일이 더 이상 쉽지 않았다.

비록 독자적 위상을 얻기까지 오랜 시간이 걸렸지만 1847년의 기계 엔지니어 협회 설립은 영국 엔지니어 집단의 성장에서 의미 있는 사건이었다. 무엇보다 철도라는 제한된 영역을 벗어나 기계 산업 전반에 걸친 '기계 엔지니어'를 규정했다. 그리고 가시적인 기술 변화, 즉 거대 기계와 공장 설립 등의 변화를 포함함으로써 산업혁명에서 지방 산업 도시와 그곳 기술자들의 역할을 부각시켰다. 또 토목 엔지니어와 구분되는 독자적 전문성을 지닌 기계 엔지니어 상을 제시함으로써 엔지니어 집단의 전문성 경계 짓기를 시도했다. 그 결과 토목 엔지니어 협회를 중심으로 형성된 신사-엔지니어보다 사회적 위계상으로는 아래에 있지만 기술 전문성을 가진 집단으로까지 엔지니어의 범위를 확장할 수 있었다.

기계 엔지니어 협회의 설립과 성장은 기술 전문직으로서 엔지니어의 영역을 확대하고, 엔지니어라는 위상을 토목 분야에 국한하지 않고 확산하는 데 기여했다. 토목 엔지니어 협회에 대한 왕실 특허장에서 보듯 19세기 기계 엔지니어 협회 설립 이전까지 토목 엔지니어는 엔지니어 일반 또는 기술 전 분야의 엔지니어와 같은 의미로 사용되었다. 그러나 기계 엔지니어 협회 설립으로 기술 분과별 엔지니어에 대한 인식이 생겨났다. 1863년 설립한 가스 엔지니어 및 매니저 협회(Institution of Gas Engineers and Managers), 1871년 설립한 전신 엔지니어 단체(Society of Telegraph Engineers) 등을 그 예로 들 수 있다.

4 엔지니어 양성

영국에서는 어떤 경로를 통해 전문 엔지니어가 될 수 있었을까? 유럽 대륙에서는 일찍부터 국가의 지원을 받은 공학 교육 기관을 설립하고 이론과 실기를 혼합한 교육을 통해 필요한 인력을 양성했다. 그러나 영국은 다른 길을 걸었다. 산업혁명 이후에도 실기 위주의 전통적 도제 제도를 통해 기술 인력을 양성했으며, 이는 근대 엔지니어가 등장한 뒤에도 계속되었다. 특히 전문 엔지니어가 되기 위해서는 일종의 '귀족형 도제 제도'인 문하생 제도(pupilage)가 거의 필수 코스였다. 말하자면 실력 있는 엔지니어의 작업장 또는 기술 현장이 전문 교육 기관 역할을 한 것이다. 그리고 오랫동안 토목 엔지니어 협회 같은 전문 단체의 회원 가입 여부가 엔지니어로서 자격을 증명하는 장치로 작용했다.

이러한 방식은 의사, 법률가 같은 영국의 다른 전문직 양성에서도 일반적이었다. 영국 왕실은 민간 단체에 왕실 특허장을 수여해 권한을 위임하고 그 단체가 스스로 인력 양성과 자격 조건을 규제하도록 했다. 왕실 특허장을 받은 법률가 단체 또는 의사 단체가 인정하는 교육 기관이 양성 과정을 규제했으며, 대학 교육이 이들 전문직의 자격 요건은 아니었다. 이는 한편으로는 전문 단체의 영향력이 강했기 때문이고, 다른 한편으로는 대학 교육의 정착과 확산이 프랑스나 독일 등 다른 나라에 비해 늦었기 때문이다. 이와 관련해 유명한 일화가 있다. 1840년 저명한 의사 벤저민 브로디 경(Sir Benjamin Brodie, 1783~1862)은 아들을 의사로 키우려면 어떻게 해야 하는지 묻는 친구의 질문에 "아들을 옥스퍼드에 보내라. 의회로 진출할 것이 아니라면 미래 직종(의사)에는 관심을 가질 필요 없다. 대학을 졸업하면 나한테 보내라. 그 뒤에 무엇을 해야 할지 내가 말해주겠다"고 대답했다. 같은 시기에 엔지니어가 되기 위해서는 대학 교육이 필수가 아니고 중등학교 수준의 교육만 요구했다는 정도의 차이가 있었을 뿐이다.

공학에서 현장 전통은 19세기에 걸쳐 계속되었고 1870년 이후에야 비로소 대학에서 공학 교육이 정착하기 시작했다. 공학 교육에서 실험실습은 이론 중심의 교육에 현장 교육을 접목하려 한 절충 방안의 일종이었다.

4.1 작업장 문화의 전통

영국 엔지니어에게 유난히 작업장 전통이 강했던 것은 첫 세대 전문 엔지니어의 배경 및 경력 형성과 관련이 깊다. 영국 산업혁명의 기술 분야 주역은 잘 조직된 기술교육의 수혜자가 아니었다. 이들은 개인 차원의 능력과 노력을 통해 자기 시대 산업의 변화에 따른 기술상의 요구와 문제를 예리하게 파악하고 이를 성공적으로 해결한 사람이었다. 또 대부분 가난한 집안 출신이고 기초 교육을 받은 뒤 작업장에서 도제로 경력을 시작했다. 아울러 체계적인 과학 교육을 받지는 못했지만 경험을 통해 얻은 분석적 방법과 기술의 원리, 새로운 아이디어 등을 결합해 기술 발전을 이끌었다. 이들이 활약한 도로, 운하, 증기 기관, 공장 기계 등은 산업혁명 시기에 새롭게 부상한 신흥 분야였다. 덕분에 이들은 전통적인 길드 문화의 권위와 위계에 얽매이지 않고 능력에 기초해 상대적으로 쉽게 높은 경력을 쌓을 수 있었다. 한두 명이 아니라 대부분의 엔지니어가 같은 길을 걸었고 또 성공했기 때문에 이들은 자신이 경험한 방식을 믿었다. 앞에서 언급한 것처럼 첫 세대 지도적 엔지니어 중 스미턴처럼 부유한 집안 출신에 대학 수준의 교육을 받은 후 기술 분야에 종사한 경우는 많지 않았다. 초창기에는 더욱 그랬다.

명망 있는 엔지니어의 도제 또는 문하생이 되는 것이 당시로서는 첨단 기술을 가장 빨리 습득할 수 있는 최고의 교육 과정이었다. 많은 수업료를 내야 하는 문하생은 어느 정도 경제력 있는 집안 출신이 많았다. 그들은 수련 기간 중에는 특별 지도를 받았고, 수련이 끝난 후에도 인맥 등의 조건을 활용해 비교적 일찍 책임 있는 업무를 맡을 수 있었다. 그러므로 엔지니어가 사회적으로 괜찮은 직업으로 부상한 19세기 중반 이후에는 좋은 집안 출신 중에서도 문하생을 거쳐 엔지니어가 되는 경우가 많았다.

성공한 엔지니어는 기술 전문성이 자신들의 정체성에 중요한 부분을 차지한다는 것을 인식했기 때문에 현장에서 문하생과 도제에 대한 교육을 엄격하게 수행했다. 정밀 공작 기계로 명성을 날린 모즐리의 도제 제임스 네이즈미스(James Nasmyth, 1808~1890)에 따르면, 모즐리는 1820년대에 더 이상 문하생을 받지 않았다. 손끝의 감각이 중요한 정밀 공작 기계 작업장에서 부유한 집안 출신 문하생이 “장갑을 낀 채”

수업에 참여하거나 잦은 결석을 하는 등 수업 태도가 불량해 다른 도제들에게 나쁜 영향을 주기 때문이었다고 한다. 반면 모즐리는 현장 경험은 없지만 혼자 도면 그리기와 모형 작성을 익힌 후 도제에 지원한 네이즈미스를 곧장 자신의 제도사로 받아들였다.[1]

현장 경험을 중시했다고 해서 영국의 근대 엔지니어가 기술 발전에서 이론 지식의 중요성을 간과한 것은 아니다. 토목 엔지니어 협회나 기계 엔지니어 협회의 설립 취지에서 볼 수 있듯 19세기의 엔지니어는 산업 기술과 관련한 과학기술 전문 지식의 중요성을 인식했다. 다만 현장에서 성장한 엔지니어는 이러한 문제를 제도적인 대학 교육이 아니라 엔지니어 사이의 상호 학습과 지식 교류를 통해 스스로 해결하려 했다. 첫 세대 엔지니어에 속하는 스미턴과 와트는 왕립 학회를 통해 자신들의 기술 성과에 대한 이론적 분석을 발표하고, 대학 또는 과학 단체 전문 과학자들과 교류를 이어갔다. 이러한 방식은 전문 단체가 독자적 학술 간행물을 출판한 이후에도 지속되었다. 유명한 엔지니어 중에는 공학 연구 성과를 토목 엔지니어 협회와 기계 엔지니어 협회의 학술지에 기고하는 동시에 왕립 학회에서 발표하고 출판하는 경우도 있었다.

엔지니어들이 중요하게 생각하는 지식은 현장과 결합한 '실용 지식(practical knowledge)'이었다. 경험을 통해 대부분의 엔지니어는 대학을 졸업하거나 이론 중심의 교육을 받지 않았어도 자신들이 현장에서 필요한 지식을 가지고 있으며 엔지니어로서 성공할 수 있다고 생각했다. 그들의 이러한 믿음에는 일정한 근거가 있었다. 먼저 일부 신사-엔지니어로 성공한 경우를 제외하면 대부분의 엔지니어가 수행하는 일상적인 작업 내용은 현장 훈련을 통해 습득한 지식으로도 충분했다. 토목공학의 새로운 설계 기술이나 증기 기관의 성능 개량 등 당시의 새로운 기술과 대학에서 가르치던 과학기술교육 사이에는 큰 간극이 있었기 때문이다. 유명한 예로 와트의 증기 기관을 들 수 있다. 증기 기관을 연구하던 시절 와트는 대학의 실험 기구 제작자였고 과학자들과 친분 및 교류를 갖고 있었다. 그 때문에 와트가 기체의 온도와 압력에 대한 당시의 "잠열 이론"을 증기 기관에 응용했던 것으로 오랫동안 알려져 있었다. 그러나 이것은 사실이 아니다. 실제로 와트는 증기 기관을 개량할 때 경험과 분석적 방법을 활용했고, 나중에 잠열 이론을 통해 자신의 기술 성과를 과학적으로 설명했을 뿐이다.

반면 기술 현장에서는 실질적으로 필요한 지식을 가르쳤다. 예를 들어 토목에서는 측량 및 설계에 필요한 지식을, 기계 분야에서는 기계의 작동 원리 외에도 도면 그리기 및 모델 제작에 필요한 지식을 가르쳤다. 19세기 중반까지 이런 지식을 배울 수 있는 곳은 기술 현장뿐이었다. 19세기의 엔지니어는 이러한 지식을 갖추지 못하면 엔지니어가 아니라 그저 기술 현장의 "노동하는 손발"에 불과하다고 믿었다.

영국 산업화의 특징도 영국 엔지니어에게 작업장 문화와 현장 중시 전통이 오래 남아 있던 배경으로 꼽힌다. 면공업은 영국에서 대규모 공장 제도를 대표했지만 기계화 및 자동화를 이룬 후 일정한 시기가 지나자 대학 출신 엔지니어가 필요할 정도의 기술 혁신을 요구하지 않았다. 증기 기관과 기계 설비를 설치한 후에는 유지 보수를 위한 기술 인력 외에 전문 엔지니어의 별다른 개입이 필요하지 않았기 때문이다. 또 효율을 높이기 위한 기술 혁신도 일어나지 않았다. 철도 사업을 제외하면 표준화한 대규모 작업장의 수요도 많지 않았다. 대부분의 엔지니어는 다양한 형태와 요구 사항을 가진 중소 규모의 기술 수요를 만족시키는 데 종사했는데, 이런 작업장에서는 굳이 대학을 나오고 이론에 밝은 엘리트 기술자가 필요하지 않았다. 다시 말해, 오랫동안 실제 영국의 산업 현장에서는 대학을 나온 지식인 엔지니어를 비싸게 고용할 필요가 별로 없었다.

전반적으로 현장 전통을 강조했지만 모든 영국 엔지니어가 전문 공학 교육 또는 과학 이론 교육에 무관심했던 것은 아니다. 1867년 파리 세계박람회 이후 영국에서는 정부 차원에서 과학기술교육 개혁과 관련한 보고서를 냈다. 예를 들어, 1868년에는 산업 인력에 이론과 응용 과학을 가르치는 방안에 대한 새뮤얼슨 위원회 보고서(Report of the Select Committee on the Provisions for Giving Instruction in Theoretical and Applied Science to the Industrial Classes)와 1870년대의 과학 교육 개혁에 대한 데본셔 위원회 보고서〔Reports of the Royal Commission on Scientific Instruction and the Advancement of Science(1871~1875)-Devonshire Commission〕 등이 있었다. 비록 이런 보고서에서 제안한 내용이 대학이나 엔지니어 사회에 즉각 반영되지는 못했지만, 제도화한 전문 교육의 필요성에 대한 인식을 확대하는 효과는 거두었다.

토목 엔지니어 협회는 대내외의 주장에 대응해 현황을 조사했고 이론 교육을 현장과 연결하기 위한 강좌를 산하에 개설했다. 1865년 부회장 존 파울러 경(Sir John Fowler)을 위원장으로 조사위원회를 구성하고 우선적으로 다른 경쟁 산업 국가의 공학 교육 실태 및 엔지니어의 위상을 조사했다. 1870년 발간한 보고서에 의하면, 영국은 대륙 국가와 다른 양상을 보였다. 프랑스와 독일의 경우에는 공학 교육을 국가의 적극 지원 아래 이론 교육 위주로 수행했다. 이에 따라 영국에서는 엔지니어를 위한 이론과 실기를 결합한 공학 교육이 필요하다는 주장이 제기되었다. 대학에 재학 중인 학생이 현장과 단절되는 문제를 보완하기 위해 토목 엔지니어 협회는 1867년 산하에 학생 수강반을 개설했다. 이것이 점차 인기를 더해가자 토목 엔지니어 협회에서는 1887년 이론 중심으로 학업 수학 능력을 평가하는 수강 자격 시험을 도입했다. 이로써 1889년부터 협회의 공학 교육 학급에 입학하려는 학생은 영어 문법과 작문, 기초 수학, 기초 고체 및 유체 역학이나 과학 문화 분야에서 출제되는 필기시험을 통과해야만 했다.

현장 전통이 강한 영국 엔지니어 사회에서 전문 공학 교육을 정착시키기 위해서는 몇 가지 선결 조건이 있었다. 첫째, 산업 현장의 기술 문제를 해결하기 위해서는 상당한 과학기술 지식이 필요하다는 인식이 널리 퍼져야 했다. 이런 일은 경험 전통이 강하고 성공적이었던 토목이나 기계 분야가 아니라 19세기 후반의 새로운 산업 분야, 즉 전신 · 전기 · 화학 등에서 일어났다. 둘째, 엔지니어나 산업가들이 대학의 이론 중심 교육과 현장 기술 능력이 연결되어 있다는 신뢰를 가져야 했다. 이를 위해 대학에서는 실험실 교육을 강화하고 현장 실습을 교육 과정의 일부로 도입했다. 셋째, 현장 경력이 있는, 즉 현장에서 발생하는 기술 문제의 특성을 이해하면서 이론에도 밝은 엔지니어 출신의 공학 전문가가 탄생해야 했다. 이를 위해서는 엔지니어의 사회적 위상이 높아져 부유한 집안 출신 또는 대학 교육 이상을 받을 만한 계층 출신이 엔지니어 경력을 선택하는 일이 흔해져야 했다.

19세기 후반을 지나면서 이러한 문제가 조금씩 해결되고 대학에 공학 교육이 어느 정도 자리를 잡기 시작했다. 그에 따라 학위를 가진 엔지니어도 증가했다. 토목 엔지니어 협회는 이 과정을 수용하면서도 현장에서 배출된 엔지니어의 존재를 여전히 인정했다. 그래서 1897년에는 회원 가입을 원하는 엔지니어에게 대학 졸업장을 요구하는 대신 이론 교육의 정도를 증명할 수 있는 일반교양과 과학에 대한 자격시험 제도를 도입했다. 20세기 초에도 영국에서는 대학 교육이 엔지니어의 자격 요건이 아니었다. 작업장 중시 전통은 신사 및 엘리트 이미지가 약한 전문 단체에서 더 오래 지속되었다. 예를 들어 토목 엔지니어 협회에 이어 두 번째로 규모가 크지만 왕실 특허장을 받지 못한 기계 엔지니어 협회의 경우, 토목 엔지니어 협회와 유사한 회원 자격을 위한 이론 분야 시험을 논란 끝에 1914년에야 도입했다.

교육을 제도화하지 않고 오랫동안 도제를 통해 엔지니어를 배출했기 때문에 영국에서는 핵심 엔지니어 집단에 가족, 선후배 등 인맥 관계가 강하게 나타나는 흥미로운 특징이 있다. 명망 있는 엔지니어의 문하생이 되는 것이 엔지니어로 훈련받는 가장 빠르고 좋은 상황에서, 가족이나 친인척은 가장 유리한 조건이었기 때문이다. 토목 엔지니어로 템스 강 하상 터널 공사에 참여하고 토목 엔지니어 단체의 회원이

기도 했던 존 레니의 두 아들 존 레니(John Rennie the Younger, 1794~1874)와 조지 레니(George Lennie, 1791~1866)는 일찍부터 토목 엔지니어로 유명세를 타면서 수문, 다리 그리고 해군공학에서 이름을 날렸다. 스티븐슨 부자의 예도 여기에 해당한다. 대학에서 기본 교육을 충분히 받은 로버트 스티븐슨은 철도 산업의 핵심부에서 경력을 시작할 수 있었고, 그 결과 토목 엔지니어로 훈련받지 않았음에도 불구하고 증기 기관차, 철도, 철도와 관련한 다리 등 토목 분야에까지 활동 영역을 넓힐 수 있었다.

2002년 BBC가 선정한 "위대한 영국인 100인"에 처칠 수상에 이어 두 번째로 꼽힐 만큼 많은 토목 구조물을 남긴 이잠바드 브루넬 역시 아버지의 영향을 강하게 받았다. 프랑스 출신 토목 엔지니어로서 영국으로 건너와 활동하던 브루넬의 아버지 마크 브루넬(Marc Brunel, 1769~1849)은 아들을 프랑스로 보내 기술교육을 받도록 했다. 이후 영국으로 돌아온 브루넬은 아버지와 함께 템스 강 터널 현장에서 일하다 대서부 노선의 책임자로 발탁되었다. 그런가 하면 증기 기관차 분야에서 뛰어난 엔지니어로 활동한 구치 3형제도 흥미롭다. 이들은 각각 트레비식의 동료인 조지 스티븐슨에게 도제 훈련을 받았고 로버트 스티븐슨과 브루넬 등이 책임을 맡은 철도 사업에 참여했다.

4.2 대학 공학 교육의 선구자

대부분의 엔지니어를 현장을 통해 배출하고 전문 공학 교육에 대한 인식이 낮았기 때문에 영국의 대학에서는 공학을 거의 가르치지 않았다.

영국의 유서 깊은 지식 중심지, 옥스퍼드와 케임브리지 대학교에서는 수학과 자연철학이라는 이름으로 과학을 가르쳤지만 대부분 공학과는 별로 관계없는 내용이었다. 전통 있는 이 두 대학교는 19세기 전반까지 공학을 대학 수준에서 교육할 만한 지적 분야로 보지 않았다. 다른 대학도 대부분 비슷한 상황이었다. 따라서 초창기 엔지니어 중 대학 교육을 받은 일부는 대학에서 공학이 아니라 과학 분야를 공부한 뒤 엔지니어의 길로 들어선 경우다. 예를 들어 토목 엔지니어 존 레니는 1780년 에든버러 대학에서 자연철학을 공부했고, 그의 아들 존 레니는 공학을 공부하러 프랑스에 다녀왔다. 로버트 스티븐슨 역시 1820년대 초반, 도제 생활을 마친 후 에든버러 대학에 다녔지만 공학이 아니라 자연철학을 공부했다.

1830년대 이후 토목 엔지니어 협회의 성장과 함께 전문직으로서 엔지니어의 위상이 높아지면서 대학 수준에서 공학 교육을 제공하기 시작했다. 체계적인 공학 교육을 가장 먼저 시도한 곳은 새로운 고등 교육을 표방하면서 런던에 설립한 대학들과 산업 도시의 대학들이었다. 킹스 칼리지는 1838년 토목(및 기계)공학과를 설치하고 공학 관련 여러 강좌—수학, 기계, 화학, 지질학, 전자기학, 기계 설계 및 측량 등—를 열었다. 이들 학과에는 1838년 첫 해에 31명, 1839년에는 50명 그리고 1840년에는 58명이 등록했다. 수강생은 대부분 크림 전쟁이나 식민지의 철도 부설같이 해외나 공공 영역에서 늘어난 기술 업무를 담당하는 관리가 될 사람들이었다. 이 시기에 울위치 왕립 군사 아카데미의 입학시험과 인도 공공사업부(Indian Department of Public Works)의 시험에서 과학과 기술 과목을 도입했기 때문이다.

런던의 또 다른 대학인 유니버시티 칼리지도 비슷한 시기에 토목공학 강좌를 개설하고 본격적인 공학 교육을 시도했다. 유니버시티 칼리지는 1828년 설립 때부터 종교적 제약 없이 전통적인 대학교와 다른 근대 학문을 중점적으로 가르치는 교육 기관을 표방했다. 공학도 바로 그러한 분야 중 하나였다. 1841년 유니버시티 칼리지는 군 출신 철도 엔지니어 찰스 비뇰스(Charles B. Vignoles, 1793~1875)에게 임기 2년의 토목공학 교수직을 제안했고, 비뇰스가 이를 수락함으로써 토목공학 교육을 시작했다.

결과적으로 말하면 비뇰스의 토목공학 강좌는 실패였다. 강의 소개(introductory lecture)에는 100여 명이 참석할 정도로 학생들의 관심이 높았지만 이후 정식으로 강의에 참석한 인원은 12명에 불과했다. 비록 강좌 규모는 작았지만 비뇰스는 현장과 결합한 강의를 시도했다. 이를테면 강의실에서 축소 모형과 설계도를 활용하고, 학생들을 데리고 여러 토목 공사 작업장을 견학하는 등 생생한 현장 경험을 제공하는 교육을 시도했다. 비뇰스에 따르면 학생들은 "엄청난 주의를 기울여서" 강의를 들었다.[2] 그럼에도 불구하고 강의에 출석한 학생들의 교육 배경 역시 도제부터 야간 학급, 주일 학교(Sunday school) 등 들쭉날쭉했기 때문에 강의 수준을 결정하기 어려웠다. 게다가 토목공학을 수강하려는 학생이 없었던 것이 결정적 문제였다. 결국 비뇰스는 2년 임기를 마친 뒤 현장으로 돌아가고 말았다.

비뇰스 사임 이후에도 유니버시티 칼리지에서는 공학 강좌를 계속 열었다. 그러나 1860년대 말까지도 교수가 자주 바뀌어 교육의 연속성을 갖지 못했고 공학 전공 학생 배출 측면에서도 부진을 면치 못했다. 비놀스 이후 이턴 호지킨슨(Eaton Hodgkinson, 1789~1861)을 새로운 공학 담당 교수로 임명했지만, 1861년 그가 죽으면서 공학 교수직은 또다시 공석이 되었다. 1867년에는 유럽에서 공부하고 귀국해 철도・전신 등 분야에서 경력을 쌓은 플리밍 젱킨(Fleeming Jenkin, 1833~1885)을 임명했다. 그러나 젱킨은 2년 만에 에든버러 대학이 신설한 공학 교수로 자리를 옮겼다. 그 후로도 공학 교수, 응용수학과 역학 교수라는 이름으로 계속 새로운 교수를 임용했다. 대학 당국의 관심에도 불구하고 임용된 교수들의 임기가 짧고 이동이 잦았기 때문에 지속적인 교육을 수행하지 못했다는 데 문제가 있었다.

교수 임용의 우여곡절을 통해 1870년까지 유니버시티 칼리지의 공학 교육 상황을 유추해볼 수 있다. 첫째, 비록 강의가 원활하게 이루어지지 못했다 하더라도 유니버시티 칼리지는 공학 교육의 필요성을 인식하고 1840년대부터 지속적으로 공학 분야 교수를 임용해 강의를 개설했다. 둘째, 교수직에 오른 인물들로 보건대 토목공학, 기계공학과 설계 및 제도에 필요한 수학의 중요성을 인식하고 있었다. 셋째, 주로 현장 경험이 있는 엔지니어를 교수로 임용함으로써 이론 교육을 하되 현장과의 연결을 유지하려고 노력했다. 그러나 결과를 놓고 보면 이러한 시도와 노력은 교수와 학생 양쪽 모두를 만족시키지 못했다. 따라서 공학 강좌를 수강하는 학생 수가 적었고 공학을 전공으로 선택하는 학생 수는 더욱 적었다. 결국 새로운 교육을 시도하려던 유니버시티 칼리지의 의도와 달리 공학 교육은 알렉스 케네디(Alex Kennedy, 1847~1928)가 응용수학 및 기계공학 교수로 부임한 1875년 이후에야 체계적으로 이루어질 수 있었다.

지방에서는 글래스고 대학에서 공학 교육을 시도했다. 글래스고 대학은 왕실의 지원을 받아 1840년 토목 및 기계 공학 흠정교수좌(Regius Chair of Civil Engineering and Mechanics)를 설치하고 루이스 고든(Lewis Gordon, 1815~1876)을 초빙했다. 독일 작센 지방의 프라이베르크 소재 광산학교를 졸업한 고든은 부임 당시 25세였다. 젊은 나이임에도 불구하고 귀국 후 템스 강 터널 공사, 글래스고 시의 수도 공급 시설 공사, 그 밖에 철도와 전신 매설 공사에 관여할 정도로 승승장구하는 엔지니어가 되었다. 그는 글래스고 대학에 부임한 후에도 학생 교육보다는 엔지니어로서 자신의 직무에 더 많은 관심과 시간을 할애했다. 그리고 1855년에는 결국 유니버시티 칼리지의 비놀스처럼 대학의 공학 교육을 포기하고 현장으로 돌아갔다. 글래스고 대학의 공학 교육은 그의 후임인 윌리엄 랭카인(William Rankine, 1820~1872)에 이르러 체계를 잡고 안정화되었다.

정리해보면, 1830년대 후반에서 1840년대에 걸쳐 영국의 일부 대학에서는 체계적이고 전문적인 공학 교육의 필요성을 느끼고 이를 시도했다. 이는 런던과 지방에서 동시에 일어난 변화였다. 그러나 이런 모든 시도는 대부분 별다른 성과를 내지 못했고, 공학 교육의 체계화는 1860년대에 가서야 비로소 이루어지기 시작했다. 무엇보다 큰 이유는 엔지니어가 되고자 하는 학생에게 대학 교육과 학위가 별다른 장점이 되지 못했다는 점을 들 수 있다. 전문성을 강조하는 것과 별개로 엔지니어 사이에서는 현장의 전통이 강했다. 대학을 졸업하기까지 많은 시간과 비용을 들여 유명 엔지니어의 문하생이 되는 것이 오히려 엔지니어 경력을 쌓는 더 빠른 길이었다. 또 다른 이유는 대학의 공학 교육이 체계화되지 못했고, 따라서 현장의 이러한 실기 중심 교육에 대한 요구와 선호를 만족시키기에 부족했다는 점을 들 수 있다. 결국 이론과 실기에 모두 능통하고 현장을 이해하는 엔지니어 경력을 갖춘 과학자 또는 과학을 깊이 공부한 엔지니어 출신 교수가 등장해 이 문제를 해결하기까지는 시간이 필요했다. 대학에서 공학 교육을 시도한 많은 선구자들은 비록 공학 교육을 정착시키는 데는 실패했지만 적어도 무엇이 과제인지는 분명하게 보여주었다.

4.3 공학 교육의 체계화와 실험실 교육

영국의 대학에서 공학 교육이 정착하는 과정에는 과학 이론과 현장 기술을 종합적으로 체계화한 학문으로서 공학의 성립, 1860년대 이후 영국 산업의 경쟁력을 유지하기 위해서는 전문적 과학기술교육이 필요하다는 위기의식 그리고 현장 중시 전통을 대학의 공학 교육 과정에 반영하려는 노력 등 세 가지 요인이 중요한 역할을 했다.

먼저 1855년 글래스고 대학의 토목 및 기계 공학 흠정교수가 된 랭카인은 공학을 이론적 기초가 필요한 대학 수준의 학문으로 확립하고, 이론과 실기를 결합한 공학 교육을 실시했다. 이는 무엇보다 랭카인

개인의 능력과 경험의 산물이었다. 부유한 집안 출신인 랭카인은 에든버러 대학에서 자연철학을 공부한 과학도였고 일찍부터 물리학에 관심을 보였다. 그러나 집안 사정이 나빠져 철도 회사에 문하생으로 들어가 엔지니어로서 경력을 시작했다. 엔지니어로 일하며 스코틀랜드와 아일랜드의 여러 토목 공사 현장에서 경험을 쌓고 과학 지식을 활용한 토목 분야 연구로 토목 엔지니어 협회로부터 수차례 우수 논문상을 받았다. 동시에 열역학 분야의 연구를 인정받아 1853년 왕립 협회 회원으로 선출되었다. 공학과 과학 두 분야 모두에서 연구 성과를 낸 것이다.

랭카인은 글래스고 대학의 교수가 된 후 자신의 경험을 바탕으로 공학 교육을 체계화했다. 먼저 과학 이론에 기초하면서도 현장의 기술 문제를 다룬 여러 권의 '공학' 교과서를 집필해 공학 교육의 기초를 다듬었다. 그는 부임 직후인 1858년부터 1861년까지 《응용기계학 매뉴얼》, 《증기 기관과 그 밖의 원동기 매뉴얼》, 《토목공학 매뉴얼》 등의 교과서를 펴냈다.[3] 19세기 중반의 대표적인 공학 분야, 즉 토목과 기계 분야의 교과서를 우선 집필한 것이다. 그리고 나중에는 조선과 기계류까지 범위를 확장했다. 한편으로는 교육을 체계화하고 다른 한편으로는 공학 교육을 대학의 학위 과정(학사)으로 정착시키기 위해 열성적으로 캠페인을 벌였다. 그런 노력 덕분에 1872년부터 글래스고 대학에서는 공학 계통 학사 학위를 수여하기 시작했다.

랭카인식의 체계적인 이론 학습을 포함한 공학 교육의 확산을 도운 것은 1850년대 이후 산업을 둘러싼 대내외적 환경 변화였다. 1850년대 이후 일련의 국제산업박람회 개최 및 여러 조사위원회 보고서에서는 하나같이 영국 과학기술교육의 문제점을 제기했다. 특히 1855년, 1867년 두 번에 걸친 파리 세계박람회가 영국 산업에 위기의식을 불러일으켰다. 독일이나 미국 같은 경쟁 산업국에서 생산한 우수한 공업 제품은 이들 국가의 선진화한 교육 제도 및 시설에 기초하고 있었다. 이에 반해 영국의 공학 교육은 대륙 국가에 비해 매우 뒤떨어진 것으로 보고되었다. 바로 이런 시기에 기술 인력을 체계적으로 양성하기 위한 각종 제안 및 교육 시스템 변화에 대한 주장이 제기된 것이다.

위기의식에 대한 즉각적인 대응은 주로 잉글랜드 중북부 산업 도시에 등장한 일명 '지방 산업 대학들(civic universities)'에서 나타났다. 이들 교육 기관에서는 해당 지방의 산업적 필요에 부응하기 위해 커리큘럼에 다수의 공학 과목을 포함했다. 그중 과학적 공학 교육의 중심지로 부상한 곳은 맨체스터의 오언스 칼리지(Owens College)였다. 베이어 피콕(Beyer Peacock) 같은 지역 기업가와 휘트워스 같은 저명 엔지니어 등의 기부금 출연을 계기로 공학 교육에서 새로운 변화가 일어나 1868년에는 오즈번 레이놀즈(Osborne Reynolds, 1842~1912)를 신임 공학 교수로 임명했다.[4] 레이놀즈는 글래스고 대학에서 랭카인이 시도한 공학 교육 과정을 모델로 삼아 맨체스터 대학에 공학 교육을 정착시켰다.

1880년대 이후 유니버시티 칼리지는 전문 공학 교육에서 하나의 모델을 제시했다. 유니버시티 칼리지의 공학 교육은 전공 학생들에게 공학 분야뿐 아니라 수학, 물리학, 지질학 등 공학에 기반이 되는 과학의 기초를 공부할 것을 요구했다. 그리고 더 중요하게는 실험실 교육을 통해 공학 전공 학생이 현장 기술에 대한 지식만 배우는 것이 아니라 '직접 체험'해볼 수 있도록 했다. 그리고 이러한 과목을 수준별로 체계화한 교과 과정을 개발했다. 유니버시티 칼리지에서 공학 교육의 변화를 주도한 것은 1875년에 부임한 케네디였다. 그는 특히 대학의 공학 교육에 현장성을 강화하기 위한 방안으로 공학 전공 학생에게 '대학 내 작업장' 역할을 할 실험실을 제안하고 대학 당국을 설득했다. 대학의 공학 교육이 이론 중심인 것에 불만을 갖고 있던 토목 엔지니어 협회와 기계 엔지니어 협회 지도자들은 케네디의 의견을 지지했다. 그리고 마침내 1878년 유니버시티 칼리지에 공학 전공 학생을 위해 각종 기계를 갖춘 실험실이 문을 열었다. 이전에도 대학의 실험실에서 기계 장치를 사용한 적이 있었지만 기계 자체를 학습 대상으로 삼은 것은 이 공학 실험실이 처음이었다. 예를 들어, 물리학 실험실에서는 작동 원리를 이해하기 위한 모형으로 기계를 활용했다. 그러나 공학도를 위한 실험실에서는 기계를 설계하고 운전하고 제작하는 경험을 제공했다. 1880년대가 되자 공학 교육을 실시하는 다른 교육 기관에서도 실험실 교육을 필수 과정으로 채택했다.

실험실 교육이 공학 교육의 체계화와 확산에 가장 중요한 요인은 아니었을 것이다. 그러나 대학 교육에서 현장성이 부족하다는 비판을 가라앉히고 실제 공학 전공 학생이 현장에 투입되었을 때 적응력을 높이는 효과가 있었다. 또 대학 출신 엔지니어가 현장 경험을 갖추었다고 주장함으로써 토목 엔지니어 협회의 회원 자격시험 제도 도입에서 보듯 도제 출신 엔지니어에게 일정한 수학과 과학 지식을 갖출 것을 요구할 수 있게 되었다. 실험실은 점차 정규 공학 교육을 실기 위주의 도제 제도와 구별하는 일종의 상징 역할을 했다.

1880년대에 이르러 영국의 대학 사회에서 공학 교육의 위상은 한층 강화되었다. 당시까지 9개 칼리지에서 대학 수준의 공학 교육 과정을 개설했고, 마침내 전통적 고등 교육 기관의 대명사이던 케임브리지와 옥스퍼드 대학교에서도 공학 과목이 자리를 잡게 되었다. 케임브리지는 1894년 졸업 시험에 공학을 포함했고, 옥스퍼드는 공학 과목 담당 교수를 임명했다.[5] 이처럼 영국에서 공학 교육이 대학 사회에 정착한 것은 거의 한 세기 넘게 실기 위주 현장 교육과의 힘겨루기 끝에 달성한 성과였다.

5 엔지니어의 사회적 위상과 정체성

5.1 신사-엔지니어

전문직이 갖추어야 할 요건으로는 지식의 전문성과 사회적 중요성, 전문성을 담보하는 교육 또는 자격 조건 그리고 전문직의 사회경제적 위상과 그에 대한 제도적 인정이 중요하다. 영국의 경우 도로와 운하 사업 등을 통해 토목 엔지니어의 기술 능력이라는 전문성과 사회적 중요성은 충분히 부각되었다. 그러나 전문성을 담보하는 제도적 장치, 즉 대학 교육이나 자격증 같은 요건이 없었기 때문에 토목 엔지니어가 사회 내에서 전문직으로 인정받기 위해서는 사회경제적 위상과 그에 대한 인정이 특히 중요한 요인이었다.

엔지니어, 특히 근대 엔지니어 탄생 초기에 스미턴은 엔지니어의 정체성과 사회적 위상 확립에 중요한 역할을 했다. 부유한 집안 배경, 엔지니어로 발돋움하기 전 법률가가 되기 위해 받았던 고급 교육, 런던 시절 왕립 학회 과학자들과 맺은 교류 그리고 운하 등 대토목 사업을 추진하는 과정에서 투자자 및 의회 의원들과의 접촉, 사회적 명성과 부 등은 모두 스미턴으로 대표되는 전문직 토목 엔지니어의 정체성과 사회적 위상을 결정하는 요소였다. 스미턴은 전문성으로 보나 집안 배경으로 보나 자신이 주로 상대했던 사회 집단의 계층 특성으로 보나 전통적 장인 기술자와 달랐다. 오히려 법률가 등 전문직과 더 비슷했다. 따라서 설립 초기 토목 엔지니어 협회를 지배한 토목 엔지니어의 이상은 스미턴처럼 전문직으로서 신사 계층을 지향하는 모습 또는 신사처럼 행동하면서 동시에 기술 분야 전문가의 모습, 즉 신사-엔니지어였다.

신사, 곧 젠틀맨은 원래 토지를 가진 귀족, 젠트리(gentry)를 일컫는 말이었다. 하지만 산업혁명 등 사회의 변화에 따라 그 쓰임새가 변화하고 확대되었다. 지주가 아니고 이윤을 얻기 위해 일하는 존재이지만 사회적 지위, 생활 방식 등에서 젠트리와 비슷한 수준에 도달한 사람을 신사라고 부르는 경우가 점차 많아졌다. 영국의 전통 엘리트 집단은 새로 사회적 영향력을 갖게 된 집단이라 하더라도 지배 엘리트의 문화를 충족할 경우 그들을 인정하는 개방적인 태도를 보였기 때문이다. 법률가나 의사 같은 전통적인 전문직, 산업 혁명기에 많은 돈을 벌어 상류층이 된 산업 자본가, 금융 자본가, 상공업자, 성공한 전문직 종사자가 여기에 속했다. 신사로 일컫거나 신사로 보이고 싶은 사람은 성공 후 자녀를 퍼블릭 스쿨(public school)[6]에 보내고 시골에 영지를 사들이는 등 젠트리의 생활 방식을 따라 하려는 모습을 보였다.

역사학자 마틴 J. 위너(Martin J. Wiener)는 이런 경향을 영국 경제 쇠퇴의 요인으로 보았다. 그에 따르면 최초의 산업 국가 영국이 19세기 후반 이후 전기 · 화학 등 신산업에서 독일과 프랑스 등에 뒤처지게 된 까닭은 성공한 상공업자들이 처음의 혁신과 도전 정신을 버리고 자신이 축적한 부와 지식을 바탕으로 젠트리화를 지향했기 때문이었다. 위너의 이른바 "젠틀맨 자본주의"에 대해서는 찬반 해석이 많지만 영국 산업혁명의 추이를 설명하는 설득력 있는 학설 중 하나이다.

성공한 엔지니어 역시 그들이 이룩한 부와 사회적 명성을 바탕으로 신사 계층과 비슷하게 행동하기 위해 노력했다. 이러한 의식과 노력은 다양한 형태로 나타났다. 첫째, 스미턴을 중심으로 조직한 토목 엔지니어 단체는 신사들의 지식 사교 클럽과 전문가 단체라는 이중 특성을 가지고 있었다. 토목 엔지니어 단체는 신사 계층 사람을 중심으로 만찬 모임과 지식 활동을 한 루너 협회와 비슷한 형태로 운영되었지만 토목 엔지니어 단체를 표방하며 전문 영역을 내세웠다. 그리고 토목 엔지니어 협회는 국회의사당 인근에 멋진 청사를 마련하고 이를 권위 있는 전문 단체의 상징으로 삼았다.

둘째, 경력을 쌓고 성공한 엔지니어는 자식들에게 좋은 교육을 받게

하고 그것을 바탕으로 엔지니어 또는 다른 전문직에 종사할 수 있도록 했다. 조지 스티븐슨은 가난한 집안 배경 때문에 정규 교육을 거의 받지 못했지만 기술 발전에서 지식의 필요성, 특히 설계 도면을 읽는 능력이 필수임을 깨달았다. 그래서 아들 로버트 스티븐슨을 교육시키고 아들의 도움을 받아 기술 서적을 읽는 등의 노력을 기울였다. 그리고 경제 형편이 나아지자 아들을 점점 더 좋은 학교로 옮기면서 교육시켰고, 에든버러 대학에서도 공부할 기회를 주었다.

셋째, 경력 있고 성공한 엔지니어 중 일부, 예를 들어 대니얼 구치—나중에 귀족 작위를 받아 구치 경이 되었음—와 로버트 스티븐슨처럼 경력 후반에 정치 활동을 하거나 교외에 영지를 구입해 생활하는 등 젠트리화를 추구한 인물도 있었다. 로버트 스티븐슨의 경우 1847년부터 죽을 때까지 휘트비(Whitby)의 보수당 의원으로 있었다. 그러나 정치 활동을 했더라도 엔지니어로서 정체성을 보여준 사례, 예를 들어 정계에서 또는 사회에서 엔지니어의 권익 신장을 위해 정치 활동을 한 사례는 찾기 어렵다. 그보다는 사회 지도층으로서 참여한 측면이 더 크다.

신사-엔지니어 이미지는 산업혁명과 함께 새롭게 등장한 엔지니어라는 전문 직종의 사회적 위상을 높이는 데 중요했다. 엔지니어를 존경받을 만한 직업으로 간주했기 때문에 훌륭한 집안 배경을 가진 젊은이, 대학 교육까지 마친 젊은이가 기꺼이 문하생을 거쳐 엔지니어가 되고자 하는 동기를 제공했기 때문이다. 또한 사회에서 엔지니어를 존경할 만한 인물로 인정하게 만드는 데에도 중요한 역할을 했다. 저명한 토목 엔지니어로서 토목 엔지니어 협회를 굳건한 전문직 단체로 키운 텔퍼드와 철도 산업 성장의 상징적 인물이자 대표적인 신사-엔지니어였던 로버트 스티븐슨은 죽은 뒤 영국의 지도층 인사 및 유명 인사를 안장하는 웨스트민스터 사원에 묻혔다.

엔지니어 단체의 성격과 활동 모습은 당시 유행하던 신사-과학자 단체와 비슷했다. 토목 엔지니어 협회는 전문직 단체로서 지식 생산과 교류에 중점을 두었다. 이런 정신은 젊은 토목 엔지니어들이 처음 토목 엔지니어 협회를 발의할 때부터 강조되었으며, 텔퍼드의 리더십 아래 전문 단체로서 위상을 추구할 때에도 지속되었다. 정기 모임에서 토목 엔지니어 협회 회원은 당대 주요 기술 문제에 대한 논문을 발표하고 토론했으며, 그 내용을 회지로 출판해 배포했다. 당시 기술과 관련한 학술 논의는 과학자 단체에서 일부 이루어졌을 뿐이다. 따라서 토목 엔지니어 협회가 정기적으로 발간하는 회지는 기술 지식을 축적하고 확산할 수 있는 거의 유일한 수단이었다. 이는 17세기 왕립 학회 이래로 영국의 과학자 단체가 과학 지식을 축적하고 확산하면서 일반화한 방식이었다.

다른 한편, 엔지니어 전문 단체는 엔지니어의 사회적 위상과 체면을 유지하기 위해 노력했다. 그 일차적인 방법은 회원 자격 요건과 회원 선출 방식 등의 주요 의사 결정 과정을 통제하는 것이었다. 토목 엔지니어 협회는 정회원 자격을 지속적으로 강화해 토목 엔지니어 협회 회원의 희소가치를 유지하고 동시에 부회원, 준회원, 학생 회원 등으로 자격 요건을 세분화해 전체 토목 엔지니어 협회의 규모를 확대하는 전략을 취했다. 아울러 최고 의사 결정 기관인 운영위원회 구성에서 준회원의 수를 조정해 이미 위상을 확립한 정회원 중심으로 토목 엔지니어 협회를 운영할 수 있도록 했다. 이러한 운영 방식은 기계 엔지니어 협회 등 이후 설립한 엔지니어 전문 단체의 모델이 되었다. 사실 기계 엔지니어 협회는 설립 초기에 많은 회원을 확보하기 위해 회원 자격을 느슨하게 정했고, 19세기 내내 토목 엔지니어 협회에 비해 가입하기가 상대적으로 쉬웠다. 그러나 기계 엔지니어 협회 내부적으로 보면, 기계 산업의 성장과 함께 그 위상이 높아지자 회원 자격을 강화하고 경력 입증을 요구하는 등 가입 조건을 까다롭게 하는 방향으로 운영되었다.

그뿐만 아니라 엔지니어 전문 단체의 위상을 지키기 위한 이익 단체로서 배타적 모습도 보여주었다. 예를 들어보자. 1839년부터 1857년까지 런던의 푸트니 하우스(Putney House)에는 돈을 내고 다니는 사립 엔지니어 학교인 푸트니 칼리지가 있었다. 이 학교에서는 졸업생들의 동창회 모임을 제도화하기 위해 1854년 엔지니어 협회(Institute of Engineers)를 만들었는데, 설립 배경상 토목 엔지니어 협회나 기계 엔지니어 협회와 달리 특정 분야에 국한하지 않고 공학의 전 분야를 망라했다. 그런데 이 엔지니어 협회가 왕실 특허장을 청원하자 토목 엔지니어 협회는 유력 인사들을 동원해 이 청원을 기각하도록 의회에 압력을 넣었다.

5.2 두 계층의 엔지니어 사회

19세기 중반 이후 엔지니어 사회가 성장하면서 나타난 현상 중 하나는 크게 두 계층으로 나뉘었다는 것이다. 이 점은 특히 엔지니어 탄생 초기, 즉 소수의 저명한 토목 엔지니어 중심이었을 때와 달리 엔지니어 사회가 빠르게 성장하고 배경, 전문성, 분야, 소득, 사회적 지위 등에서 균일성이 줄어들었을 때 분명하게 나타났다. 산업혁명의 발전과 엔지니어의 양적 성장에 따라 엔지니어 집단은 위로는 대토목 공사의 책임 엔지니어에서 아래로는 작은 기계 제작소에 고용된 기계 기술자까지 매우 다양한 사회적 위상과 자기 정체성을 가진 사람들로 구성되었다.

19세기를 거치며 성장한 엔지니어 집단을 크게 나누어보면 다음과 같다. 첫째, 독립적인 위상을 가지고 계약에 기초해 감독이나 자문 활동을 하는 경우. 둘째, 철도 회사나 전신 회사같이 규모 큰 기업 조직에 고용되었으나 실제 업무는 자문 엔지니어와 비슷하게 장비나 기간 시설을 관리 감독하고 기술 자문을 하는 경우. 셋째, 크든 작든 독자적인 공업사 또는 제작소를 운영하면서 기술 업무와 경영 업무를 동시에 수행하는 경우. 마지막으로, 큰 기업 또는 작은 규모의 제작소나 공장에 고용되어 있으면서 기계공보다는 전문성이 필요한 하급 기술 활동을 담당하는 경우. 대체로 첫째와 둘째 경우가 신사-엔지니어의 이상에 가깝고 교육 정도와 사회적 지위 또한 높은 편이었다. 셋째 경우는 규모 큰 소수의 공업사나 제작소 소유주인 엔지니어만 신사-엔지니어상에 가까웠다. 나머지 자영 엔지니어와 고용된 엔지니어는 일하는 방식, 소득, 교육 정도 등에서 신사의 모습으로 살기 어려웠다.

이처럼 실제 엔지니어 집단 또는 사회에서 엔지니어라 부르는 사람들의 조건이 천차만별인 상황인데도 공식적이고 제도화한 엔지니어 자격 요건이 없었기 때문에 전문 단체 가입 여부가 중요했다. 왕실 특허장을 받은 토목 엔지니어 협회의 회원이 된 엔지니어는 가장 특권적인 지위를 인정받았다. 토목 엔지니어 협회에 가입할 수 없는 분야 또는 낮은 지위의 엔지니어 비중이 증가하면서 1847년 기계 엔지니어 협회 설립 이후 가스, 전신, 건축, 조선 등 세분화된 분야에서 엔지니어 전문 단체가 생겨났다. 이러한 단체의 회원들은 토목 엔지니어 협회 회원만큼 인정을 받지는 못했지만 어떤 단체에도 가입하지 못한 기술자에 비해 한층 당당하게 엔지니어라는 이름을 내걸 수 있었다.

19세기 중반이 되면 적어도 신사 이미지를 지키려고 애쓴 토목 엔지니어는 사회에서 전문직으로 인정을 받은 것으로 보인다. 1857년 런던의 꽤 이름난 변호사 톰슨 비얼리(Thomson Byerley)는 전문직을 정의하면서 "보상을 바라고 공공 영역에서 지적 노동, 지식의 성과 및 경험을 제공하는 직업"이라고 했다. 이 정의에 따르면 당시 영국 사회에서 전문직은 상층 전문직과 하층 전문직으로 나뉜다. 상층 전문직에는 전통 있는 전문직, 즉 성직자, 법률가, 의사, 육군 및 해군 장교, 고위 관리가 속했다. 하층 전문직에는 화가, 건축가, 조각가, 교사, 회계사 등이 있으며 토목 엔지니어도 여기에 속했다. 비록 비얼리는 토목 엔지니어를 하층 전문직으로 분류했지만, 그래도 토목 엔지니어는 전문직으로 공식 인정을 받았다. 1861년 영국 인구총조사에서 토목 엔지니어를 전문직 그룹에 포함했기 때문이다. 건축가는 그로부터 20년, 회계사는 60년이 지나서야 인구총조사에서 전문 직종으로 분류되었다.

반면 19세기 중반까지 기계 및 전신 엔지니어는 전문직 대접을 받지 못하거나 엔지니어 중에서도 한 수 아래로 간주되었다. 예를 들어 비얼리는 대규모 기계 및 엔진 제작자인 기계 엔지니어가 제조업에서 하는 역할의 중요성은 인정했다. 그러나 기계 엔지니어는 엄밀하게 말하면 토목 엔지니어가 아니고 공공 서비스를 제공하지도 않기 때문에 전문직으로 보기 어렵다고 했다. 대학에서 공학 교육이 확산되기 시작한 1870년대 이후에도 졸업생은 대부분 토목 엔지니어가 되었다.

그 결과 세기 전환기까지도 영국의 엔지니어 사회는 토목 엔지니어 또는 토목 엔지니어 협회로 대표되는 상층부 신사-엔지니어와 정규 교육을 거의 받지 못한 도제 출신으로서 큰 공장이나 작은 작업장에 고용된 하층부 엔지니어라는 구분이 있었다. 두 계층의 엔지니어는 특히 엔지니어의 정체성과 사회적 위상에 대한 논의에서 계속 갈등을 보였다. 단체 수준에서는 토목 엔지니어 협회와 기계 엔지니어 협회가 각각 상층부 또는 엘리트 신사-엔지니어와 하층부 엔지니어를 대표했다. 그래서 토목 엔지니어 협회는 회원 가입 자격 요건을 강화하고 공식 학력을 중시하자는 움직임을 수용한 반면, 기계 엔지니어 협회는 이를 반대하거나 훨씬 나중에야 마지못해 받아들였다. 대학의 공학 교육 필요성도 기계 분야에서 훨씬 늦게 제기되었고, 현장 중심적인 태도와 도제 제도 전통 또한 기계 엔지니어 협회 회원 사이에서 더 오래 지속되었다.

엔지니어 사회의 계층 구분은 결국 제도적 교육을 기준으로 엔지니어 자격 요건을 확립함으로써 없어졌다. 비슷한 시기에 신사-엔지니어 이미지도 희석되었다. 전문직 요건이 확립되면 사회적 인정을 받기 위한 이미지로서 신사의 모습은 더 이상 효용이 없기 때문이다. 이런 현상은 1914년 이후에나 나타나기 시작했다.

6 맺음말

영국 근대 엔지니어의 탄생과 성장 과정은 영국의 산업혁명, 영국의 사회상을 잘 반영한다. 영국의 산업혁명이 민간에 의한 자발적이고, 산발적이고, 아래로부터 이루어진 변화였던 것처럼 산업혁명의 기술 주역인 엔지니어도 민간에서 자발적으로 생겨나고 성장했다. 이들을 체계적으로 양성하고, 자격 요건을 부여하고. 관리하려는 어떤 제도적 노력도 없었다. 따라서 영국의 엔지니어는 첫 세대 엔지니어가 그랬듯 현장을 중심으로 기술 인력을 훈련하고 기술을 개발하는 방식을 오랫동안 고수했다. 이는 대학의 체계적인 공학 교육 도입이 늦어진 원인이자 결과였다.

동시에 영국의 엔지니어는 산업혁명을 통해 자신들의 위상이 높아진 것을 경험하고 사회적으로도 그에 걸맞게 행동하기 위해 노력했다. 전문직으로서 처음 엔지니어의 정체성을 자각한 스미턴에서 시작한 신사-엔지니어 이상은 토목 엔지니어 협회를 통해 오랫동안 지속되었다. 토목 엔지니어 협회는 왕실 특허장을 통해 전문 단체로서 권위와 위상을 확보하고, 회원 가입 자격 등 운영 제도를 통해 전문직으로서 지위를 지켜나가려 했으며, 학술 활동을 통해 전문성을 확보하고 유지하려 노력했다.

토목 엔지니어보다 늦게 등장한 기계 엔지니어와 전신 및 전기 엔지니어는 토목 엔지니어 협회를 모델로 전문화, 조직화를 꾀했다. 그 밖의 다른 직종 엔지니어는 20세기 초까지도 토목 엔지니어에 버금가는 사회적 대접을 받지 못했다. 기계 엔지니어의 예에서 볼 수 있듯 이들은 자신의 새로운 사회적 지위와 정체성을 깨닫고 이를 지키고 발전시키기 위해 다양한 노력을 했다.

영국에서 자발적이고 자율적인 전문직화의 이러한 모습은 엔지니어에 국한된 것은 아니었다. 이미 법률가, 의사 등 다른 전문직 집단에서 경험했거나 확립한 방식이었다. 즉 영국의 근대 엔지니어는 산업혁명기를 통해 기술적으로 등장했고, 전문 단체 설립 등 전문직화의 일반적 과정을 따름으로써 사회적으로 성장했다.

주

1. *James Nasmyth: Autobiography*, ed. by Samuel Smiles, html version, 1995. ch.7 http://www.anvilfire.com/21centbs/stories//James_Nasmyth/.
2. C. B. Vignoles, *Vignoles: Romantic Engineer* (1982), p. 98.
3. 《응용기계학 매뉴얼(Manual of Applied Mechanics)》(1858), 《증기 기관과 그 밖의 원동기 매뉴얼(Manual of the Steam Engine and Other Prime Movers)》(1859), 《토목공학 매뉴얼(Manual of Civil Engineering)》(1862), 《선박 건조의 이론과 실제(Shipbuilding, Theoretical and Practical)》(1866), 《기계와 목공재 매뉴얼(Manual of Machinery and Millwork)》(1869).

4. R. H. Kargon, *Science in Victorian Manchester* (Manchester Univ. Press, 1977), p. 184.
5. R. A. Buchanan, *The Engineers* (1989), p. 173.
6. 19세기 중반까지도 정확한 정의는 없었지만 일반적으로 퍼블릭 스쿨은 이름과 달리 많은 학비를 내고 다니는 귀족 학교였다. 젠트리의 자식들에게 문법과 교양 등 고급 교육을 시키기 위해 설립되었다. 기본 교양 교육 기관으로 기능했으며 유서 깊은 옥스퍼드나 케임브리지 대학에 들어가기 위해 대부분 거쳐야 하는 필수 코스였다. 잘 알려진 퍼블릭 스쿨에는 이튼(Eaton), 해로(Harrow), 럭비(Rugby), 웨스트민스터(Westminster) 학교 등이 있다.

참고문헌

김종현, 《영국 산업혁명의 재조명》(서울대학교 출판부, 2006).

서민우, "동체에 관한 전 학설을 반석 위에 올리다: 존 스미턴의 수차 연구와 18세기 영국의 자연철학과 엔지니어링의 만남과 갈등 그리고 다시 그어진 경계", 〈한국과학사학회지〉, 제30권 2호(2008), pp. 476-515.

이내주, 《영국 과학기술교육과 산업 발전, 1850-1950》(한울, 2009).

이영석, 《공장제의 역사: 근대 영국 사회와 생산, 언어, 정치》(푸른역사, 2011).

Bailey, M. R. (ed.), *Robert Stephenson: The Eminent Engineer* (London: Ashgate, 2003).

Buchanan, R. A., "Gentlemen Engineers: The Making of a Profession," *Victorian Studies*. 25 no.2 (1983), pp. 407-429.

Buchanan, R. A., *The Engineers: A History of the Engineering Profession in Britain 1750-1914* (London: Jessica Kingsley, 1989).

Cronin, B., *Technology, Industrial Conflict and the Development of Technical Education in 19th-Century England* (Ashgate Pub. Ltd., 2001).

Davies, H., *The Father of Railroad, George Stephenson* (London: Weidenfeld & Nicolson, 1975).

Emmerson, G. S., *Engineering Education: A Social History* (David & Charles Ltd., 1973).

Hirose, S., "Two Classes of British Engineers: An Analysis of Their Education and Training," *Technology and Culture*, 51 no.2 (2010), pp. 388-402.

MacLeod, C., *Heroes of Invention: Technology, Liberalism and British Identity 1750-1914* (Cambridge Univ. Press, 2010).

Miller, D. P., *James Watt, Chemist: Understanding the Origin of the Steam Age. Science and Culture in the Nineteenth Century no. 8* (London, Pickering & Chatto Publishers, Ltd., 2009).

Parsons, R. H., *A History of the Institution of Mechanical Engineers 1847-1947* (London: the IME, 1947).

Watson, G., *The Civils: The Story of the Institution of Civil Engineers* (London: Thomas Telford Ltd., 1988).

Watson, G., *The Smeatonians: The Society of Civil Engineers* (London: Thomas Telford Ltd., 1989).

김덕호 · 이관수

미국: 유럽 따라잡기와 엔지니어의 팽창

1 머리말

식민지 시대부터 19세기 중엽까지 미국에서 엔지니어가 등장하는 과정은 영국적 사회 문화와 프랑스적 제도의 영향을 짙게 받았다. 하지만 낙후한 경제 여건 속에서 영국의 수준 높은 장인 전통도, 프랑스의 전문적 수리과학도 없던 미국의 상황은 영국과 프랑스의 선례를 답습하지 않게끔 했고, 그럴 역량도 없었다. 하지만 미국의 독립, 제1차 산업화(1820~1840년대) 그리고 남북전쟁 등 주요한 국가적 계기를 통해 미국의 엔지니어가 탄생하고, 제도화한 엔지니어 양성 과정이 등장했다. 이와 함께 19세기를 거치며 진행된 경제 규모의 지속적 급팽창은 미국

■ 이 글은 다음의 논문을 토대로 완성한 것이다. 김덕호, "미국의 토목 엔지니어는 어떻게 탄생했는가?", 〈공학교육연구〉, 제14권 5호(2011.9). 이관수, "19세기 미국 기계 엔지니어 집단의 양성 과정의 재해석", 〈공학교육연구〉, 제14권 5호(2011.9).

엔지니어 특유의 문화와 가치관을 형성하는 데 지대한 기여를 했다.

이 글에서는 먼저 미국 엔지니어의 기원을 토목공학과 기계공학 분야에서 확인할 것이다. 불가피하게 이 두 분야만을 언급하게 되었는데, 이는 여기서나마 엔지니어적인 모습의 집단이 출현했기 때문이다. 다음으로는 엔지니어의 양성을 다룰 것이다. 이 부분은 남북전쟁 이전과 이후로 나누어 설명할 것이다. 남북전쟁 중에 발효된 1862년의 모릴 토지공여법(Morrill Land Grand Act)이 미국에서 주립대학을 중심으로 공과대학이 양적 팽창을 하는 계기를 마련해주었기 때문이다. 그런 다음 엔지니어의 사회적 위상과 정체성을 다룰 것인데, 이 또한 남북전쟁 이전과 이후로 시기를 구분해 토목공학과 기계공학 분야로 나누어 논의하고자 한다. 마지막으로는 이러한 엔지니어가 자신의 이해관계를 대변하는 이익 단체를 만드는 과정을 토목과 기계 분야로 나누어 설명하고자 한다.

2 미국 엔지니어의 기원

17세기와 18세기 영국의 아메리카 식민지에서는 프랑스식 엔지니어 교육 기관이나 영국식 도제 훈련을 꿈조차 꾸기 힘들었다. 그곳은 단지 식민지였을 뿐이며, 모국인 영국은 그 지역을 본국에 예속된 식민지 경제 구조를 통해 유지하고 있었다. 그러니 식민지 상태의 미국의 국력을 영국이나 프랑스와 비교하는 것조차 우스운 상황이었다. 그곳은 대서양 무역에서도 후진적인 공간으로 남아 있었다.

그렇지만 18세기 중반 무렵, 영국의 아메리카 식민지에서는 약 10명 중 한 명이 장인이었다. 장인 계층은 그들이 사는 공간에 따라 농촌 장인과 도시 장인으로 나뉘었다. 전자가 대부분 농부이면서 장인 역할을 했다면, 후자는 자신이 지닌 기술에 따라 직종별로 특화되어 있었다. 물론 절대 다수의 장인 계층은 대서양 연안을 중심으로 펼쳐진 도시에 있었다. 아메리카 식민지에서는 장인이 절대적으로 필요했다. 하지만 여러 유인책에도 불구하고 유럽에서 이민 오는 장인은 충분치 못했다. 결과적으로 식민지 시기 미국에서 기술의 변화 속도는 무척 느렸다고 평가할 수 있다. 기술 혁신을 가져올 요인이 없거나 적었던 것이다. 그러나 식민지 상태를 벗어나 독립을 쟁취한 이후에는 기술 상태에 변화가 생겼다. 새로이 시작하는 국가에 새로운 일이 산적했기 때문이다.

또한 식민지 시기 미국에는 엔지니어라고 여길 수 있는 직업군이 존재했다고 보기 어렵다. 나중에 다시 설명하겠지만, 엔지니어로 볼 수 있는 사람 중 극소수만이 1790년 이전에 출생했다. 또한 1830년 이전에 태어난 엔지니어 중 겨우 30퍼센트 정도만이 공학교 혹은 기술학교를 졸업했다. 게다가 공학으로 분류할 수 있는 모든 분야에서 엔지니어가 존재했던 것도 아니다. 즉 낮은 수준의 장인으로 여길 수 있는 사람은 비교적 광범위하게 분포했지만 고도의 기술적 능력을 지닌 집단은 없었다. 하지만 뒤집어보면, 식민지 사회의 상류층(유럽에서라면 중간층)에서는 나름 기술적 능력과 흥미를 지닌 사람이 유럽의 상류층에 비해 많은 편이었다.

유럽도 그러했지만 18세기 후반에서 19세기 전반 사이 미국에서는 공학으로 분류할 수 있는 기술 분야가 유럽보다 한층 제한적이었으며, 그나마 토목과 기계 분야에서만 엔지니어로 분류 가능한 집단이 존재했다. 따라서 이 글을 거의 토목과 기계 두 분야만을 중심으로 전개할 수밖에 없다는 것을 독자들이 이해해주었으면 한다.

신생 독립 국가 탄생 이후, 토목과 기계 분야에서 엔지니어로 분류 가능한 집단이 등장했지만, 그 시기와 양상은 사뭇 달랐다. 토목이 최소한 몇 십 년 앞서 엔지니어층을 형성했으며, 전문가로서 단체 또한 훨씬 빨리 구성했다. 토목 엔지니어와 기계 엔지니어에 대한 미국 사회의 수요가 사회적 변화와 맞물려 전개되었기 때문이다. 이들이 만들어낸 새로운 기술과 인공물이 미국 사회를 변화시킨 것도 사실이지만, 거꾸로 이들이 살던 사회가 특정 기술이나 인공물을 필요로 했던 것도 사실이다.

한편 유럽과 달리 19세기 미국에서는 광산 엔지니어가 주요 엔지니어 집단 중 하나로 활동했다. 하지만 이 글에서는 광산 엔지니어보다는 토목과 기계 엔지니어를 중심으로 미국 엔지니어의 탄생을 살펴볼 것이다. 이는 광업의 독특함에도 불구하고, 넓게 보면 광산 엔지니어가 직업적 활동과 사회적 특성 양면에서 토목 엔지니어 및 기계 엔지니어의 중간적 성격을 갖고 있었기 때문이다.

2.1 토목공학

미국 엔지니어의 기원은 어디서 찾을 수 있을까? 기술 분야 중 다른 여타 업종보다도 토목공학에서 찾아야 할 것이다. 미국 최초의 전문적 엔지니어 단체는 바로 1867년 설립한 미국 토목 엔지니어 협회(American Society of Civil Engineering, ASCE)이기 때문이다. 또한 영국이나 프랑스, 독일의 경우도 엔지니어의 기원을 국가 혹은 민간 주도의 공공사업에서 찾을 수 있기 때문이다. 이런 대규모 사업은 주로 성, 요새, 도로, 교량, 운하, 댐, 철도 건설 등을 포함했기 때문에 군사 엔지니어 혹은 훗날의 토목 엔지니어가 공학 전문가 집단으로서는 최초로 하나의 직업군을 형성했다.

미국에서 이들의 기원은 이른바 미국 혁명 시기(1776~1785)를 통해 생성된 군사 엔지니어에서 찾을 수 있다. 이들은 영국과의 식민지 독립전쟁에서 필요한 도로와 교량 그리고 요새를 만들던 공병단 출신이었다. 당시 정치적 필요성 때문에 약 24명의 프랑스 군사 엔지니어가 공병단을 훈련하고 자문 역할을 맡았다. 훗날 그중 일부는 프랑스 혁명 시기에 미국으로 이민을 와 요새를 만드는 데 도움을 주었다. 프랑스의 영향으로 1794년 미 의회는 포병 및 공병단 창립을 승인했으며, 1802년에는 공병단을 분리해 웨스트포인트에 자리를 잡도록 했다. 동시에 웨스트포인트에 군사학교 건립을 승인했다. 프랑스의 에콜 폴리테크닉을 의식한 조치였다.

주목할 것은 이들이 영국의 토목 엔지니어와 달리 산업혁명의 결과로 등장한 것이 아니라는 점이다. 미국은 독립 직후부터 영토 팽창에 힘을 기울였다. 이 과정에서 대서양 연안의 항구 도시와 애팔래치아 산맥을 가로질러 내륙 지방에 위치한 지역 간 분리는 심각한 국가 통합의 걸림돌이 되었다. 그 때문에 이들 지역 간 연결이 대규모 공공사업의 필요성을 정당화할 수 있었다. 즉, 미국은 영국처럼 산업혁명에 의한 비약적 경제 성장에 따라 교통망 구축을 필요로 했던 것이 아니라, 후진국으로서 국가 차원에서 기본적 인프라를 구축하는 것이 우선적이었다. 또한 항구 도시와 내륙 깊숙이 자리 잡은 지역 사이의 원활한 물류 이동을 위해서도 대규모 공공사업이 필요했다. 아울러 신생국의 13개 주를 하나의 연방으로서 효율적으로 통합하는 데 큰 도움을 주었기 때문에, 이러한 공공사업은 연방 혹은 주 차원에서 경쟁적으로 진행되었다. 그 결과를 우리는 교통 혁명 혹은 운송 혁명이라고 부른다. 여기서도 알 수 있듯 미국에서는 영국과 달리 연방 정부 혹은 주 정부가 필요한 경우 산업화의 토대를 쌓는 데 결정적 역할을 했다. 이는 미국이 모든 분야에서 자유방임 정책을 지속했을 것이라는 선입견과 어긋나는 현상이기도 하다. 미국에서 공공기관의 의지와 재정적 도움이 없었다면, 즉 건국 초기에 공공사업을 벌이지 않았다면 토목 엔지니어는 미국 사회에서 그렇게 빨리 자리를 잡을 수 없었을 것이다.

비군사적 공공사업에 연방 정부가 공적 자금을 쓸 수 있도록 허용한 최초의 법은 1787년에 만들어졌다. 그 법은 워싱턴에서 오하이오 강에 이르는 국도(National Road) 혹은 '컴버랜드 파이크(Cumberland Pike)'로 일컫던 도로를 건설할 수 있는 재원을 마련해줌으로써 북서부 준주

(Northwest Territory)를 확립시켰다. 처음에는 버지니아 주 북단의 휠링(Wheeling)까지 210킬로미터에 이르는 공사를 1806년에 시작했으며, 나중에는 콜럼버스와 세인트루이스까지 공사를 확장했다. 이러한 내부 교통망 건설 열풍으로 인해 운하 또한 1840년까지 약 5150킬로미터를 건설했다. 철도의 경우는 1840년까지 미국 전역에 약 4525킬로미터의 철로가 놓였다. 이는 1827년 첫 철도를 놓은 이래 불과 13년 만에 이룬 성과였다. 이후 철도는 1852년에 약 1만 4500킬로미터, 그로부터 30년 후인 1882년에는 총 연장이 약 14만 5000킬로미터로 늘어났다.

무엇보다도 이러한 운하 및 철도 건설 붐을 촉발한 것은 이리 운하 건설(1817~1825)이었다. 1812년에 벌어진 미국과 영국의 전쟁으로 미국 내 교통망이 시급한 문제로 떠올랐다. 왜냐하면 대서양 연안 도시와 내륙 지방의 연결 및 통신이 부실했을 뿐 아니라 더뎠기 때문이다. 게다가 상품 수송의 경우, 육지로 이동한다는 것은 불가능하리만큼 가격이 비쌌으며 강이 그나마 대안이었다. 예를 들어, 1812년 전쟁 당시 내륙 수송 비용은 화물 1톤을 1마일(약 1.6킬로미터) 운송한다고 가정할 경우, 육상으로 옮길 때에 비해 강을 따라 올라가면 5분의 1, 강을 따라 내려가면 24분의 1이 들었다. 요컨대 강으로 상품을 수송하는 비용에 비해 내륙의 길을 따라 수송하는 비용이 적게는 5배에서 많게는 24배나 많았다.

당시 뉴욕 주에서 영향력을 행사하던 드윗 클린턴(DeWitt Clinton)은 허드슨 강과 5대호를 연결하는 운하 건설을 추진해 마침내 1816년 운하 법안을 통과시켰다. 올버니(Albany)에서 이리 호에 이르는 약 590킬로미터의 이리 운하 건설 비용을 뉴욕 주가 부담하는 조건이었다. 동시에 올버니에서 허드슨 강을 연결하는 두 번째 운하도 건설할 계획이었다. 뉴욕 주의 이 야심찬 운하 건설 계획은 예상보다 거의 네 배나 많은 비용이 들었으며, 이에 따라 뉴욕 주의 경제 또한 엄청나게 활기를 띠었다. 더욱이 이리 운하 공사를 완공한 1825년에는 시작 때보다 훨씬 많은 지지를 받았다.

이리 운하를 비롯한 대규모 공공 토목 사업을 활발히 진행한 1810년대 후반에서 1830년대까지 이런 계획을 지휘할 수 있는 기술 인력은 극소수였다. 또한 그 주요 인물은 유럽 출신인 경우가 많았다. 반면 일반 노동 인력이나 측량 기사(surveyor)는 상대적으로 부족하지 않았다. 정치가인 조지 워싱턴이나 작가인 헨리 데이비드 소로의 경우에서 볼 수 있듯 식민지 시대 이래 나름 측량 기사로 활동한 인력은 상당히 많았다. 일부 고급 측량 기사는 토질 조사, 나아가 지질 조사까지 겸했다. 따라서 많은 경우 측량 기사가 엔지니어 역할을 떠맡은 것도 부자연스러운 전환은 아니었다. 또 공공 토목 사업 현장에서 발탁한 초급 인력이 측량 기사로 올라서기도 했다. 이렇게 건설 현장에서 훈련받거나 독학으로 공부한 사람이 공공 토목 사업에 참가해 경험을 쌓으면서 더 높은 지위로 올라가는 양상이 벌어졌다. 반면, 토목 분야에서 공식적인 교육을 받은 사람은 극히 드물었다. 이리 운하 건설 사업의 경우 공사를 시작한 이후 단 한 명의 엔지니어, 즉 캔버스 화이트(Canvass White)만이 유럽으로 훈련을 떠났을 뿐인데, 그 또한 현장에서 조수로 경력을 시작한 사람이었다.

공공 토목 사업을 총괄하는 사람은 '엔지니어' 또는 '수석 엔지니어(Chief Engineer)'라는 직함을 가졌다. 따라서 토목 분야에서 '엔지니어'는 현장 경력을 쌓아 최고의 지위에 올라선 사람을 지칭하는 용어가 되었고, 이들은 대부분 이리 운하 건설 사업에 참가한 사람 또는 그런 사람의 도제 출신이었다. 즉 이리 운하 공사를 통해 장래의 미국 토목 엔지니어가 탄생한 것이다.

2.2 기계공학

식민지 시절 미국에서 가장 고난도의 기술 중 하나를 보유한 사람은 수차 제조업자였다. 수차 제조업자는 비록 목수 일부터 대장장이 일에 이르기까지 여러 가지 기술을 보유해야만 했지만 일반적으로 절반은 기계공으로서, 절반은 사업가로서 활동했다. 그렇지만 철 주조소의 경우는 상황이 달랐다. 철 주조소 소유주와 그곳에서 일하는 숙련 기술자는 동일한 인물이 아니었다. 예컨대 18세기 중엽 철 주조소를 하나 열려면 약 3500파운드의 돈이 필요했다. 이는 마스터 인쇄업자가 자신의 사업을 하는 데 필요한 비용의 56배나 되는 엄청난 돈이다. 따라서 그곳에서 일하는 사람은 고용된 장인일 뿐이었다.

이러한 미국적 장인 전통에서, 기계 엔지니어가 탄생한 공간은 주물 제작소에서 출발한 기계 제작소 그리고 기계 제작소에서 분화한 공작기계 제작소였다. 훗날 미국의 기계 엔지니어로 발전한 집단도 초창기에는 토목 엔지니어의 경우와 비슷하게 영국식 현장 훈련을 통해 양성되었다. 이러한 현장 훈련을 통해 1790년대부터 1830년대 초까지 뉴잉글랜드에서 필라델피아 일원에 이르는 미국 북동부 지역에서는 기계공 수준을 넘는 기계 제작자의 네트워크 및 계보가 형성되었다. 따라서 미국의 기계 엔지니어는 대학 수준의 전문적인 교육 기관 졸업생이 아니라 기계 제작소를 운영하던 사람 혹은 그곳에서 현장 교육을 받은 기술자에서 그 기원을 찾는 게 맞을 것이다.

유럽과 비교할 때, 초기 미국 기계 제작자의 두드러진 한 가지 특징은 주 정부 때로는 연방 정부 차원에서 강력한 영향력을 발휘한, 오래된 유력 가문 출신자가 직접 기계공과 함께 기계 개발 및 제작에 참여했다는 점이다.

종종 미국 산업혁명의 시작으로 거론되는 앨미 앤드 브라운(Almy & Brown) 회사의 방적 공장은 1780년대 말 모지스 브라운(Moses Brown)이 아크라이트식(式) 방적기의 복제를 시도하면서 비롯되었다. 브라운은 로드아일랜드 식민지 창설자의 직계 자손이자 미국 혁명의 급진적 지도자였다. 또한 퀘이커교도이자 상인이며 로드아일랜드 주의 유력 정치인이었다. 다양한 사업체를 운영한 브라운은 로드아일랜드 주 프로비던스의 주물공 윌킨슨 부자와 함께 방적기의 외형을 복제하는 데까지는 성공했다. 그들이 만든 방적기는 제대로 작동하지 않았지만 신생 미국에서 영국의 방적기를 모방하려 한다는 소문이 영국에까지 퍼졌다. 한때 아크라이트식 방적 공장에서 도제 생활을 경험한 새뮤얼 슬레이터(Samuel Slater, 1768~1835)는 이 소문을 듣고, 1789년 미국으로 이주해 브라운의 개발 작업에 참여했다. 미국의 상황을 정확히 알지 못한 채 개발에 동참하기로 한 슬레이터는 수력 방적기에 대한 기술 유출을 금지한 영국 법을 피해 아크라이트 방식을 구성하는 기계의 설계를 암기한 후 미국으로 건너갔다. 그들이 개발한 수력 방적기는 1793년에야 생산을 시작했는데, 이렇게 시간이 오랜 걸린 이유는 슬레이터와 주물공 윌킨슨 일가가 필요한 부품을 만족스럽게 제작하는 데 여러 번 시행착오를 겪었기 때문이다. 이후 슬레이터는 브라운 일가의 가족 회사에 파트너로 참여하고, 대니얼 웹스터 상원의원 등 연방 정부 유력자들과 교류할 정도로 신분 상승을 이루었다. 한편 윌킨슨 일가는 여러 공장을 위해 방적기를 제작했으며, 이들을 통해 기술과 노하우를 익힌 인력이 뉴잉글랜드 지역에서 기계 제작자로 성장했다.

미국에서 와트 방식의 증기 기관 제작 및 기술 확산 과정 또한 이와 비슷했다. 요컨대 유력 가문 출신이 직접 기계 제작에 뛰어들었다. 적어도 일부 기계 제작자는 상류층의 일원이었다. 이런 과정은 뉴욕 주 일대에 기반을 둔 루스벨트가, 리빙스턴가 그리고 스티븐스가 사이에서 벌어졌다.[1] 니콜라스 루스벨트는 물레바퀴식 증기선 추진기를 발명했고, 존 스티븐스 3세는 스크루 프로펠러, 그의 아들 로버트 스티븐스는 T형 철로를 발명한 사람이다. 로버트 리빙스턴은 파리에서 로버트 풀턴과 함께 증기선 제작 및 운전을 시도했었다. 그들은 직접 주물 제작소를 운영하면서 기계 제작과 설계를 도맡았다. 인척 관계인 그들은 증기선 개발과 운영권 독점을 놓고 격렬한 경쟁을 벌였으나 프로젝트에 따라서는 협력을 하기도 했다. 당시 개발자들이 봉착한 가장 큰 기술적 문제는 와트식 증기 기관을 제작하는 일이었는데, 주물 제작소를 뉴커먼 방식의 증기 기관 제작소로 키워낸 니콜라스 루스벨트 또한 실패를 거듭하고 있었다. 그때 영국에서 '토목 엔지니어의 아버지'라 일컫는 존 스미턴에게서 훈련받은 건축가 겸 토목 엔지니어 벤저민 라트로브(Benjamin Latrobe)가 필라델피아의 배수 프로젝트를 위해 와트-볼턴 회사의 직원을 데려왔다. 당시 미국의 철물 가공 기술이 낙후해 라트로브는 나무 보일러를 사용해야 했다. 그러나 이 프로젝트 현장을 여러 차례 방문한 니콜라스 루스벨트는 마침내 와트식 증기 기관의 제작 요령을 찾아내는 데 성공했다. 루스벨트는 리빙스턴과 스티븐스에게 각기 와트식 증기 기관을 공급했고, 스티븐스와 그의 아들들은 그 노하우를 익혀 근거지인 뉴욕시티 인근의 호보켄에 주물 공장을 차린 후 와트식 엔진과 증기선을 직접 제작하기 시작했다.

스티븐스 일가는 내륙 수운용 증기선 운영권 독점에 실패한 후, 1812년부터는 이리 운하 계획에 반대하며 아직 보급되지 않은 증기 철도의 주요 주창자로 변신했다. 존 스티븐스 3세는 나름대로 시험용 증기 기관차를 설계·제작하기도 했으나 상업 운전에 필요한 성능을 달성하지 못하자 1830년 영국의 스티븐슨 회사에서 증기 기관차를 수입해 뉴욕과 필라델피아를 연결하는 미국 최초의 상업용 철도를 개통했다. 스티븐스 부자는 부품 형태로 수입한 기관차를 조립해본 후 기관차를 자체 제작하기 시작했다. 그들은 이 모든 과정을 대중에게 공개했는데, 이때 필라델피아에서 참관하러 온 귀금속 장인 메티아스 볼드윈은 기관차 제작의 노하우를 익혀 유명한 볼드윈 증기 기관차 제작소를 설립하기도 했다.

이러한 기술과 노하우 전파 과정에서 주물공 중 일부가 기계 제작자로 변신하는 데 성공했다. 주물 제작소가 기계 제작소로 변모한 이후에는 기계 제작자로서 성공이란 도제, 직인 기계 제작자(journeyman machinist)를 거쳐 마스터 기계 제작자로 독립하는 것이었다. (간혹 마스터 기계 제작자의 눈에 띄어 노동자에서 도제로 승격하는 경우도 있었다.) 따라서 성공한 기계 제작자는 대부분 기계 제작소 소유자였다.

지금까지 살펴본 기계 제작자를 통해 우리는 초기 미국 기계 엔지니어의 대체적인 정체성을 파악할 수 있었다. 그들은 식민지 시기부터 내려온 명문가의 일원이거나 그들과 합작한 장인이었다. 명문가 출신의 기계 제작자는 당연히, 비록 근대적인 과학 중심 교육은 아니지만, 대학 수준의 교육을 받은 사람들이었다. 또한 서로 혼인 관계로 연결된 경우가 대부분이었고, 정부의 권력을 동원할 정도로 정치적 영향력을 보유하고 있었다. 존 스티븐스 3세는 미국 특허법 제정 과정을 주도한 가장 강력한 청원자였으며, 리빙스턴은 당시 미국으로서는 가장 중요한 외교 상대인 프랑스 대사였다. 영국 출신 슬레이터처럼 그들과 합작한 장인은 기계 제작자로 변신하면서 유서 깊은 명문가의 일원이 되거나 그에 버금갈 정도로 신분 상승을 이루어 당대나 다음 세대에는 명문가와 혼맥(婚脈)으로 연결되었다. 예를 들어 풀턴은 리빙스턴가의 사위였으며, 루스벨트는 라트로브의 딸을 아내로 맞이했다.

1800년대 초 미국 북동부의 기술적 능력은 비록 유럽에 비해 상당히 낮은 수준이었지만, 사회 각 계층에 좀더 폭넓게 퍼져 있었다. 슬레이터처럼 영국에서는 독립을 꿈조차 꾸지 못한 도제 생활 경험자 수준의 노하우도 매우 귀중하게 받아들였다. 미국에서는 루스벨트, 스티븐스, 볼드윈의 경우처럼 몇 차례의 참관만으로 그리고 그런 경험을 통해서만 새로운 기술을 익혀야 했다.

이런 상황에서 자원을 지속적으로 많이 동원할 수 있는 미국 사회 최상층부의 일원이 오랜 시행착오를 거치며 직접 새로운 기계 제작에 뛰어들었던 것이다. 이는 같은 시기 유럽과 달리 미국에서는 일부 저명한 기계 제작자가 사회의 최상층부로 여겨지는 경향을 낳았다. 그리고 이는 각종 금속 및 목제 기계 관련 기술과 기능을 지닌 인력 집단 내에서 사회문화적 분화가 뚜렷해지고 있었음을 보여준다.

3 엔지니어 양성

기술적 전문성이 엔지니어의 정체성을 드러내는 으뜸 지표라면, 이러한 전문성을 누가 키워주고 가르쳐주느냐 또한 국가별로 차이를 드러냈다. 즉, 국가가 주도해 특정 기술 분야의 전문가를 양성했느냐 혹은 민간인 차원에서 양성했느냐에 따라 엔지니어의 정체성에 차이를 가져왔다. 미국의 엔지니어 형성은 영국 및 프랑스의 영향을 많이 받았지만, 그 결과는 절충적이었다. 우선, 영국과 달리 초기 미국 엔지니어는 노동 계급의 숙련 장인으로 분류되지 않았다. 즉, 적어도 신분 피라미드의 중간층으로 인식되었다. 그렇지만 프랑스와 달리 이들은 국가가 아니라 기업과 연결되어 있었다. 따라서 영국 스타일과 프랑스 스타일을 상황에 따라 절충하며 미국 스타일을 만들었다고 할 수 있다.

즉, 미국은 엔지니어 양성에 영국의 영향을 많이 받으면서도 프랑스식 공식 교육을 지향했다. 예컨대 비공식적 고용 패턴이나 현장 훈련(on-the-job training)을 통한 교육이 그러했다. 가장 대표적인 예가 이리 운하 건설인데, 이곳에서 미국의 토목 엔지니어가 배출되었다. 운하 건설 현장에서는 엔지니어가 절대적으로 모자랐기 때문에 현장에서 교육을 받은 측량 기사가 승진해 보조 엔지니어로, 보조 엔지니어가 엔지니어로 그리고 최종적으로는 이들 엔지니어 중 일부가 수석 엔지니어로 올라섰다.

3.1 남북전쟁 이전

3.1.1 토목공학

그렇다면 미국이 신생 독립 공화국으로 출발한 이후 평화 시에 필요한 토목 엔지니어는 어떻게 양성되었을까? 크게 보아 네 가지 통로가 존재했다. 첫째, 앞에서도 지적한 것처럼 영국의 전통을 따라 도제 제도 혹은 도제 제도에 입각한 현장 훈련이 토목 엔지니어가 될 수 있는 주된 통로였다. 둘째, 극소수 사람들은 깊이 있는 이론에 목말라 혹은 선진 공학 교육을 배우고자 유럽으로 건너가 유학생으로서 몇 년간 집중적으로 이론 공부를 마친 뒤 토목 엔지니어가 되어 귀국했다. 셋째, 독립 직후 미국 사회에 필요한 토목 엔지니어를 공식적인 민간 교육 기관을 통해 배출할 여건이 못 되었기 때문에 1802년 군사 엔지니어를 양성하는 기관인 웨스트포인트 군사학교를 설립했다. 넷째, 마지막 통로로서 민간 혹은 대학에서의 공학 교육을 들 수 있는데, 이는 1820년대 이후에나 가능했다. 패트리지 학교(Partridge School, 1820년 개교. 훗날 노위치 대학으로 교명 변경)를 선두로, 렌셀러 공대(Rensselaer Institute, 1824년 개교)가 뒤를 이었다. 하지만 배출 인력 규모 면에서는 웨스트포인트가 가장 앞서 있었다. 그러므로 사실상 1850년대 이전에는 웨스트포인트 말고는 민간 차원에서 체계적인 공학 교육을 받아 활동하는 토목 엔지니어는 소수에 불과했다. 따라서 민간 차원에서 남북전쟁 이전의 토목 엔지니어 양성 통로는 현장 훈련, 유럽 유학, 군사학교, 공학교 등 다양한 길이 존재했다.

3.1.1.1 영국식 도제 제도에 입각한 현장 훈련

19세기 중반까지도 미국에서 활동한 토목 엔지니어는 대부분 도제식 교육을 통해 양성되었다. 이 경우 두 가지 방식이 있었는데, 첫 번째는 훈련받은 엔지니어를 해외에서 수입하는 것이다. 자진해서 미국으로 이민을 왔거나 혹은 프로젝트 기간 동안만 수석 혹은 거주 엔지니어로 미국에 머무른 영국인이나 프랑스인이 여기에 해당한다. 초창기 미국에서 토목 엔지니어를 찾는 일이 너무 힘들었기 때문에 이들의 활동은 미국의 엔지니어 역사에서 큰 기여를 했다. 두 번째는 대규모 공공사업에서 현장 훈련을 통해 양성된 엔지니어를 들 수 있다. 이들 중 첫 번째 세대는 영국 혹은 프랑스에서 온 토목 엔지니어로부터 현장 교육을 받은 사람들이다.

독립을 전후한 18세기 후반의 미국은 근본적으로 농업 국가였으며, 영국이나 프랑스를 서구 문명의 중심으로 이해할 경우 변방 국가, 즉 지리적으로 변방에 위치했을 뿐 아니라 경제적으로나 문화적으로 미개발 혹은 개발 도상에 있던 국가라는 점을 잊어서는 안 된다. 따라서 자력으로는 대규모 운하를 파거나 수로 공사를 하는 것이 불가능했다. 유일한 방법은 많은 비용을 들여 선진국의 전문가를 고용하는 것이었다. 따라서 새로운 부와 기회를 찾아 유럽 엔지니어들이 이민을 오거나 임시로 거주하다 본국으로 돌아가기도 했다. 이울러 이들로 인해 기술 이전이 자연스럽게 이루어졌다. 그 대표적인 예가 영국의 윌리엄 웨스턴(William Weston, 1763~1833)이다.

윌리엄 웨스턴은 영국에서 일급 엔지니어가 아니었다. 하지만 미국에서는 상황이 달랐다. 그는 당대 어떤 미국인보다 운하나 교량 설계에 관해 많은 지식을 갖고 있었다. 1793년 미국으로 건너와 1800년까지 머물면서 주요 운하 사업에 참여한 그는 수석 엔지니어로서 자연스럽게 미국인에게 자신의 토목공학적 지식과 노하우를 전수해주었다. 예컨대 초기 운하 사업인 미들섹스 운하 공사(1793~1803)에 참여하는 동안 자신보다 연장자인 로아미 볼드윈 1세(Loammi Baldwin Sr., 1744~1807)를 보조 엔지니어로 임명해 함께 일했으며, '서부 내륙 수문 항로(Western Inland Lock Navigation)'에서 일할 때는 벤저민 라이트(Benjamin Wright, 1770~1842)를 측량 기사로 훈련시켰다. 또 펜실베이니아 주 운하 건설에서는 로버트 브룩(Robert Brooke)에게 측량을 맡기기도 했다. 라이트와 브룩의 경우는 후일 엔지니어 지위로까지 승진했다.

웨스턴은 1801년 영국으로 돌아간 뒤에도 계속 미국 쪽 관계자와 연관을 맺었으며 이리 운하 공사에서도 고문으로 활동했다. 그는 미국의 초창기 토목 엔지니어를 현장에서 훈련시킨 교육자이기도 했다. 특히 그가 감독으로 있던 공사 현장에서 보조 역할을 맡았던 두 사람은 미국 내에서 훈련받은 첫 번째 엔지니어 세대를 대표했다.

미국 사회 상층부 출신인 로아미 볼드윈은 하버드 대학을 졸업했다. 독립전쟁 당시에는 워싱턴 장군 휘하에서 전공을 쌓았으나 건강 악화로 1777년 퇴역했다. 그 후 정치 활동을 하기도 했으며 1794년에는 미들섹스 운하 사업에 참여해 엔지니어로 활약했다. 이후 뉴잉글랜드 지방에서 엔지니어로 명성을 얻고, 여러 운하와 교량, 유료 도로(turn pike) 공사에 참여했다. 벤저민 라이트와 더불어 '미국 토목 엔지니어의 아버지'로 일컫기도 한다.[2]

벤저민 라이트는 가난한 퇴역 장교 출신인 아버지 밑에서 제대로 교육을 받지 못했지만 삼촌의 도움으로 기본적인 법률과 측량에 대해 배울 기회를 얻었다. 1789년 뉴욕 주 북부에 있는 도시 롬(Rome)에서 측량 기사로 엔지니어 일을 시작했다. 1794년에는 웨스턴에 의해 발탁되어 모호크 강에 독(dock)과 운하를 건설할 때 측량 기사 및 기획가(planner)로 활동했다. 이러한 경력을 쌓은 다음 1817년에는 이리 운하 건설 공사의 수석 엔지니어로 발탁되었다. 이후 라이트는 미국에서 가장 널리 알려진 운하 엔지니어로 활동했다.

중요한 점은 바로 이 벤저민 라이트가 초기 주요 토목 엔지니어 사이의 네트워크 형성에 중심 역할을 했다는 것이다. 그가 운하 건설 현장에서 아랫사람으로 거느리면서 현장 교육을 시킨 사람들이 미국 제2세대 토목 엔지니어를 대표하는 인물이기 때문이다. 예컨대 존 B. 저비스(John B. Jervis), 찰스 일렛 2세(Charles Ellet, Jr.), 캔버스 화이트 등이 그들이다.

다시 한 번 강조하지만, 제퍼슨 대통령 시대(1801~1808) 이후 미국은 영토 팽창과 인구 증가에 직면해 대서양 연안과 내륙을 연결해야 할 필요성이 절실했다. 특히 1803년 루이지애나를 매입한 뒤에는 미국의 영토가 두 배 이상 넓어졌다. 훗날 교통 혁명이라 일컫는 일련의 대규모 토목 사업은 이런 상황에서 벌어진 것이다. 여기에 필요한 토목 엔지니어는 위에서 언급한 제1세대 토목 엔지니어에 의해 영국적인 도제식 현장 교육을 통해 양성되었다. 게다가 무엇보다 이리 운하 건설은 현장 훈련 시스템이 미국에서 잘 작동하고 있음을 보여주었다. 이 운하 공사를 통해 많은 토목 엔지니어가 배출되었으며, 1825년 이리 운하가 완공된 후에는 이곳에서 양성된 엔지니어가 미국 전역에서 토목 사업 분야의 주역으로 등장했다. 즉, 운하뿐 아니라 철도나 수로 사업, 도시의 하부 구조 건설 등에도 그들의 토목 지식을 활용할 수 있었다.

3.1.1.2 프랑스 유학을 통한 공식적 공학 교육

이렇듯 운하 건설 현장에서 도제 수업을 통해 엔지니어로 성장한 경우가 주된 첫 번째 통로라면, 미국 내 건설 현장이 아닌 유럽 선진국에 있는 대학 이상의 교육 기관에서 공식적인 공학 교육을 받고 토목 엔지니어가 된 경우도 소수이긴 하지만 존재했다. 이들 또한 19세기 전반 토목 엔지니어로서 적극 활동했으며, 아울러 미국의 주요 엔지니어로 평가받고 있다. 아래에서 언급하는 엔지니어는 모두 프랑스에서 유학을 했다. 당시 공학 교육을 체계적으로 가르치는 최고 수준의 학교가 프랑스에 있었기 때문이다.

찰스 스터로(Charles Storrow, 1809~1904)는 프랑스에서 공학을 배운 몇 안 되는 미국인 중 한 명이었다. 보스턴 출신 상인의 아들로 태어난 그는 9세 때 파리로 건너갔다. 가족이 사업차 파리로 이주했기 때문이다. 15세 때까지 파리에 거주한 후 17세 때 하버드 대학 2학년으로 입학했다. 그런데 파리에 있던 아버지의 사업이 기울어 갑작스럽게 파산하고 말았다. 스터로는 과학 대신 졸업 후 취업이 가능한 토목공학에 관심을 갖게 되었다. 아버지는 자신의 친구인 로아미 볼드윈 2세(1780~1838)에게 자문을 구하도록 했다. 이에 볼드윈은 토목 엔지니어라는 실제 직업에 앞서 과학을 공부하는 데 세계 최고 수준의 지식을 제공할 수 있는 곳은 프랑스라고 조언해주었다. 그리하여 스터로는 파리의 응용학교 중 하나인 토목학교에서 1830년부터 1832년까지 일종의 청강생으로 수업을 들었다.

영국적 전통 또한 중시한 볼드윈 2세는 엔지니어 훈련을 받는 데 이론 강의만으로는 부족하니 현장에 대한 실제적 지식을 쌓으라고 강조했다. 예를 들어 기념비적인 공공 토목 사업장을 직접 방문할 것을 권유했다. 이에 여름 방학 중 영국으로 건너간 스터로는 주요 사업장을 돌며 영국 토목공학의 성격과 수준을 가늠할 수 있었다.[3]

또 다른 예로 찰스 일렛 2세를 들 수 있다. 일렛은 17세 때인 1827년 서스케하나 강 북쪽 270킬로미터를 측량하는 사업에서 보조 엔지니어 15명 중 한 명으로 고용되었다. 이후 체서피크와 오하이오 운하 사업에서는 거의 2년 동안 보조 엔지니어로 활동했다. 이 운하 건설의 수석 엔지니어는 벤저민 라이트와 제임스 게디스(James Geddes) 그리고 캔버스 화이트 세 사람이었다. 모두가 이리 운하 건설 책임을 맡았던 사람들이다. 그런데 그중 벤저민 라이트가 일렛 집안과 아는 사이였다. 일렛이 체서피크와 오하이오 운하 건설에 고용되고 그 후 빠르게 승진한 것은 아마도 이런 사적인 인연이 작용했다고 볼 수 있다. 이후 라이트와 일렛은 사제지간이 되었는데, 아무리 개인적인 연고가 있었다 해도 일렛의 근면함과 철두철미한 성격이 큰 영향을 미쳤을 것이다.

일렛은 미국에 남아서 단계를 밟아 승진할 것인지 혹은 해외에 나가 체계적인 엔지니어 공부를 할지 고민했다. 그리고 1830년 2월, 마침내 가족의 반대와 우려를 무릅쓰고 프랑스로 유학을 떠나기로 결정했다.[4] 일단 유학을 결심하자 아버지는 파리에 있는 라파예트(Lafayette)에게 추천서를 보내주었다. 그리고 라파예트는 일렛이 토목학교의 입학 허가서를 받는 데 도움을 주었다. 아울러 프랑스 주미대사의 협조로 그해 7월에는 무사히 토목학교에 입학했다. 4개월에 걸쳐 강의를 들은 뒤에는 유럽의 선진 교통망을 확인하기 위해 남프랑스와 스위스를 여행했다. 이때 주로 댐이나 저수지 혹은 강의 수로를 점검했다. 또한 이 여행을 통해 현수교에 대한 관심을 키우며 가론 강, 론 강, 르와르 강 등의 다리를 관찰했다.[5]

이렇듯 극소수 사람은 유럽으로 유학을 떠나 선진 공학 이론을 배우고 미국으로 돌아왔다. 그리고 현장에 참여해 후배들에게 프랑스의 첨단 공학을 소개하고 전수할 수 있었다.

3.1.1.3 고등 교육 기관을 통한 엔지니어 양성

웨스트포인트

또 다른 면에서 엔지니어 양성에 대한 제도적 접근은 고등 교육 기관의 설립이었다. 이는 대학 수준의 공학 프로그램을 제공하는 교육 기관을 만드는, 이를테면 소수의 엘리트 양성을 목표로 국가가 주도하는 엔지니어 교육 기관과 유사한 측면이 있었다. 그러나 미국은 프랑스처럼 강력한 중앙 정부에 의한 엘리트 엔지니어 양성을 허용하지 않았다. 다만 국가의 공공사업에 필요한 공병 장교 양성이 초기 공화국 건설에 긴요했으므로 의회는 군사학교 설립에 동의했다. 그렇게 해서 발족한 것이 바로 웨스트포인트이다. 즉, 영국적 방식의 엔지니어 양성의 한계를 일찍부터 깨달은 미국 정치 지도자들이 프랑스적 방식을 교육할 군사학교를 웨스트포인트에 만든 것이다. 나아가 미국은 인력 양성을 위해 중견 장교를 직접 프랑스에 파견하기도 했다.

웨스트포인트는 프랑스의 전례를 따라 1802년에 설립했고, 이곳을 졸업한 장교는 곧이어 미 육군의 '공병단'에 편입되었다. 그러나 웨스트포인트에서는 1812년 벌어진 영국과의 전쟁 이후에나 공학 교육을 본격적으로 심화할 수 있었다.

1812년 미영 전쟁이 한창일 때 전쟁부 장관은 영국이 프랑스보다 공학에서 뒤지고 있음을, 아울러 미국은 영국보다도 많이 뒤지고 있음을 솔직히 인정했다. 당시 국무장관 제임스 먼로(James Monroe)는 공병감 조지프 스위프트(Joseph Swift)의 건의에 따라 윌리엄 맥리(William McRee) 중령과 실바너스 세이어(Sylvanus Thayer, 1785~1872) 대위를 프랑스에 유학 보내기로 결정했다. 동시에 유럽의 군사학교와 군사 작업장 및 축성술에 대한 지식과 웨스트포인트에 필요한 서적, 지도, 도구 등을 구입해올 것을 지시했다. 워털루 전투 직후인 1815년 여름 유럽에 도착한 그들은 1817년 5월 임무를 마치고 귀국했다.

프랑스의 에콜 폴리테크닉에서 2년간 유학을 마치고 교장으로 부임한 세이어 이후 웨스트포인트는 프랑스 방식의 공학 교육을 강화했다. "웨스트포인트의 아버지"라 일컬을 만큼 초창기 웨스트포인트의 공학 교육에 많은 영향을 끼친 그는 부임 직후 교과 과정을 4년제로 바꾸고, 학점 및 강의법 등을 에콜 폴리테크닉을 본받아 개혁하고 체계화했다. 여기에 프랑스 방식처럼 수학과 이론에 기초한 공학의 접근을 수용하고, 상당히 많은 프랑스 교재를 사용했다. 그 결과 웨스트포인트는 미국 최초로 공학 교육을 시행한 고등 교육 기관이 될 수 있었다.

그 후 1826년 웨스트포인트는 교관인 데니스 머핸(Dennis Mahan) 대위를 프랑스에 보내 파리와 메스에서 4년간 공학 교육을 받도록 했다. 귀국한 그는 기존의 프랑스 방식 교과 과정 개편을 주도하고 프랑스의 최신 이론을 반영한 교과서를 집필했다. 예컨대, 1837년 머핸이 쓴《토목공학 입문(Elementary Course of Civil Engineering)》은 19세기 동안 토목공학 분야에서 '가장 널리 이용한' 교과서로 자리 잡았다. 이렇듯 웨스트포인트는 처음부터 프랑스 공학 교육의 영향을 받아 출발했으며, 1817년 세이어가 교장이 된 후에는 에콜 폴리테크닉을 모델 삼아 교과 과정을 확대하고 과학 및 수학 중심의 이론 교육에 중점을 두었다.[6]

나아가 웨스트포인트는 프랑스 사람 혹은 프랑스에서 이민 온 사람에게 교관 자리를 제공했다. 당시 프랑스의 영향력은 컬럼비아, 예일, 하버드 같은 아이비리그 대학교와 유니언 칼리지, 미시간 대학과 버지니아 대학 등에도 미쳤지만 웨스트포인트만큼은 아니었다. 예를 들어, 웨스트포인트에는 1816년 7명의 교수 중 프랑스인이 4명이나 되었다.

그들 중 클로디우스 크로제(Claudius Crozet, 1789~1864)는 웨스트포인트가 이상적인 공학 교육의 산실로 모방하고자 했던 에콜 폴리테크닉 출신의 군사 엔지니어 출신이었다. 아래와 같이 크로제의 이력을 살펴보는 것은 초창기 미국이 유럽에서 건너온 선진 지식으로 무장한 이민자들에게 얼마나 많은 영향을 받았는지 확인하는 시금석이 될 수 있기 때문이다. 구체적으로 그는 19세기 전반에 프랑스 공학을 미국에 전수했다. 토목공학의 이론적 토대를 예비 군사 엔지니어에게 교육시켰으며, 훗날 버지니아 및 루이지애나의 '주 엔지니어(state engineer)'가 되어 프랑스적 전통을 미국 상황과 접목하는 데 큰 도움을 주었다.

크로제가 입학한 1805년 나폴레옹 1세는 에콜 폴리테크닉에 대한 대대적인 개혁을 단행했다. 에콜 폴리테크닉의 군사화를 목표로 3년제에서 2년제로 전환했으며, 선택 과목을 배제하고 모든 과목을 필수화했다. 그는 에콜 폴리테크닉 1년차(1805년 11월~1806년 9월)에 물리학, 화학, 기하학, 공공사업, 건축, 축성술, 기계학, 광산학, 제도 등의 교육을 받았다. 2년차에는 도형기하학, 기계학, 화학, 물리학, 축성술, 수리 분석, 공공사업, 제도 등을 배웠다. 이처럼 엘리트 위주의 엄청난 강의를 소화해야 하는 에콜 폴리테크닉 교육은 아래에서 살펴볼 것처럼 훗날 렌셀러 공대에서도 반복되었다.

크로제는 나폴레옹 1세 휘하에서 포병 장교로 활동했다. 26세의 나이에 전역을 결정한 그는 얼마 후 결혼을 하고 미국으로 이민을 떠났다.[7] 그리고 웨스트포인트에 처우를 비롯해 여러 가지 불만이 있었지만 1823년까지 생도들에게 프랑스식 공학 교육, 즉 수학과 과학으로 무장한 이론 위주의 공학 교육을 전수했다.

1820년에는 웨스트포인트를 떠나 버지니아 주 엔지니어 및 공공사업단의 수석 엔지니어로 활동하면서 운하, 다리, 철도, 터널, 유료 도로 등을 설계·건설했다. 또한 1839년에는 버지니아 군사학교(Virginia Military Institute)를 만드는 데 산파 역할을 했다.

민간 공학교

1830년대까지도 공학은 많은 경우 기능(craft)으로 간주되었으며, 현장에서의 실무로 배우는 전통이 남아 있었다. 당시 웨스트포인트만 유일하게 현장이 아닌 고등 교육 기관으로서 공학 교육을 시행하고 있었다. 다만, 1820년 개교해 1834년 노위치 대학으로 개명한 패트리지 학교와 1824년 개교한 렌셀러 공대가 불완전하나마 공학을 가르쳤다. 전자의 경우, 1825년경 공학 프로그램을 운영했으며 1834년에야 3년제 과정을 확고히 했다. 후자의 경우 토목공학에 대한 학위를 민간 학교

최초로 제공한 해는 1835년이었으며 1850년에야 3년제 대학으로 바뀌었다.[8]

민간 차원에서는 1824년 뉴욕 주 트로이(Troy)에 개교한 렌셀러 공대에 주목해야 할 것이다. 《렌셀러 폴리테크닉 인스티튜트의 역사》를 쓴 파머 리케츠(Palmer Ricketts)는 이 책 2판(1914년) 서문에서 이 학교가 영어권 국가 최초의 과학 학교이자 최초의 토목공학 학교임을 천명하고 있다. 영어권 최초의 과학 학교라는 주장에는 이의를 제기할 수도 있지만, 최초의 토목공학 학교라는 점은 분명하다. 단, 군사학교를 제외하고 그렇다. 스티븐 반 렌셀러(Stephen Van Rensselaer)는 이 학교를 "과학을 인생의 공동 목적에 응용"[9]하기 위해 개교했다. 원래는 뉴욕 주에서 재정 지원을 받는 학교로 출발하려 하였으나 실패하고, 대신 개인의 후원에 의존하는 사립학교로 설립되었다. 1831년에는 '렌셀러 인스티튜트'로 개명했으며, 1850년대 들어 학과를 다양화하면서 1861년 '렌셀러 폴리테크닉 인스티튜트(Rensselaer Polytechnic Institute, RPI)'로 학교 이름을 다시 바꾸었다. 또한 기본적으로 프랑스의 '중앙공예학교'를 모델로 교과 과정을 개선해나갔다.

반면, 19세기 전반까지도 아이비리그 대학에서는 기술은커녕 과학의 경우도 간혹 천문학을 다루는 것 말고는 거의 가르치지 않았다. 그러나 19세기 중반부터 공학의 경우, '학교 문화(school culture)'가 '작업장 문화(shop culture)'를 서서히 압도하기 시작했다. 1845년 렌셀러 공대 부근의 스커넥터디에 위치한 유니언 칼리지(Union College)가 토목공학을 위한 특별 교과 과정을 개설했다. 같은 해 에나폴리스에 설립한 해군사관학교(Naval Academy)는 배를 다루는 데 필요한 증기공학을 1860년대 초부터 가르치기 시작하며, 2세대 및 3세대 기계 엔지니어를 양성해 냈다. 1847년에는 하버드 대학에서 과학 과목을 가르치기 시작했다. 공장주인 애벗 로렌스가 5만 달러를 기부해 로렌스 과학대학(Lawrence Science School)을 만들었기 때문이다. 1850년대에 들어서자 예일 대학에서 셰필드 과학대학을 설립했으며, 또한 다트머스 · 브라운 · 미시간 대학 등에서 공학을 교과 과정에 포함하기 시작했다. 그러나 아이비리그 대학의 경우 기증자는 과학을 자연철학이 아닌 유용한 지식으로 이해했지만, 대학 담당자는 이를 다른 방식으로 운용했다. 예컨대 하버드 대학의 경우 루이 애거시(Louis Agassiz)는 로렌스 과학학교를 공학이 아닌 생물학 연구에 전념토록 했다.

이런 상황에서 렌셀러 공대는 공학 교육을 본격적으로 제공한다는 의미에서 두각을 나타내고 있었다. 이 학교는 초창기에 이론만 강조하지 않고 실습도 중시하는 교육을 시키고자 했다. 요컨대 "과학의 응용"을 목표로 하되 과학과 응용과학을 연결하고 공동의 조직 아래 여러 공학 분야(건축, 토목, 광산 등)를 훈련시키고자 했다. 이러한 종합적 기술교육 방식은 훗날 매사추세츠 공과대학(Massachusetts Institute of Technology, MIT. 1862년 개교)을 비롯한 여러 공대에 전파되었다. 그럼에도 불구하고 첫 10년(1824~1833) 동안 68명의 졸업생 중 단 6명만이 엔지니어가 되었다. 그나마 1835년에서 1843년 사이에 졸업한 112명 중에는 48명이 엔지니어로 활동했다.

독일의 바우 아카데미 출신으로서 미국으로 이민 와 당당히 저명한 토목 엔지니어 반열에 오른 존 뢰블링(John Roebling)은 장남인 워싱턴 뢰블링을 1854년 렌셀러에 입학시켰다. 워싱턴은 이곳을 당대 최고의 공학교로 인정했지만, 동시에 정신과 영혼을 황폐화시킨 학교로 회고하기도 했다. 그에게 렌셀러에서 공부한 3년 반의 시간은 정신적으로 고통을 받은 시기였다. 나아가 자신이 어떻게 그 학교에서 살아남았는지 본인이 생각해도 놀라울 정도라고 회상했다. 밤이고 낮이고 학업을 계속해야 했으며, 밤마다 자정을 넘겨야 겨우 잠을 잘 수 있었다. 매일 밤 엄청난 양의 강의 노트를 옮겨 써야 했기 때문이다. 그는 학교 강의의 양이 자신이 받아들일 수 있는 것보다 다섯 배는 많았다고 평가했다.[10]

이렇듯 남북전쟁 이전 시기 대학에서의 토목공학 교육은 의욕이 앞서는 많은 문제점을 안고 있었으며, 극소수 대학만이 공학 교육에 관심을 갖고 있었을 뿐이다.

3.1.2 기계공학

19세기 중반이 되어서야 기계 엔지니어가 전문성을 지닌 직업으로 등장했다. 이런 상황은 증기 기관을 본격적으로 활용하면서 기계를 다루는 작업장이 소규모 수공업 작업장에서 좀더 기계화한 공장으로 이행하는 과정에서 발생했다.

미국의 기계 엔지니어 양성 과정을 이야기할 때 가장 곤란한 점은 누가 기계 엔지니어인지를 규정할 수 있는 합의된 명시적 준거가 당시에는 물론 현재에도 없다는 점이다. 교육에 초점을 맞추어 '기계 엔지니어'를 대학 수준의 교육 기관에서 체계적 기계공학 교육을 받은 사람으로 풀이한다면, 1870년에 설립한 스티븐스 공대(Stevens Institute of Technology)가 졸업자를 배출하면서 미국의 기계 엔지니어가 처음 등장했다고 볼 수 있다. 반면 사회적 기능에 초점을 맞추어 '기계 엔지니어'를 복잡한 기계 시스템의 유지 · 보수 · 개선 활동을 지속적으로 수행하는 전문 인력으로 이해한다면, 1840년대에 이미 어엿한 기계 엔지니어가 출현했다고 볼 수 있다. 즉, 1790년대부터 1830년대 초까지 미국 북동부 지역에서는 기계공 수준을 넘어서는 기계 제작자가 등장하기 시작했다. 남북전쟁 이전까지의 시기를 다룬 최근의 연구는 이 기계 제작자들이 직업적 네트워크를 이루었고, 산업 내 그리고 산업 간 이동을 활발히 함으로써 기술 혁신을 촉진했다고 분석하고 있다.

한편 당대에 사용한 용어를 기준으로 기계 엔지니어를 정의하기도 곤란하다. 마을 단위로 활동하는 기계공도 스스로를 기계 제작자나 기계 엔지니어로 자처할 수 있었다. 또한 기계 제작자 범주에는 엔지니어라고 할 수 없는 발명가-사업가(inventor-entrepreneur) 또한 포함되는데, 이들은 엔지니어와 사뭇 다른 행태를 보였다.

19세기 미국 기계 기술에 대한 현대의 대중적 이미지를 상징하는 일라이 휘트니(Eli Whitney, 조면기 발명자), 사이러스 매코믹(Cyrus McCormick, 수확기 발명자), 새뮤얼 콜트(Samuel Colt, 총기 제조업자) 등이 대표적인 발명가-사업가인데, 이들은 대중을 상대로 독점 생산과 다량 판매를 추구했다. 당시의 발명가-사업가는 기계 제작자로서 기계적 창조물을 구상하고 구현했지만, 이미 존재하는 산업적 요구를 충족시키기보다는 스스로 수요가 있다고 생각한 것을 만들어냈다. 또한 독립적인 사업가로 활동하면서 아이디어를 공유하는 데는 관심이 없고 오히려 비밀 유지에 애를 썼다. 사회적 위상 측면에서는 다양한 수준의 기술적 능력이 널리 확산되어 있던 미국답게 발명가-사업가는 휘트니 같은 변호사 지망자부터 매코믹처럼 공식 교육을 전혀 받지 못한 농장 소년에 이르기까지 매우 다양했으며, 그들 간에는 별다른 사회적 연계가 없었다.

이러한 구분상의 난점은 기계 기술 수준이 그다지 높지 않았던 19세기 전반기 미국의 공식적인 학교 교육이 기계 기술 인력 배출에 거의 기여하지 못한 탓도 있다. 따라서 남북전쟁 이전 시기 미국의 기계 엔지니어 양성은 제도적 측면보다는 사회문화적 측면에서 기계 제작소 운영자와 그곳에서 현장 교육을 받은 기술자를 살펴보아야 한다. 이들 중 공작 기계 제작자를 중심으로 소수가 기계 엔지니어의 정체성을 갖추게 되었는데, 이 과정에는 기술 혁신 이외에도 사회 구조 및 산업 구조와 밀접한 연관을 갖고 발달한 행동 양식 및 가치관 그리고 미국적 과학 관념이 중요한 역할을 했다.

1812년 전쟁 전후의 금수 조치를 계기로 보스턴 근교 로웰을 중심으로 뉴잉글랜드 지역에 방직 공장이 급속도로 확산했고, 1830년대부터는 철도 붐이 일어났다. 이에 힘입어 공작 기계 제작자 집단이 보스턴, 프로비던스, 뉴욕 그리고 필라델피아 일원에 형성되었다. 이들 역시 이전 세대의 기계 제작자나 당대의 발명가-사업가처럼 "기계 제작자"로 일컬었다. 하지만 공작 기계 제작자의 행동양식은 초창기 증기선 개발 경쟁자나 발명가-사업가와 사뭇 달랐다.

이런 문화에서 공작 기계 제작자 또는 기계 엔지니어로서 활동하는 데 필요한 사회적 인정은 자연스럽게 가문과 혼맥에 따라 부여되었으며 도제 생활은 필수적이었다. 사실 이러한 연결은 공작 기계 제작자 사이에서 한층 자주 일어났다. 예컨대 델라웨어 명문가 출신인 윌리엄 셀러스(William Sellers)는 1830년대에 외삼촌의 기계 제작소에서 도제 생활을 시작한 뒤 외삼촌의 인척인 프로비던스의 에드워드 뱅크로프트(Edward Bancroft) 밑에서 도제 생활을 마치고 뱅크로프트의 후원으로 필라델피아에서 제작소를 차렸다. 그는 또한 아들들을 도제 생활을 같이 한 조지 코를리스(George Corliss)에게 맡겼는데, 코를리스는 자신의 프로비던스 작업장에서 셀러스 형제를 비롯해 훗날 '미국 기계 엔지니어 협회(ASME)'를 창립하는 데 앞장선 알렉산더 리먼 홀리(Alexander Lyman Holley)를 훈련시키고 길러냈다.

이런 인맥 네트워크에서 1840년대부터 간간이 '기계 엔지니어'라는 명칭을 사용하다가 철도 회사의 수석 기계공(Master Mechanic)들이 1850년대 들어 자주 이 용어를 사용하기 시작했다. 이들 수석 기계공은 대체로 증기 기관차 제작소나 공작 기계 제작 회사에서 인정을 받아 철도 회사로 옮긴 뒤 회사의 지배인이나 파트너 바로 아래 지위까지 오른 사람들이었다. 따라서 이 명칭은 공작 기계 제작자에게까지 널리 퍼졌다.

이 명칭이 널리 퍼진 데에는 미국에서 가장 먼저 엘리트 엔지니어 집단을 형성한 토목 엔지니어와의 미묘한 갈등이 한 가지 배경이 되었다. 1850년대쯤에는 이미 '토목 엔지니어'라는 명칭이 전국적인 엘리트 토목 기술자를 지칭하는 것으로 자리 잡았다. 웨스트포인트 졸업자를 중심으로 형성되기 시작한 이 집단은 주로 공공 영역에서 활동했고, 개인 사업을 하더라도 공공사업의 컨설턴트로 활동하는 경우가 대부분이었다. 그들은 자신이 객관적이고 과학적으로 공익에 복무한다고 여겼다. 반면 공작 기계 제작자는 지역 사회가 아니라 개별 기업에, 공익이 아니라 사익에 복무하므로 자신들에 비하면 시민적(civil)이지도 신사(gentleman)답지도 못하다고 여기는 경향이 있었다.

이와 같은 상황에서 '토목 엔지니어'에 대비되는 '기계 엔지니어'를 자처하고 또 그에 필요한 사회적 인정을 확보하기 위해 그들에게는 성공적인 사업체와 기술적 능력을 소유하는 것 이상이 필요했다. 그리하여 1824년 필라델피아에서 과학 지식 보급을 표방하며 '프랭클린 인스티튜트(Franklin Institute, 이하 FI)'를 창설했다. FI의 주도 세력은 필라델피아 일원에 밀집한 기계 제작자였는데, 그중에서도 공작 기계 제작소 소유자들이 주축이었다. 이들은 FI의 활동을 통해 당시 미국에서 기계가 표상하는 가치, 즉 과학과 풍요 사이의 연결을 강화해나갔다. 이런 활동에 힘입어 필라델피아의 공작 기계 제작소 소유자들은 미국 내 기계 제작자의 지도층으로 부상했고, 아울러 이들이 형성한 네트워크가 1840년대 이후 '기계 엔지니어'로서의 정체성을 만들어냈다(3절 참조).

토목공학의 경우와 달리 기계공학 분야에서는 남북전쟁 이전까지 공식적인 학교 교육이 거의 아무런 기여도 하지 못했다. 렌셀러와 여타 민간 공학교에서 '기계 기예(mechanical arts)' 또는 '기계공학' 교과목을 소수 개설했지만, 토목 엔지니어 또는 분화되지 않은 광의의 '엔지니어'로서 필요한 지식을 제공하는 수준이었을 뿐 기계 엔지니어를 양성하는 교과 과정은 없었다.

웨스트포인트와 공병단이 남북전쟁 이전 미국의 토목공학 발전에 공헌한 만큼 해군사관학교는 기계공학 교육에 기여하지 못했다. 해군사관학교는 1845년 개교 이래 10여 년간 일반 과학 과목만을 제공했다. 미국 해군은 1810년대 말부터 범선과 증기선 채용을 늘려왔기 때문에 해군 내에서 증기 기관 엔지니어링이 나름 발달했고 기계 엔지니어가 경력을 쌓을 수 있는 통로 역할을 하기도 했다. 하지만 이는 해군 차원의 현상이었을 뿐 공식적인 학교 교육과는 연결되지 않았다. 해군사관학교가 공학 교육 기관 역할을 하기 시작한 것은 1860년대 들어서였다. 예컨대 1861년 증기 기관에 관한 과목을 정규 교과 과정에 포함했다. 1865년에는 증기공학부를 만들고, 다음 해에는 2년 과정의 증기공학을, 1874년에는 4년제 증기공학 프로그램을 운영했다. 이로써 해군사관학교는 미국 고등 교육 기관으로서는 처음으로 기계공학에 관심을 기울였다고 볼 수 있다. 이어 얼마 지나지 않아 민간 차원의 공과대학에서도 본격적으로 기계공학 프로그램을 제공하기 시작했다.

하지만 공식적인 기계공학 고등 교육의 부재에도 불구하고 엘리트 '기계 엔지니어'의 학력은 대체로 높은 편이었다. 종종 연방 하원의원이나 주지사를 배출하는 가문 또는 그 인척 출신인 경우가 많았고, 상당수는 대학을 졸업하거나 2년가량의 대학 생활을 경험했다. 그들은 대학에 입학하기 전 친지의 기계 제작소에서 도제 생활을 하고 대학에서 일반 과학을 공부한 경우도 흔했지만, 굳이 과학 분야로만 전공을 국한하지는 않았다. 대학 생활 이후에는 작업장으로 돌아가 경력을 쌓으며 종종 FI 저널에 기고를 하면서 명성을 높였다. 즉 유복한 집안 출신으로서 미국 사회에서는 나름 학식 있는 계층으로 여겨졌다.

3.2 남북전쟁 이후

남북전쟁 이후 미국의 엔지니어 양성 방식은 급격한 제도화를 겪었다. 여기에 주요하게 이바지한 것은 1862년의 모릴 법이었다. 이 법안은 '농업과 기계 기예(mechanical arts)'를 가르치는 대학을 설립할 수 있는 기반을 만들어주었다. 의회가 '공학'이라는 단어를 사용하지는 않았지만 '기계 기예'는 대학에 자리 잡기 시작한 공학을 의미하는 것으로 이해되었다. 엄청난 규모의 연방 국유지를 각 주에 공여함으로써 그 국유지를 팔거나 임대해 대학을 운영할 수 있는 재정적 기반을 제공해 준 것이다.

결과적으로 모릴 법은 주들 간의 자부심 대결과 치열한 경쟁을 유도해 변방의 농업 및 공업 대학을 한 세대 만에 엄청난 규모의 종합대학으로 탈바꿈시킬 수 있었다. 그리하여 위스콘신, 미네소타, 일리노이, 캘리포니아 등 토지 공여에 기초한 주립대학이 69개나 설립되었다. 그 덕분에 공학 프로그램을 개설한 대학 또한 1862년 7개에 불과하던 것이 1872년에는 무려 70개, 1880년에는 85개로 늘어났다. 공과대학의 수로만 계산해보아도 미국은 당시 세계에서 가장 많은 공과대학을 보유했던 것으로 추정된다. 공대 졸업생도 1870년 이전에는 미국 전역에 900명도 채 되지 않았으나 1880년대에는 3800명이 넘었다. 그리하여 20세기 초 무렵에는 공과대학에 1만 명 정도가 입학했다. 이는 50년

전에 비해 다섯 배나 증가한 수치다.

앞서 설명한 것처럼 웨스트포인트는 초기 미국 토목 엔지니어 배출에 일등공신이었다. 그런데 흥미롭게도 웨스트포인트의 이런 역할이 스스로의 위상을 쇠퇴시켰다. 많은 졸업생이 모릴 법 통과 이후 속속 설립된 주립대학 공과대학의 전임 교원으로 자리를 잡았는데, 그들이 대학의 교육자로서 이론 지향적인 프랑스식 공학 교육을 도입하는 데 앞장섰기 때문이다. 예컨대 1868년에만 무려 139명의 웨스트포인트 졸업생이 대학의 교수로 임용되었으며, 많은 대학에서는 그들이 쓴 공학 교과서를 널리 사용했다.

1850년대 로버트 리 장군이 교장으로 부임한 이래 웨스트포인트가 사관학교로서 군사 교육 과정을 강화하는 동안, 주립대학의 공대는 엔지니어 수에서나 프로그램에서도 웨스트포인트를 따라잡았다. 이는 근본적으로 모릴 법 통과 이후 곳곳에 공과대학을 설립하면서 유사 독점적 상황이 끝났기 때문이다.

마찬가지로 해군사관학교의 기계 엔지니어 양성 프로그램도 웨스트포인트와 유사한 과정을 겪었다. 의회는 해군 장교들이 증기공학과 철선 설계 등을 대학에서 가르치는 것을 허용했다. 덕분에 1879년부터 이러한 정책을 포기한 1896년 사이, 48개 대학에서 해군 장교를 받아들였다. 이들은 미국 공대에 수학 및 이론 교육을 중시하는 프랑스 방식을 이식했으며, 그중 많은 사람이 군인 신분을 포기하고 대학에 남았다.

다만 토지 공여 대학의 초창기 교육 과정이 처음부터 순조롭게 정착된 것은 아니었다. 수준 높은 이론 교육과 현장 작업 능력 중 어느 쪽을 중시해야 할지에 대한 혼란이 있었고, 이는 기계공학 수준이 높은 북동부 지역에서 특히 두드러졌다. 한쪽 극단은 초기 MIT였고, 다른 극단은 코넬 대학교의 시블리 공대였다. 매사추세츠 주와 뉴욕 주가 각각 MIT와 코넬 대학에 토지 공여에서 얻은 자금을 투입했기 때문에 이들은 주립대학이 아니면서도 토지 공여 대학이었다. 1865년 첫 수업을 시작한 MIT는 1870년대 후반까지도 기계공학 교육에서 모범적이라고 볼 수 없었다. 과학 교육의 비중이 높았고 공학 실습실은 당연히 없었다. 한때 '선진적' 러시아식 교육 모델에 따라 인근 공장에서 '너무 과도하지' 않은 정도로만 공장의 작업 방식을 견학하는 방안을 모색했을 정도다. 반면 코넬 대학의 시블리 공대는 정반대 방향으로 운영되었다. 코넬 대학은 시블리 공대의 운영을 저명한 기계 제작자 존 스위트(John E. Sweet)에게 맡겼는데, 스위트는 자신의 사업체 작업장에서 이루어지던 도제식 훈련 방식을 그대로 옮겨와 대학에 소속된 누구도 그가 무엇을 하는지 알지 못할 정도로 독자적으로 운영했다.

이런 상황에서 새로운 공학 교육의 전범을 만들어나간 사람은 해군사관학교의 기계공학 프로그램 운영에 중심적 역할을 하던 로버트 서스턴(Robert H. Thurston, 1839~1903)이었다. 그는 프로비던스 증기 엔진 회사 창업자의 아들로서 성공한 기계 제작자의 다른 자제들처럼 대학 교육과 도제 생활을 모두 경험했다. 브라운 대학에서 일반 학사 및 토목 엔지니어 학위를 받은 후, 1859년부터 부친의 공장으로 복귀했다. 하지만 부친과의 갈등 끝에 필라델피아로 이주해 독립 컨설팅 엔지니어

생활을 하기 시작했다. 그는 도제 생활을 통해 얻은 인맥과 프로비던스-필라델피아의 인적 네트워크를 통해 일거리를 얻으며 점차 명성을 쌓았다. FI 저널에 논문을 기고하면서 해군의 주목을 받아 증기선 엔지니어 장교로 입대했다. 그 후 실력을 인정받아 지멘스사를 견학하고 해군사관학교 교수로 일하다 1870년 개교한 스티븐스 공과대학에 기계공학 담당 교수로 이직했다. 스티븐스 공대는 스티븐스 일가가 에드윈 스티븐스의 유증 재산으로 세운 기계공학 지향적인 대학이었다. 초대 학장은 FI 저널의 편집장이던 헨리 모턴(Henry Morton)이었는데, 모턴이 1871년 서스턴을 초빙한 것이다.

처음 교과 과정의 틀을 잡을 때, 모턴은 독일식 교육 과정을 모방한 폭넓은 교육을 강조한 반면, 서스턴은 기계공학 교육에 집중하는 것을 선호했다. 그렇지만 둘 사이의 큰 갈등 없이 교과 과정을 결정한 것으로 보인다. 개교할 때의 교과 과정은 수학, 물리, 기계공학, 기계 제도, 화학, 수학, 문학, 외국어 등으로 구성되어 있었는데, 대부분 학년별로 교육 내용과 세부 교과 과정을 적시했다.[11] 이 방식은 1885년 서스턴이 코넬 대학으로 이직하면서 시블리 공대에 전파되었고, 스티븐스 공대에서는 모턴이 사망할 때까지 30여 년간 골격을 유지했다. 이로써 공과대학 기계공학 교과 과정의 제도적 외형이 형성되었다.

스티븐스 공대의 명성은 초기에 배출한 졸업생들이 유망한 기계 엔지니어로 인정받으면서 높아졌는데, 서스턴은 이들을 작업장 문화와 유사한 방식으로 교육했다. 그는 운영비를 보충하기 위해 주문 연구를 수주하는 기계연구실을 설치하고 정규 수업과 이 기계연구실에서의 실습을 혼용했다. 당시 서스턴이 수주한 연구는 특정 문제를 해결하기 위해 각종 재료와 기계의 특성을 테스트하고 조사하는 것이었는데, 그는 연구 보조 인력으로 어느 정도의 도제 생활을 경험하고 입학한 숙련된 학생들을 동원했다. 의뢰받은 문제를 해결하면서 학생들은 연구 의뢰자의 회사에 좋은 조건으로 취업할 수 있었다. 이런 방식은 공작 기계 작업장에서 유망한 도제가 공작 기계 제작자의 추천을 통해 거래처 공장의 주요 직위로 옮겨가는 것과 동일한 양상이었다.

하지만 여기에 그치지 않고 서스턴은 윌리엄 랭카인과 헨리 모즐리 등 영국 저자들이 펴낸 고급 교과서와 함께 자신이 집필하고 FI 저널에 발표한 글을 묶어 교재로 사용했다. 실제 수업 시간에 어떤 교재를 얼마나 사용했는지에 대한 기록은 남아 있지 않지만, 엔지니어는 추상적 원리보다 귀납적 경험을 중시해야 한다고 가르친 그의 책은 큰 성공을 거두었다. 이 부분은 졸업생들의 회상에서도 가장 많이 언급되는 내용이다.[12]

스티븐스 공대 당국도 산업 현장의 기계 제작자들과 긴밀한 관계를 강조했다. 편람에는 매년 추가되는 방대한 실습용 기계와 그것들을 기증한 기업가 이름을 명기했고 알렉산더 리먼 홀리, 콜먼 셀러스 등 당시 미국 기계 공업계 핵심 인사들의 방문 강의도 광고했다.

1885년 서스턴은 존 스위트가 사임한 시블리 공대의 학장으로 부임해 스티븐스 공대 시절의 경험을 적용했다. 전체 교육 과정뿐만 아니라 기계연구실과 작업장 연습 과정을 정비하고, 4년에 걸친 산업 기예(Industrial Arts) 수업을 신설했다. 또한 학생과 그들의 작업 결과를 산업계 주요 인사들에게 소개하기 위해 초청 강연 기회를 마련하는 등 많은 노력을 기울였다.

서스턴 재임 기간을 통해 시블리 공대는 성공적인 대규모 공과대학으로 성장했다. 그가 부임한 초기에는 교수진 7명이 총 60명의 학생을 담당해, 매년 30~40명의 졸업생을 배출하던 1880년대 중반 스티븐스 공대의 절반 정도 규모였다. 하지만 서스턴이 사망한 1903년에는 재학생이 960명에 이를 정도로 성장했고, 교수진도 47명으로 늘어나 학생 대 교수 비율 또한 줄어들었다. 반면 1902년 기계공학 위주의 운영을 고집하던 헨리 모턴이 사망할 당시 스티븐스 공대의 재학생 수는 290명 선에 불과했다.

하지만 이러한 성공 이면에는 학생 수가 소수였던 초창기 스티븐스 공대에서처럼 학생과 기업가를 마치 예전의 도제와 마스터 기계 제작자 관계를 방불케 하는 일대일 관계를 맺어줄 수 없다는 문제가 있었다. 시블리 공대의 성장이 두드러진 1890년대 들어 서스턴은 공과대학의 체계적 교육 과정이 현장 경험에서 얻을 수 없는 더 나은 교육을 제공하고, 대학에서 그러한 교육을 받은 사람들도 성공한 기성 기계 제작자 못지않게 훌륭한 새 세대의 엔지니어라고 주장하기 시작했다.

서스턴의 이러한 변모에는 엔지니어 양성의 중심이 도제식 현장 교육에서 공과대학의 정규 교육 과정으로 옮겨가면서 불가피하게 발생한 갈등이 깔려 있었다. 대학의 공학 교육자는 기계 엔지니어의 경우 고등학교 및 대학 교육, 이어 기술 혹은 전문(가) 교육 순의 교육 과정 진행을 선호했다. 그러나 많은 기계 엔지니어 엘리트는 이러한 생각에

동의하지 않았으며 작업장 경험이 반드시 필요하다고 보았다. 일찍이 알렉산더 리먼 홀리는 1876년 필라델피아에서 미국 독립 100주년을 기념해 열린 세계박람회 기간 동안 '미국 광산 엔지니어 협회(American Institute of Mining Engineers)'에서 행한 연설을 통해 공과대학이 추상적 원리를 너무 강조하는 바람에 문제가 발생한다면서 실습을 우선시하라고 권했다. 아울러 '미국 광산 엔지니어 협회'와 '미국 토목 엔지니어 협회'는 합동 회의를 열어 그의 주장과 관련한 논쟁을 벌인 결과, 실제적인 훈련이 엔지니어 초기 단계에 필수적이라는 데 합의하기에 이르렀다.

하지만 공학 교육 과정을 제공하는 대학이 많아지면서, 고등학교에서는 공과대학 입학 조건에 맞추어 필요한 과목을 가르치기 시작했다. 예컨대 1892년 조사에 의하면 미국 전체 공대의 86퍼센트는 기하학, 82퍼센트는 대수학, 80퍼센트는 미국 역사, 49퍼센트는 지리학, 48퍼센트는 영문학, 40퍼센트는 영국사에 관한 지식을 요구했다. 반면 이 시기의 공학 교육자는 공대에 입학 전 작업장 경험은 필수적이지 않다고 여겼다. 현장 경험을 중시하는 인사들은 고등학교를 다니지 않고 작업장에서 현장 교육을 받은 젊은이의 입학 가능성을 부정하는 것이라며 이런 견해를 비난했다. 이에 대해 서스턴은 작업장 교육을 받은 젊은이도 고등 수학을 이해할 수 있다면 대학에서 환영할 것이라고 답변했다.

이러한 논란의 핵심은 기계 엔지니어가 되기 위해 기술적 숙련도를 지녀야 하는가라는 문제였다. 거의 모든 대학의 교수는 기계 엔지니어가 작업장 기술에 능숙할 필요는 없다고 보았지만, 현장의 기계 엔지니어 엘리트는 그래야 한다고 생각했다. 1906년 한 대학의 강사는 기계 전문 잡지에 기고한 글을 통해 "엔지니어가 되고자 하는 학생에게 손재주는 불필요하며 작업장 과정의 복잡성에 지나치게 신경 쓸 필요는 없다"[13]고 주장했다.

학교 중에서는 '우스터 프리 인스티튜트(Worcester Free Institute)'가 예외적으로 현장 경험을 중시해 기계 제작자로서의 우수성을 학생들에게 요구했다. 덕분에 기계 엔지니어 엘리트는 이 학교를 눈여겨보았다. 존 스위트는 이 학교가 기계 엔지니어 양성에서 올바른 방향으로 나아가고 있다고 생각했지만, 로버트 서스턴은 이 학교가 일급 직업학교(trade school)일지는 몰라도 전문적인 공대는 아니라고 생각했다. 코넬 대학의 덱스터 S. 킴벌(Dexter S. Kimball)은 엔지니어가 작업장의 모든 공정을 알 필요는 없다면서 오히려 설계에 필요한 지식 습득이 더 중요하다고 강조했다.

대학 교수들은 당연히 기계 엔지니어를 기계공이나 기계 제작자와 다르다고 생각하고 있었다. 비록 현장 경험을 중시하는 일부 인사들이 '미국 기계 엔지니어 협회'에서 1900년이라는 늦은 시기에 기계공과 기계 엔지니어의 차이를 후자가 전자보다 좀더 상급인 형태일 뿐이라고, 즉 종류는 다르지 않다고 주장했지만 말이다.

19세기 후반 이른바 제2차 산업혁명이 진행되면서 미국에서는 많은 인력이 필요했다. 그러나 도제 방식의 현장 훈련을 통해 길러낸 인력만으로는 부족했다. 결국 산업 현장에서 빠르게 증가하는 기술 인력 수요를 대부분 공과대학 졸업생으로 채울 수밖에 없었다. 사정이 이렇게 되자 1890년대가 되면 공과대학의 엔지니어 양성 프로그램이 양적으로 확고한 우위를 차지했다. 그렇다손 치더라도 이는 프랑스식 이론 지향적 공학 교육만 살아남고 영국식 현장 지향적 공학 교육이 사라졌다는 의미는 아니다. 오히려 19세기 미국에서 공학과 공학 교육이 정착하는 모습은 두 개의 방식과 전통이 서로 부딪치고 갈등하면서 타협을 모색한 과정이라고 볼 수 있다. 즉, 19세기 미국의 공학 교육은 시행착오를 거치면서 나름의 고유한 스타일을 찾아가고 있었다. 이를테면 1888년 설립한 조지아 공대는 비록 1896년 과학과 이론을 강조하는 프랑스 방식으로 좀더 나아갔지만 그렇다고 해서 작업장 제작(shop work)을 포기한 것은 아니었다. 요컨대 조지아 공대에서는 실험실 작업으로 현장 경험을 보충했다. 이 실험실 작업은 1870년대에 로버트 서스턴이 개발한 것인데, 대학에서의 연구를 강조하는 독일식 교육과 실제 훈련을 강조하는 영국식 교육을 결합한 것으로 볼 수 있다. 또한 이는 미국의 공학 교육이 나름대로의 방식을 추구한 결과이기도 하다.

그리하여 19세기 후반에도 정식 대학 교육을 받지 않고 엔지니어가 될 수 있는 길이 열려 있었지만, 이는 점차 소수의 사람에게만 예외적으로 가능했다. 20세기 초 미국의 전형적 엔지니어는 작업장이 아닌 공과대학에서 이학사 또는 공학사 학위를 취득한 백인 남자였다. 그 결과 1920년이 되면 학위 소지 여부가 기업의 엔지니어 고용에 필수조건이었다.

이러한 엔지니어 양성 과정 변화는 엔지니어의 정체성 변화와 세대

간의 갈등이 겹쳐 있었다. 이 부분에 대해서는 다음 절에서 살펴보겠다.

4 엔지니어의 사회적 위상과 정체성

초창기 미국 엔지니어는 프랑스 엔지니어와 비슷하게 사회의 상층 및 중간층 출신이 많았다. 동시에 19세기 중반까지도 영국과 비슷하게 기술학교 혹은 공과대학 같은 공식적 교육 기관이 정규 엔지니어 양성 과정은 아니었다. 그렇기 때문에 프랑스 엔지니어와 달리 미국 엔지니어는 초창기부터 '독립적 엘리트'로서 상대적으로 높은 사회적 신분을 지닐 수 없었으며, 전문적 집단으로의 진입을 제한해 엘리트로서 특권을 유지하지도 못했다. 게다가 미국 엔지니어는 초기부터 기업과 연관을 맺거나 기업에 의해 제약을 받았다. 나아가 공학 분야는 19세기 말 들어 사뭇 대중적인 직업이 되었다. 그리하여 오늘날에는 공학을 전공한 사람이 너무 많아 미국에서는 엔지니어를 전문직 엘리트로 분류하기 곤란할 정도가 되었다.

4.1 남북전쟁 이전

토목 엔지니어는 미국에서 엔지니어로 분류할 수 있는 집단 중 가장 먼저 나름의 정체성을 갖게 되었다. 19세기 전반 신생 독립국으로서 내륙과 대서양 연안을 연결하는 교통망을 건설하며 영토를 넓혔기 때문이다. 그럼에도 토목 엔지니어의 성장은 빠른 편이 아니었다. 1850년 인구총조사는 미국 전역에 단지 512명의 토목 엔지니어가 있었다고 기록했다. 따라서 19세기 전반까지도 미국에서는 하나의 집단으로서 엔지니어가 존재했다고 인정할지라도 그 사회적 영향력은 크지 않았다고 볼 수 있다.

전문 직업은 여타 직업에 비해 우월적 지위와 배타적 특권을 누리는 것이 전형적이다. 현대 사회의 의사와 변호사처럼 전문 직업 진입 과정이 공식적으로 제도화한 경우에는 진입에 필요한 지식과 능력을 획득하는 과정과 전문 직업 활동에 필요한 지위와 권위를 획득하는 과정이 동일하거나 밀접하게 연계되어 있다. 19세기 프랑스와 독일에서는 엔지니어도 진입 과정이 공식적으로 제도화되었다.

반면 초창기 미국에서는 상대적으로 높은 사회적 신분을 갖춘 청년들이 엔지니어를 직업으로 추구했다. 즉, 상대적으로 우월한 사회적 지위를 누리는 계층에서 엔지니어를 배출한 것이다. 이런 경향은 엔지니어 수가 급팽창한 19세기 후반에도 그 흔적이 뚜렷하게 남아 있다. 청년 시절부터 장래의 기계공학계 지도자로 각광을 받은 프레더릭 테일러(Frederick Taylor)가 그런 경우였다.

19세기 전반의 토목 엔지니어는 대부분 자신이 경영하는 회사에서 정부의 공공 프로젝트에 참여했다. 즉 경영자 겸 엔지니어로서 연방정부나 주 정부의 건설 공사에 뛰어들었다. 이런 상황은 기계 엔지니어의 경우도 마찬가지였다. 그들은 대부분 자신의 기계 작업장을 소유한 사람으로 남북전쟁 이전에는 사회의 엘리트로서, 또한 기업의 엘리트로서 자리매김할 수 있었다. 하지만 엔지니어 집단의 규모가 팽창한 19세기 말에는 이전의 모델을 유지할 수 없었다.

4.1.1 토목 엔지니어의 정체성

19세기 전반 미국에서 토목 엔지니어로 분류할 수 있는 사람은 얼마나 되었을까? 이리 운하를 건설하기 전인 1816년을 기준으로 삼으면, 겨우 30명 정도만이 엔지니어로 분류하는 것이 가능했다. 따라서 주(state)별로 평균 2명도 채 안 되는 사람을 엔지니어로 볼 수 있었으며, 그나마 그들 사이에는 공통점을 찾기도 쉽지 않았다.

결국 이리 운하 사업을 시작한 1816년 이전까지 진정한 의미의 토목 엔지니어는 존재하지 않았다고 볼 수 있다. 이처럼 18세기 후반과 19세기 초까지 토목 엔지니어로 분류할 수 있는 사람이 워낙 소수인 데다 측량 기사, 건축업자, 도급업자(contractor)뿐 아니라 심지어 법률가, 측량 일과 연관 있는 지주 및 투기업자까지도 여기에 포함되었다. 물론 이들은 공공사업에 참여한다는 것 외에는 공통점을 찾기 어려울 정도로 다양한 업종의 사람들이었다.

나아가 제2세대 토목 엔지니어 찰스 일렛이 18세의 나이로 이 분야에 종사하기 시작한 시점인 1828년까지도 엔지니어는 별개의 독자적 '직업 범주(occupational category)'로서 하나의 집단으로 인식되지 않았다. 그러나 그가 사망한 1862년 즈음 엔지니어는, 특히 토목 엔지니어는 하나의 독자적 '직업 범주'로 인식되었으며 그들 또한 스스로를 어떤 조직이 되었건 거기에 속한 '봉급 받는 전문가(salaried professional)'로 인식하기 시작했다고 볼 수 있다. 이러한 조류는 변호사나 의사처럼 봉급이 아닌 수임료(fee)를 받는 다른 전문직과의 차이를 강화시켰다.

당연히 조직에 속한 엔지니어를 반대하던, 즉 독립적 엔지니어를 지향한 일군의 사람들이 있었다. 일렛은 엔지니어가 어떤 조직에 소속되어 봉급생활을 하는 것을 반대했다. 요컨대 그를 비롯한 개인주의적 엔지니어는 조직 혹은 관료제를 거부했다. 이들은 모든 일을 거의 혼자 처리하려 한 19세기 전반의 소수 엔지니어 출신이거나 그들의 영향권에 있던 로아미 볼드윈 2세, 벤저민 라트로브, 클로디우스 크로제, 윌리엄 스트릭랜드(William Strickland) 등 당시 토목 엔지니어 사회에서 중요한 지위를 누리는 사람들이었다.

또한 토목 엔지니어의 위계는 엔지니어가 동질적 집단이 아님을 분명하게 보여주었다. 특히 이리 운하 등 대규모 토목 공사에는 필요한 엔지니어가 턱없이 많이 부족했다. 따라서 현장에서 훈련 및 교육을 통해 엔지니어를 배출할 수밖에 없었다. 아울러 이런 곳에서의 엔지니어 형성은 위계 집단처럼 단계를 밟아 차근차근 상승했다. 그리고 이러한 패턴은 훗날 다른 공공사업에서도 반복되었다.

토목 엔지니어의 경우, 공공 사업장에서 측쇄(chain)를 들고 서 있는 측량 조수 체인맨(chainman) 같은 단순한 일부터 전체 공정을 감독하는 수석 엔지니어에 이르기까지 작업별로 일련의 위계를 구성하고 있었다. 물론 또 다른 측량 조수에 해당하는 액스맨(axeman)도 존재했다. 제2세대 토목 엔지니어 존 저비스는 훗날 《회상록》에서 자신이 액스맨에서 엔지니어로 성장한 과정을 기술했다. 저비스는 액스맨에서 측량 조수에 해당하는 타깃맨(targetman) 그리고 로드맨(rodman)으로 승진했는데, 이런 일이 그에게 또 다른 시야를 제공해주었다. 타깃맨은 기본적으로 10.5피트(약 3.2미터) 크기의 막대 비슷한 모양의 타깃을 지니고 다니면서 측량 기사가 고도를 측정할 때 도움을 주는 직책이었다. 이 일을 하며 그는 타깃맨이 공학을 배우는 첫 단계임을 깨달았다. 저비스의 상관 네이선 로버츠(Nathan Roberts)는 그의 근면함을 인정해 수평기(levelling instruments) 사용법을 가르쳐주고, 고도를 확인하는 계산법 등을 가르쳐주기도 했다.

타깃맨 위로는 수평 잡는 일에 종사하는 사람들을 관리하는 로드맨이 있으며, 또 그 위로는 보조 엔지니어가 있었다. 초창기에는 많은 사람이 사업 현장에서 위계가 올라가 엔지니어에까지 이르렀다. 예를 들어 1823년 한 해의 뉴욕 주 운하 공사 기록에 의하면, 20명의 보조 엔지니어 중 3명이 그해에 로드맨에서 승진한 사람이었다.

체서피크와 오하이오 운하 건설 당시 감독관(director)은 전체를 3개의 지역으로 나누고 각 지역에 수석 엔지니어를 임명했는데, 이 경우 북부에서 경험을 쌓은 엔지니어나 외국인 엔지니어를 고용할 수밖에 없었다. 그렇지만 로드맨 같은 하위직의 경우 각 지역에서 경험 없는 신참내기를 고용하기도 했으며, 더러는 도제로서 일을 가르치기 위해 또는 시험 삼아 고용하기도 했다. 따라서 이런 경우에서 보듯 19세기 전반 미국의 여러 운하 건설 현장은 사실상 엔지니어를 양성하는 학교 역할을 했으며, 실제적으로 공학을 배울 수 있는 가장 보편적인 방식이었다.

그렇지만 남북전쟁 이전까지는 웨스트포인트를 졸업한 공병 장교의 역할을 무시할 수 없다. 19세기 전반 미국이 연방 차원에서 만든 유일한 군사학교 웨스트포인트는 훈련된 엔지니어를 대량 배출했다. 1802년에서 1829년 사이 572명의 생도가 졸업했는데, 1840년에는 그중 49명이 운하 혹은 철도 건설에서 수석 엔지니어와 거주 엔지니어로 활약했다. 앞에서도 언급한 것처럼 이 시기 노위치 대학이나 렌셀러 공대도 엔지니어를 배출했지만, 졸업자 수는 웨스트포인트에 비해 소수에 불과했다. 이렇듯 19세기 전반까지도 미국에서는 웨스트포인트만이 엔지니어를 위한 실질적인 공식 교육을 제공했다.

웨스트포인트 출신 엔지니어는 서부 개척에 필요한 탐사와 지도 작성에 큰 공헌을 했으며, 또한 대서양과 태평양 연안의 해상 지도를 만들거나 항구 및 수로를 건설하는 데 큰 도움을 주었다. 1824년 의회를 통과한 일반측량법(General Survey Act)에 의거해 공병 장교는 "국가의 이해"로 간주되는 국내 교통망 개선 프로젝트에 참가한 민간인 사업자를 도울 수 있었다. 이 법은 비록 1838년 폐지되었지만, 이 기간 동안 웨스트포인트 출신 엔지니어는 미국의 교통 체계를 확장·심화하는 데 중요한 역할을 했다.

그럼에도 불구하고 미국의 토목 엔지니어는 자신들이 국가 전체의 공익을 대표한다고 주장하지 않았다. 이와 관련해 같은 시기 프랑스의 국가 엔지니어는 자신들이 국가와 사회를 이끈다고 자부했으며, 정당 정치인의 정치적 압력에 대항하기 위해 비용-편익 분석법을 개발하는 등 객관적인 공익 수호자로서 자신들의 위상을 정립하고자 했다. 반면, 미국의 토목 엔지니어는 지역 사회, 주 그리고 연방의 공익에 복무한다는 점에서 자부심을 지녔지만, 자신들이 엔지니어로서 공익을 수호하거나 사회를 이끈다고 생각하지는 않았다. 이처럼 엔지니어의 정체성에서도 미국과 프랑스는 분명한 차이를 드러냈다.

4.1.2 기계 엔지니어의 정체성

식민지 시대 이래 미국의 임금 수준과 노동 강도는 계속해서 유럽보다 높았다. 그래서 자본가뿐만 아니라 직공들도 기계화를 환영했다. 유럽의 숙련 기술자가 대체로 기계화를 불신한 데 반해 계속 팽창하는 시장 속에서 높은 노동 강도를 경험한 미국의 직공은 기계가 자신들을 돕는다고 여겼기 때문이다. 또한 누구나 할 것 없이 물질적 풍요를 누리는 것이 당시 미국의 민주적 이상의 중요한 부분을 차지했는데, 생산량을 증대시키는 기계의 발달을 그 이상에 도달하는 첩경으로 생각했다. 결국 구체적인 문제를 해결하는 기계의 발전은 국가적 이상을 실현하는 수단이었다. 이렇게 기계 엔지니어는 자신들의 활동을 풍요와 결부시킴으로써 스스로의 사회적 가치와 지위를 정당화할 수 있었다.

이런 상황에서 미국의 초기 기계 엔지니어는 자신들의 정체성을 '과학'에서 찾으려 했으며, 그 제도적 표현이 바로 프랭클린 인스티튜트, 즉 FI였다. 필라델피아 일원의 공작 기계 제작자는 두 가지 목적을 가지고 FI를 조직했다. 첫 번째는 노동자에게 과학과 숙련 기술에 관한 공개강좌를 제공해 자기 학습이 가능하도록 하는 것이었다. 둘째는 폐쇄적인 집단주의와 비밀주의에서 벗어나 공개적으로 실험하고 그 결과를 발표하는 것이었다. 즉, 과학자처럼 '기예(arts)'를 과학적 지식의 차원으로 끌어올리고 싶어 했다. 이는 멀리는 프랜시스 베이컨 가깝게는 벤저민 프랭클린의 이상에서 비롯된 것이었다.

그렇지만 결과만 놓고 보면 FI의 첫 번째 목표는 실패로 끝났으며, 두 번째 목표는 그나마 상대적으로 성공적이었다. 초기 몇 차례의 공개강좌 이후 장인 집단의 관심과 참여가 시들해진 반면, 발명가나 기계 제작소 소유자 · 운하 건설자 · 측량 기사 등은 FI 저널에 실린 기사를 읽고 적극적으로 기고했다.

넓게 보아 FI는 19세기 초반 영국과 미국에서 발생한 기계공 협회 운동의 일환이었다. 양국의 기계공 사이에서 야간 강좌를 조직한다거나 도서관을 운영해 전문적인 지식을 보급하려는 운동이 벌어졌다. 이 운동은 대체로 1840년대 후반 급격하게 쇠퇴했다. 장인들에게 야간 학교의 강좌나 과학적 원리에 대한 이해가 별다른 도움을 주지 못했던 점이 한 가지 이유였다. 게다가 FI는 영국과 달리 숙련 장인의 권익을 신장하려는 조직이 아니라 노동 계급에게 지식의 보급을 통한 '기회의 평등'을 제공하기 위해 만들어졌다는 점에서 전형적인 기계공 협회와 달랐다. 그리고 바로 이 점에서 FI는 기계 엔지니어의 정체성을 형성하는 데 결정적인 기여를 했다.

일찍이 기술사가 몬티 캘버트는 경험에 기초한 '작업장 문화'와 과학에 근거한 '학교 문화'를 처음으로 정식화하고 대비시킨 바 있다. 그는 현장 훈련을 통해 엔지니어를 양성하는 '작업장 문화'가 제도적인 공식 교육을 통해 엔지니어를 배출하는 '학교 문화'로 대치되는 과정에서 두 문화의 갈등이 있었고, 이런 갈등이 미국 기계 엔지니어의 전문 직업화 과정의 중심이었다고 주장했다. 아울러 '학교 문화'를 대표하는 인물로 로버트 서스턴을 예를 들면서, 서스턴이 대학 생활을 마치고 부친의 작업장에 복귀한 후 부친으로부터 대학에서 너무 많은 교육을 받았다고 비난받은 일과 서스턴이 지멘스사 견학을 통해 아버지 세대의 작업장 문화가 비효율적이라고 확신한 일을 대조적으로 언급했다. 비록 캘버트의 견해는 장인과 엔지니어의 구별에 폭넓은 함의를 지니고 있지만, 동시에 '작업장 문화'와 '학교 문화'의 갈등을 경험 대 과학의 갈등으로 과도하게 단순화할 가능성도 있다.

초기의 방향 전환 이후 19세기 후반까지 FI의 활동은 볼드윈이나 셀러스 일가 같은 공작 기계 제작자가 주도하면서 조지프 헨리나 헨리 모턴 같은 과학자가 참여하는 형태로 진행되었다. 1830년대 이후에는 볼드윈과 헨리가 보일러의 안전성에 대한 초보적인 공학 연구를 진행하기도 했지만, 대체로 FI 저널을 통해 과학 지식을 보급하는 것이 주된 활동이었다. 기고자와 독자 또한 기계 제작자나 그들이 현장에서 양성하던 인력이 주축이었다. FI 저널에 실린 기사를 읽고 공부하는 것이 현장 교육의 일환인 경우도 잦았다. 즉 '작업장 문화' 또한 나름대로 과학과 과학적 방법을 활용하기 위해 적극적으로 노력했다.

다만 이들이 '과학'이라고 여긴 것은 수리적 이론 체계가 아니라 '유용한 지식'이었다. 19세기 후반까지도 미국에서는 일부 예외적인 경우 말고는 프랑스를 위시한 유럽에서 발달한 수리적 과학 체계에 적극적인 관심을 갖지 않았다. FI 저널에 기고한 기사는 상당수가 구체적인 문제에 대한 체계화된 경험에 바탕을 둔 해결책을 지향하는 것이었고, 그 문제들 또한 작업장 또는 산업에서 발생한 과제와 밀접한 관련이 있었다.

지도적인 엘리트 기계 제작자가 주도하는 FI의 활동과 FI 저널을 통해 훌륭한 기계 제작자는 FI 저널의 기사를 읽고 때로는 기고할 정도의 능력을 지닌 사람이라는 이미지가 형성되었다. 그렇다 보니 자연스럽게 어느 정도 고등 교육을 받고 '작업장 문화' 네트워크의 일원으로서 기계 제작계의 문제에 폭넓게 접할 수 있는 인물이 주로 기고를 했다. 바로 이들이 남북전쟁 이전 기계 엔지니어 집단의 핵심이었다.

결과적으로 FI를 통해 '과학' 혹은 '과학적 방법'을 활용하느냐가 기계 제작자로 입신했느냐와 함께 엔지니어 및 장인을 구분하는 지표 중 하나로 자리를 잡았다. 하지만 동시대 유럽에 비해 미국 기계 엔지니어의 '과학'은 훨씬 더 경험적이며 개별적이고 구체적이었다. 이는 19세기 후반 수준 높은 유럽의 공학 지식과 과학이 유입되면서 새로운 갈등을 낳는 요소가 되었다. '작업장 문화'와 '학교 문화'의 갈등에는 서로 다르게 인식한 '과학' 사이의 갈등이 겹쳐 있었던 것이다.

이렇듯 남북전쟁 이전 미국에서는 토목 엔지니어와 기계 엔지니어가 자신들의 사회적 위상부터 정체성에 이르기까지 동일한 관점을 갖지 않았던 것으로 보인다. 전자의 경우가 더욱 위계적이고 현장 중심적이었다면, 후자의 경우는 현실에서 발생하는 문제의 해결을 과학 혹은 이론적 방법에 의존하려는 경향이 있었다. 그러나 모릴 법이 통과된 후 이 두 집단은 대학이라는 고등 교육 기관을 통해 좀더 유사한 정체성을 갖게 되었다.

4.2 남북전쟁 이후

렌셀러 공과대학은 개교 당시인 1825년에는 총 재학생이 10명, 1850년에는 53명, 1900년이 되어서야 225명으로 늘어났다. 초창기에는 학생 수가 너무 적어 미국 사회에 필요한 엔지니어를 충분히 배출하지 못했다. 웨스트포인트 또한 1802년 개교 이래 1827년까지 겨우 121명의 졸업생을 배출했을 뿐이다. 따라서 웨스트포인트가 되었건 렌셀러 공대가 되었건, 남북전쟁 이전 미국의 공학 고등 교육 기관은 엔지니어 일부를 배출했을 뿐이다. 남북전쟁 이전에는 주로 비공식적인 교육을 통해서, 즉 현장 교육을 통해서 대다수 엔지니어를 양성했다. 이 시기 엔지니어의 위상은 상층 계급이나 산업 계층과 연결되어 있었다. 그러나 남북전쟁 이후 미국의 엄청난 경제적 · 사회적 변화는 산업 분야에서 대기업을 낳은 반면, 고등 학문 분야에서는 현대적 대학을 낳았다.

앞에서도 언급한 것처럼 토목공학의 경우 남북전쟁 이전에도 대학 혹은 대학에 준하는 교육 기관에서 체계적인 이론 교육을 배울 기회가 있었다. 하지만 기계공학의 경우는 남북전쟁이 끝난 1870년에나 신설된 스티븐스 공대에서 로버트 서스턴이 미국 내 기계공학 교육의 새로운 전범을 만들어냈다. 그럼에도 불구하고 기계 엔지니어 사회에서 '학교 문화'만큼이나 '작업장 문화'의 영향력은 20세기 초까지도 강력하게 작동했다. 지면 관계상 여기서 우리는 기계공학이 스티븐스 공대에 자리 잡는 과정을 통해 제한적이나마 이 시기 엔지니어의 정체성을 보여주고자 한다.

스티븐스 공대는 '작업장 문화' 네트워크를 통해 설립되었고, 20세기 초까지 기계 분야 '작업장 문화'의 한 중심지로 작동했다. 또한 서스턴의 성장 과정이나 그가 공학 교육자로서 거둔 초기의 성공은 모두 '작업장 문화'에 힘입은 것이었다.

스티븐스 일가는 스티븐스 공대를 설립하면서 초대 학장으로 헨리 모턴을 초빙했다. FI 저널의 편집장이자 화학자인 모턴은 연구자라기보다는 과학 지식의 보급자에 가까웠다. 그는 산소 기체 속에 넣은 철검을 태우는 등 화려하고 놀랄 만한 공개 실험 강연으로 유명했다. '과학'을 중시한 모턴은 당시 미국 내에서 증기 기관 이론에 가장 정통한 서스턴을 기계공학 교수로 초빙했다.

서스턴이 스티븐스 공대에서 교육자로서 거둔 성공 또한 '작업장 문화'의 작동 방식에 의지했다. 그의 기계연구실이 의뢰받은 문제를 해결하고 의뢰한 산업가에게 연구 참여 학생을 보내는 방식은 공작 기계 제작자가 의뢰받은 문제를 해결해주고 유능한 도제를 공장주에게 보내 경력을 쌓을 기회를 주는 방식과 동일했다. 서스턴이 저술한 교과서 또한 추상적 원리보다는 귀납적 경험을 중시했다. 다만 그는 증기 기관 교육에 열역학을 체계적으로 도입했다. 그가 소개한 증기 기관의 열역학 이론은 당시 유럽의 물리학자들이 연구하던 추상적 열역학이 아니라, 엔지니어를 위해 변형한 것이었다. 그럼에도 그 이론은 종종 미적분을 이용해야 했으므로 당시 미국의 교육 수준으로는 상당히 추상적인 것으로 비칠 수밖에 없었다.

스티븐스 공대가 '미국 기계 엔지니어 협회(ASME)' 활동의 초기 중심지였다는 점에서도 이곳이 '작업장 문화'의 주된 연결점으로 기능했음을 알 수 있다. 알렉산더 홀리의 주창으로 시작된 ASME는 1880년 스티븐스 공대에서 창립총회와 첫 정기 회의를 열었다. 창립 회원들은 서스턴을 초대 회장으로 추대했다. 창립 회원은 대체로 자기 사업체를 보유한 기계공업계의 유력 인사나 저명한 컨설팅 엔지니어였고 여기에 그들의 자제도 포함되었다. 교수직을 지닌 서스턴과 스위트 그리고 컬럼비아 대학의 허튼 등이 예외적으로 대학에서 활동했지만, 이들 또한 작업장 문화의 네트워크에서 성장하고 활동하는 인물이었다. 서스턴은 실질적으로, 허튼은 공식적으로 컨설팅 엔지니어 역할을 했고, 스위트는 시블리 공대 재직 중에도 계속 자기 사업체를 운영했다.

나아가 1883년 스티븐스 공대에서 학위를 받은, 훗날 '과학적 관리' 이론을 제창한 프레더릭 테일러의 경우도 이 학교의 운영 역시 작업장 문화의 영향을 깊게 받고 있었음을 보여준다. 테일러는 작업장 문화의 대표자로 볼 수 있는 윌리엄과 콜먼 셀러스 부자의 추천과 보증으로 편입했으며, 편지 교환을 통해 교육을 받다가 몇 개월 출석만으로 기계 엔지니어 학위를 취득했다. 즉, 초기의 스티븐스 공대는 교과 과정 및 학교 운영 차원에서 여전히 작업장 문화의 연속선상에 있었다. ASME 또한 제1차 세계대전 시기까지 여전히 필라델피아와 뉴욕의 기계공업계 주요 인사를 중심으로 운영되었다. 모턴 사후 2대 학장으로 부임한, 스티븐스 공대 졸업생 알렉산더 험프리스가 1912년 ASME 회장을 역임할 정도로 여전히 스티븐스 공대와 기계공업계의 엘리트는 밀접한 관계를 유지하고 있었다.

그렇지만 코넬 대학의 시블리 공대로 학교를 옮긴 후 서스턴은 '학교 문화' 대변자로 종종 경험에만 의존하는 '작업장 문화'의 구태를 공격했다. 공과대학 졸업생이 급증하는 상황에서 거대 공과대학의 대표자로서 과학에 기초한 공과대학 교육의 가치를 옹호한 것은 별로 의아한 일이 아니었다. 문제는 그가 옹호한 과학이 과연 어떤 것이었느냐이다.

서스턴은 1890년 과학의 최전선을 논하는 글을 당시 미국을 대표하는 지식인 잡지에 기고했는데, 여기서 전신과 철도 등 실생활에 활용되는 기계를 과학 발전의 사례로서 집중적으로 거론했다. 반면 유럽의 과학 발전에 대해서는 거의 언급하지 않았다. 또 9년 후에 쓴 다른 글에서는 아직 해결되지 않은 열역학 문제를 경험적으로 해결한 사례를 "열역학의 한계"라는 제목으로 자세히 소개하기도 했다. 이렇듯 서스턴이 주장하는 '과학'은 여전히 유럽의 과학에 비해 구체적인 기계로 표상되는 실용적인 '과학', 이론적 논증보다는 체계적인 경험의 가치를 높이 두는 '과학'이었다.

이처럼 기계 엔지니어의 경우 남북전쟁이 끝난 후에야 정체성을 형성하기 시작했으며, 많은 공대에서는 공학 이론만큼이나 작업장 실습을 강조하고 있었다.

컬럼비아 대학의 광산학교 교수 윌리엄 버(William Burr)는 1893년 미국의 이상적인 공학 교육상에 대해 일종의 삼발이 이론을 제시했다.

즉, 교양 교육과 과학 그리고 실습 과목(practical courses)이 잘 조화를 이루어야 제대로 된 엔지니어를 키울 수 있다고 주장했다. 그러나 그는 어떻게 이 별도의 세 영역을 통합 혹은 종합할 수 있는지에 대한 구체적인 의견을 제시하지는 않았다. 그렇지만 당시까지 미국 사회에서는 의학과 법학만이 전문직으로 인정을 받았기 때문에 윌리엄 버는 엔지니어에게도 전문가의 역할을 부여해야 한다고 강조했다. 요컨대 그의 삼발이 이론은 기업의 기술적 수요 때문이 아니라 엔지니어를 전문직으로 자리매김하려는 이상을 좇아 제시한 것이었다. 그가 이러한 이론을 제시할 즈음, 대부분의 공과대학에서 벌어지던 현장의 도제 제도와 학교 교육 간 갈등은 학생 규모가 팽창함으로써 후자 쪽으로 대세가 기울고 있었다. 더욱이 기업의 거대화와 엔지니어 수의 양적 팽창은 공과대학을 졸업한 엔지니어를 수임료나 자기 사업에 기초한 전문직이 아니라 봉급생활자로 이끌었다. 그러므로 19세기 말엽까지 공과대학 내에서 벌어진 '작업장 문화'와 '학교 문화'의 간극은 세대 간 갈등, 성공한 장년층 대 기계 엔지니어로 진입하는 청년과 그들을 대변하는 교육자 사이의 갈등이 겹쳐진 것으로 이해할 수 있다. 또한 현대와 달리 추상적이고 수리적인 이론 지식이 엔지니어 세계에 깊게 침투해 있었던 것도 아니다. 그리고 이러한 갈등은 미국 사회에서 전문직으로서 엔지니어의 사회적 위상이 자리를 잡는 데 도움을 주지 못했다.

5 엔지니어 단체의 출현

19세기 전반 미국의 산업 생산력과 수준이 당시 유럽 선진국인 영국, 프랑스, 독일과 비교했을 때 초라하기 때문에 과연 남북전쟁(1861~1865) 이전 시기 미국에 엔지니어가 존재했을까 하는 의문이 제기되곤 한다. 물론 당시 통계를 정확하게 내기도 어렵지만, 엔지니어를 어떻게 정의하느냐에 따라 그 범위와 수치가 달라진다. 예컨대 1850년 인구총조사에서는 엔지니어를 '토목 엔지니어'와 여타 '엔지니어'로 분류했는데, 미국 전역에 걸쳐 512명만이 '토목 엔지니어'로 집계된 반면, '엔지니어'는 1만 1626명이었다. 이 인구총조사에서 말하는 '엔지니어'는 양수기에서 증기 기관차까지 모든 종류의 엔진에 관계하는 직종을 포함하는 지나치게 포괄적인 개념이었다.

근래 들어 스미스소니언 협회 소속 '역사와 기술 박물관(Museum of History and Technology)'[14]에서 조사한 '미국 엔지니어의 인명 문서고(Archive)'에 따르면, 1860년 이전에 출생한 엔지니어는 2500명이었다. 그러나 많은 경우 그들을 엔지니어로 보기에는 정보가 너무 적어 다시 추려보았더니 1672명으로 나타났다. 기록된 엔지니어는 초기에는 거의 전부 토목 엔지니어였지만, 시간이 지나면서 기계 · 광산 · 전기 엔지니어도 포함되었다. 이들에 대한 분석은 미국의 초기 엔지니어 성격을 이해하는 데 많은 도움이 된다. 우선적으로, 이들 중 85퍼센트가 미국 내에서 출생했다. 이 비율은 초기(1790년 이전)부터 후기(1831~1860)에 이르기까지 별로 변하지 않았다(그림 1 참조).

그림 1 1860년 이전에 태어난 미국 엔지니어의 출생지(출생년 기준)

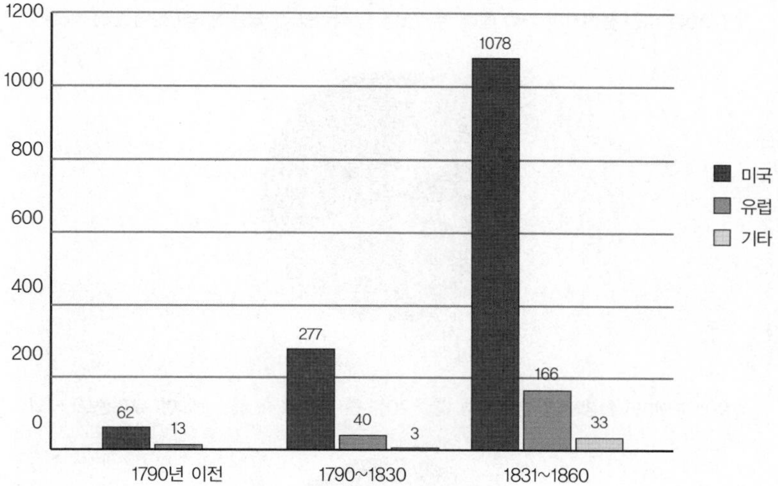

출처: John B. Rae, "Engineers are people," in Terry Reynolds (ed.), *The Engineers in America* (Chicago: University of Chicago Press, 1991), p. 36.

또한 이들을 부친의 직업별로 분류해보면, 부친의 직업이 알려져 있지 않은 엔지니어가 무려 50퍼센트나 차지해 일단 1860년 이전 출생한 엔지니어의 가족 배경을 정확하게 알기에는 무리가 있다. 그렇지만 부친의 직업이 알려진 경우에는 전문직(의사, 법률가, 성직자)과 농장주, 사업가 혹은 재력가, 군인 및 엔지니어가 76.4퍼센트, 즉 전체의 37.7퍼센트를 차지한다(그림 2 참조).

따라서 19세기에 활동한 미국 엔지니어는 대부분 상부 계층과 중간 계층에서 충원되었음을 알 수 있다. 또 이들 상부 계층과 중간 계층이 차지하는 비율은 후기로 갈수록 증가해, 전문직 또는 재력가를 부친으

그림 2 1860년 이전에 태어난 미국 엔지니어의 가족 배경

1790년 이전 출생자의 가족 배경. 총 75명 중 확인할 수 없는 24명(32퍼센트) 제외

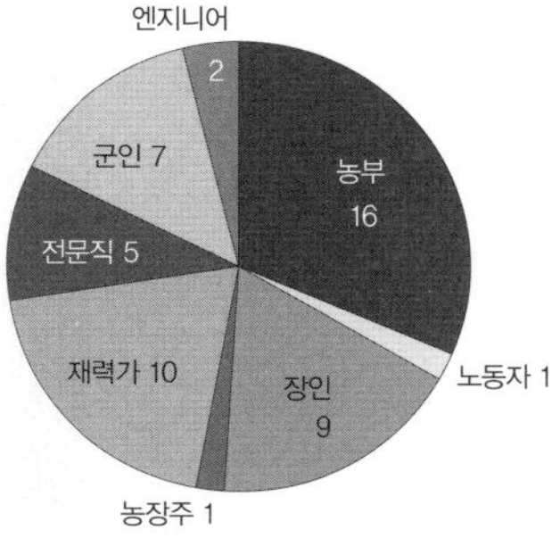

1790~1830년 출생자의 가족 배경. 총 320명 중 확인할 수 없는 119명(37퍼센트) 제외

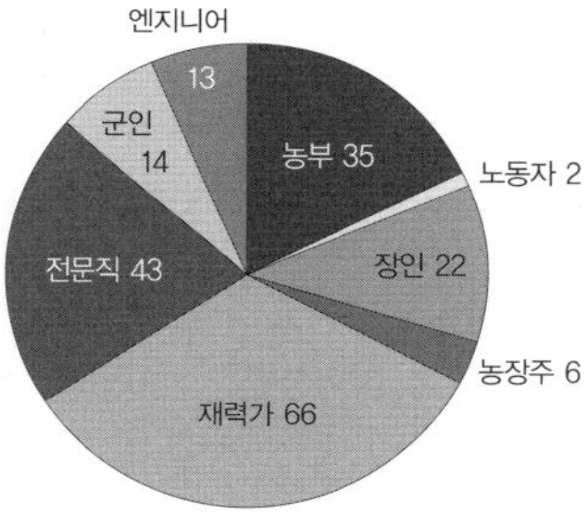

1831~1860년 출생자의 가족 배경. 총 1277명 중 확인할 수 없는 694명(54퍼센트) 제외

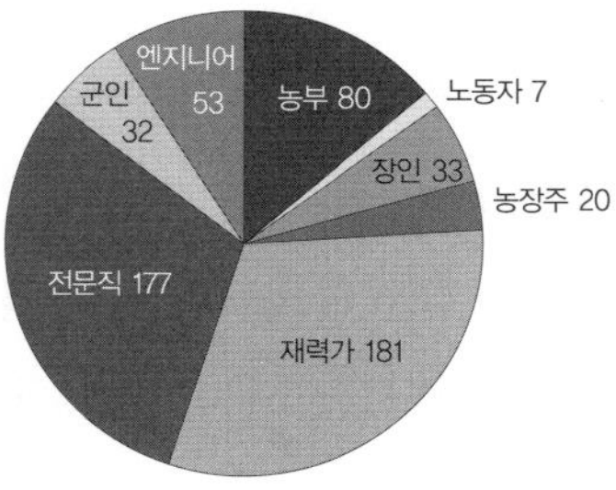

출처: John B. Rae, "Engineers are people," p. 37.

그림 3 1860년 이전에 태어난 미국 엔지니어의 교육 배경

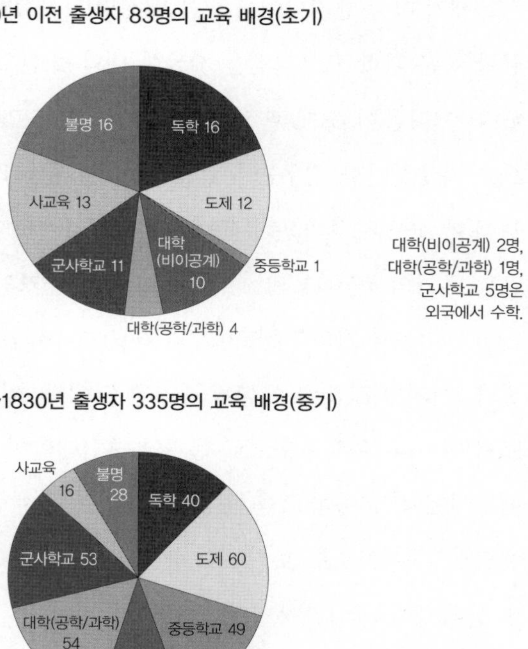

출처: John B. Rae, "Engineers are people," p. 39.

로 둔 엔지니어가 61.4퍼센트에 이르렀다.

19세기 미국 엔지니어를 교육 배경별로 분류하면, 가장 많은 경우가 공학 혹은 과학 프로그램을 제공한 대학 출신으로 42.1퍼센트를 차지했다. 그다음이 도제 과정을 통해 배출된 15.7퍼센트였다. 반면 독학으로 자수성가한 경우는 5.4퍼센트에 불과했다. 그림 3에서 볼 수 있듯 대학 교육은 초기부터 후기까지 엄청나게 증가했다. 절대 수치만으로도 초기의 4명(미국 내 3명, 해외 1명)에서 중기의 54명(미국 내 43명, 해외 11명) 그리고 후기의 700명(미국 내 606명, 해외 94명)으로 거의 13배나 증가했다. 시기별로 10배 이상씩 증가한 것이다. 이런 현상은 무엇보다도 모릴 법 이후 우후죽순으로 생겨난 주립대학이 제공한 공학 프로그램 때문이었다. 군사학교 출신은 총 158명으로 전체 엔지니어에서 8.75퍼센트로, 수치상으로 보면 소수에 불과했다. 그러나 교육의 질로 따지면 상위 공대나 마찬가지였다.

미국 교육부가 1993년 출간한 통계에 따르면 1879~1880학년도에 고등 교육 과정 이상의 교육 기관에 재학 중인 사람은 해당 연령대 인구의 1.6퍼센트였다.(참고로, 고등 교육 과정 이상의 교육을 받은 해당 연령대 인구의 비율이 5퍼센트를 넘은 것은 1921~1922학년도의 일이었다.)[15] 반면 미국 엔지니어가 대학(비이공계 포함) 및 군사학교를 졸업한 비율은 그림 3에서 보듯이 초기에는 4분의 1, 후기에는 3분의 2를 상회했다. 즉 미국의 엔지니어는 가정 배경이나 교육 수준 양면에서 엘리트 계층 출신 집단이었다. 한 가지 흥미로운 점은 조사 결과에서 가정 배경이 불명인 비율이 후기로 갈수록 증가한 반면, 교육 수준이 불명인 비율은 지속적으로 감소했다는 것이다. 당대의 기록을 추적한 조사이기 때문에 누락된 부분이 있을 수밖에 없지만, 이는 후기로 갈수록 엔지니어의 가정 배경보다 교육 수준에 초점을 맞추었다는 것을 함축한다. 단 모릴 법에 의한 대학 교육의 확대에도 불구하고, 미국에서 대학 교육은 부담이 큰 엘리트 교육이었기 때문에 후기의 미국 엔지니어는 상대적으로 부유한 집안 출신이 많았다고 추정할 수 있다.

영국의 경우 이미 1770년대에 존 스미턴이 토목공학자 단체를 결성하고 1817년에는 공식적인 토목 엔지니어 협회를 만들었지만, 미국은 이보다 최소한 반세기 이상이 늦었다. 위에서 언급한 것처럼 남북전쟁 이전까지 엔지니어 수부터 도시 간 경쟁, 지역주의, 조직이 어떠해야 하는가에 대한 서로 다른 의견 등이 이익 단체 결성을 지연시켰다고 볼 수 있다. 그렇기 때문에 1830년대에 전국적인 단체를 만들려는 시도가 있었지만 수포로 돌아갔으며, 1860년대까지도 지역별 공학 단체만 존재했을 뿐이다. 남부와 북부의 지역감정이 절정에 이른 남북전쟁을 겪고 난 이후에나 엔지니어는 전국적인 조직을 만들 수 있었다. 그리하여 1867년 '미국 토목 엔지니어 협회'를 결성했으며, 1871년에는 이 조직에서 분리해 '미국 광산 엔지니어 협회'가 생겨났다. 이후 1880년에 '미국 기계 엔지니어 협회', 1884년에는 '미국 전기 엔지니어 협회'를 결성했다. 이 네 공학 단체는 전국적인 조직으로서 주기적인 모임을 갖고 출판물을 간행했을 뿐 아니라 엔지니어의 회원 자격 심사 및 여러 기준을 제시했다. 또한 엔지니어 엘리트 집단으로서 배타적 권리를 행사해 엔지니어 단체의 자기 이해만을 추구하고 아래로부터의 의견을 반영하지 않는 비민주적 형태의 모임을 지속해나갔다. 그리하여 이들은 전문가 집단으로서 미국 엔지니어의 성격과 특징을 형성하는 데 중심적 역할을 했다.

5.1 토목 엔지니어 협회

이리 운하 공사를 통해 미래의 엔지니어가 공식적으로 탄생했다. 이리 운하 건설 현장에서 배우고 익힌 사람 중 훗날 미국 토목 엔지니어 협회가 출범한 1868년부터 1895년 동안 무려 7명이 이 협회의 회장을 역임했다.

웨스트포인트 졸업생 또한 무시할 수 없다. 많은 졸업생이 공병단에서 활동하다 사직하고 민간 영역에서 일자리를 구했다. 1830년대 동안 120명이나 되는 웨스트포인트 출신이 토목 엔지니어로 활동하고 있었다. 적어도 남북전쟁 이전까지는 이곳 출신이 전체 토목 엔지니어의 15퍼센트를 차지한 셈이다.

1850년 인구 조사에 의하면, 미국 전역에서 토목 엔지니어로 분류된 사람은 단 512명에 불과했다. 그렇다면 이들은 어떻게 토목 엔지니어가 되었을까? 또 다른 통계는 그해의 웨스트포인트 졸업생을 다음과 같이 분석했다. 1850년까지 웨스트포인트를 졸업한 사람은 997명인데, 그중 군대에 남아 있는 사람은 634명, 제대해서 토목 엔지니어로 활동하는 사람은 58명, 토목 이외의 분야에 종사하는 사람은 305명이었다. 이처럼 군사학교를 졸업하고 전역해서 토목 엔지니어로 종사하는 사람은 전체 토목 엔지니어의 10퍼센트를 조금 넘었다. 그렇다면 나머지 90퍼센트는 민간 분야에서 배출했다는 뜻이다. 그런데 그중 노위치 대학과 렌셀러 공대 출신은 1843년 통계로 추정컨대 전부 합쳐도 10명 내외였다. 그렇다면 절대 다수의 토목 엔지니어는 공공사업 현장에서 배출했다고 봐도 무방할 것이다.

이들은 시간이 지나면서 하나의 단체를 조직하고자 했다. 사람에 따라 평가는 다르지만, 토목 엔지니어를 위한 최초의 전국적 조직을 만들려는 시도는 1836년에 있었다. 그러나 많은 호응을 얻지 못해 실패했다. 그 후 1838년 후반 일군의 사람들이 모여 토목 엔지니어 모임을 구성하기로 했다. 그리고 다음 해 2월, 40명의 토목 전문가가 볼티모어에서 모임을 갖고 벤저민 라트로브 2세를 총회 의장으로 선출했다. 이때 라트로브는 33세에 불과했다. 40명이면 당시 미 전역에 있는 토목 엔지니어의 약 10퍼센트에 해당했다. 총회에서는 미 전역을 대표할 17인 위원회를 구성했는데, 여기에는 벤저민 라이트, 클로디우스 크로제, 존 저비스, 벤저민 라트로브 등이 포함되었다. 아울러 '프랭클린 인스티튜트'가 본부로 쓸 사무실과 모임 장소를 제공해주었다. 그러나 유감스럽게도 1839년 4월 열린 17인위원회 모임에는 단 4명만이 출석했다. 그리고 이들이 만든 협회 규약 초안은 훗날 비참석 위원 4명만 추가로 승인했을 뿐이다. 그리하여 최초의 전국적인 조직 구성은 실패로 끝나고 말았다.

토목 엔지니어가 하나의 직업군으로 분명하게 자리 잡은 것은 1840년대 들어서였다. 그 후에야 토목 엔지니어는 지역 차원에서 조직을 구성할 수 있었다. 1848년 매사추세츠와 코네티컷 주에서 최초의 공학 관련 조직인 '보스턴 토목 엔지니어 협회(Boston Society of Civil Engineers)'를 결성했다. 그리고 1852년에는 제임스 로리(James Laurie)를 중심으로 엔지니어 12명이 새로운 토목 엔지니어 조직을 만들었다. '미국 토목 엔지니어와 건축가 협회'라는 이름의 이 조직에는 다음 모임 때 존 뢰블링을 비롯한 엔지니어 10명이 추가로 참여했다. 그 후 1857년에는 '미국 건축가 협회(American Institute of Architects)'를 설립했다. 그리고 1867년 본격적인 의미의 토목 엔지니어 협회를 구성했고, 이듬해에 이 모임 이름을 '미국 토목 엔지니어 협회'로 바꾸었다. 이 단체가 바로 미국 최초의 전국적 엔지니어 협회다.

5.2 기계 엔지니어 협회

1860년에 창간한 〈아메리칸 엔지니어〉의 주요 독자층은 기계 엔지니어였다. 초기에 나온 이 잡지를 보면 제법 많은 사람이 자신의 직업적 위상을 기계 엔지니어로 자리매김했다는 사실을 알 수 있다. 무엇보다 이 잡지의 편집자 존 미리엄(John Merriam)은 자신을 기계 엔지니어로 여기면서, 이 잡지가 "철도, 해양 및 증기 엔진(stationary) 엔지니어의 이해관계에 전념할"[16] 것이라고 천명했다. 미리엄은 이 잡지에 공학 문제를 해결하기 위한 논문을 발표하는 한편 전문가 모임을 지향하는 '미국 엔지니어 협회(American Engineers' Association)'를 조직하려 했지만 사실상 큰 진척은 없었다. 그리고 20년 후인 1880년에야 비로소 '미국 기계 엔지니어 협회'가 구성되었다. 그 사이에 여러 번 조직을 구성하려 했지만 성공하지 못했다.

엔지니어 집단 내에서 본격적인 전문가 활동은 1860년대 후반과 1870년대 전반 사이에 이루어졌다. 요컨대 1870년 이전에도 전문적인 일을 하긴 했지만, 이 시기 이후에나 전문가 집단으로서 정체성을 찾기 시작한 것으로 보인다. 따라서 1880년 '미국 기계 엔지니어 협회'를 결성한 것은 특수한 현상이라기보다 당시 미국 사회의 조직화 경향을 반영한다고 볼 수 있다.

'미국 기계 엔지니어 협회'는 회원을 세 개의 집단으로 나누었다. 정회원, 부회원 그리고 연소자(junior) 회원이 그것이다. 부회원 자격은 엔지니어와 협력할 수 있는 엔지니어-기업인으로 못 박았다. 아울러 연소자 회원은 연령이나 경험 측면에서 정회원에 못 미치는 젊은 엔지니어가 해당되었다. 그렇지만 자격 심사를 느슨하게 혹은 탄력적으로 운용해 초기 협회 활동을 성공적으로 이끌 수 있었다.

'미국 기계 엔지니어 협회'는 학교 문화보다 작업장 문화를 옹호하며 그 중심지 역할을 했다. 1880년 2월, 이 협회가 처음 출범할 당시 모임에 참석한 사람은 모두 작업장 문화에 일가견이 있는 엔지니어였다. 요컨대 대다수 협회 회원이 작업장의 소유주, 감독, 수석 엔지니어였다. 창립 회원은 100명이 조금 넘었으며, 1890년에는 1000명을 상회했다. 그리고 27년이 지난 1907년에는 2957명으로 꾸준히 증가했다. 1907년 당시 회원은 제조업자(32.6퍼센트)와 현장 최고 책임자(11.8퍼센트) 등 작업장과 관련 있는 사람이 53.6퍼센트를 차지했다. 그러니까 20세기 초까지도 '미국 기계 엔지니어 협회'는 여전히 대학에서 교육받은 엔지니어보다 기계 공장 및 작업장을 소유하거나 경영하는 사람이 주류를 이루고 있었다.

그래서인지 공과대학 같은 고등 교육 기관과 기존의 기계 엔지니어 협회는 기계 엔지니어를 어떻게 배출할 것인지를 놓고 19세기 후반 내내 갈등했다.

미국의 인구 조사는 1910년 이전까지 기계 엔지니어를 전기 엔지니어와 합쳐서 분류했다. 이러한 분류 체계에 의하면, 1900년 기계 및 전기 엔지니어 집단은 적어도 1만 명 이상이었다. 그리고 위의 단체에 가입한 사람은 전체 기계 엔지니어의 4분의 1에도 미치지 못했다. 따라서 이 단체는 광범위한 기계 엔지니어를 거느리지 못한, 공대를 졸업해 작업장 문화에 익숙하지 않은 젊은 엔지니어를 회원으로 받아들이지 않은 작업장 문화의 엘리트 조직이었다.

기술사가 캘버트는 '미국 기계 엔지니어 협회'야말로 작업장 문화 엘리트의 조직이었으며 그들에 의한, 그들을 위한 조직이었다고 주장한다. 따라서 조직 운영 자체도 민주적이지 않았다. 지명위원회는 막강한 권력을 갖고 있었으며, 이 위원회의 위원은 작업장 문화가 몸에 밴 사람들이었다. 예컨대 알렉산더 홀리는 사실상 이 협회의 많은 규칙을 초안하고, 동료들의 의견을 받아 그것을 확정하곤 했다. 서스턴을 초대 회장으로 추대하도록 유도한 것도 홀리였다. 이 협회는 초기에 지나치게 제조업자와 사업가 위주로 운영된다는 의견도 있었지만 큰 잡음 없이 묻혔다.

미국 엔지니어는 역사적으로 오랫동안 분열되어왔다. 그리하여 일부 학자는 이들을 진정한 공동체가 없는 직업으로 분류하기도 했다. 이런 상황은 미국에서 엔지니어를 너무 넓게 정의한 데서 한 가지 이유를 찾아볼 수 있다. 예컨대 공대를 졸업한 기업의 최고 경영자부터 단순 반복 기술을 수행하는 하급 기술자에 이르기까지 전부 엔지니어로 취급하기 때문이다. 이런 상황이 미국에서 엔지니어를 하나의 전문직이라는 정체성을 갖기 곤란하게끔 만들고 있다.

또 미국 엔지니어 집단의 출현 과정을 언급할 때, 우리는 영미(앵글로-아메리칸) 전통의 영향력을 무시할 수 없다. 그것은 무엇보다도 노동자와 노동조합에 대한 의구심, 나아가 혐오감이다. 이런 역사적 상황이 미국의 초기 엔지니어로 일컬을 수 있는 집단에게 끊임없이 전문가주의(professionalism)와 전문직화(professionalization)에 관심을 기울이도록 만들었다. 따라서 신분 상승에 대한 그들의 목표가 커다란 동기를 부여했다. 그럼에도 불구하고 결과적으로 보면, 전문가주의는 그들이 달성하기에는 지난한 목표였으며 현실적으로도 많은 장벽이 놓여 있었다.

그러한 장벽 중 하나로 진정한 전문가 집단 혹은 기관을 만들려는 미국 엔지니어의 노력에 대한 기업 혹은 고용주의 지속적인 반대와 방해를 들 수 있다. 기업주는 엔지니어를 쉽게 이용하기 위해, 또는 비용을 절감하기 위해 엔지니어가 자신들의 이익을 대변하는 제대로 된 협회나 단체를 만들지 못하도록 계속해서 효과적으로 차단해왔다. 아울러 공학 단체 내에 '엔지니어-관리자' 역할을 하는 사람들을 키워 강력한 이익 단체를 표방하는 공학 협회 등이 만들어지는 것을 막았다.

게다가 실제적이고 유용한 경험적 지식 체계를 과학으로 본다면, 과학과 과학 아닌 것의 경계가 모호해진다. 예컨대 19세기 말에는 배관공조차도 자신의 일이 더 이상 단순한 직종이 아니라고 주장했다. 1891년 미국 공중보건연합 모임에서 한 배관공은 보건과 관련해 배관의 중요성을 강조하고 아울러 배관이 과학적 지식이므로 배관공도 하나의 전문직으로 취급해야 한다고 주장했다.

한편, 제1차 세계대전 이후 일부 엔지니어는 때때로 자신들을 노동자로 인식해 노동조합 같은 조직을 결성하려 했으나, 마찬가지로 기업 혹은 고용주 집단과 상층 엔지니어 집단에 의해 저지당했다. 그리하여 미국에서 엔지니어는 뚜렷한 정체성을 지니지 못한 집단으로서 오늘날까지 존속해오고 있다. 전문직의 역할과 위상에 대해서는 아직까지 정리된 상태가 아니며, 따라서 대학이 제공하는 기술교육의 사회적 결과에 대해서도 아직 충분히 이해하고 있다고 보기는 어렵다.

6 맺음말

미국에서 토목 엔지니어의 탄생은 기본적으로는 영국적 전통에 토대를 두고 여기에 이론을 중시하는 프랑스적 전통이 이식된 과정이라 볼 수 있다. 19세기 초부터 영국 및 프랑스 공학이라는 이질적인 두 개의 전통이 결합했으며, 이러한 이질적 결합은 19세기 후반에 이르러 미국적 공학 스타일을 형성하는 밑거름이 되었다. 그러나 이러한 결합은 많은 진통을 겪고 난 후에야 가능했다. 특히 프랑스 모델의 공식적 공학 교육은 커다란 반향을 일으켰다고 보기 어렵다. 그것은 미국적 상황이 프랑스의 경우처럼 엔지니어가 에콜 폴리테크닉 같은 학교를 졸업한다고 해서 곧바로 국가 관료로 취업이 보장되는 것도 아니며, 졸업한 이후 연방 또는 주 정부가 수행하는 공공사업에 참여할 경우나 개인이 자본을 투자해 만든 철도 및 운하 건설에 참여할 경우에도 엔지니어로서 역할뿐 아니라 시간이 지날수록 경영자 혹은 관리자로서 역할도 동시에 중요해졌기 때문이다. 게다가 미국 토목 엔지니어 협회를 결성한 1867년까지도 공식 대학 교육을 받아 토목공학 학위를 받고 졸업한 엔지니어는 여전히 소수에 불과했다. 1860년대까지도 미국에서는 토목 엔지니어를 위한 진정한 '학교'는 대규모 공공사업 현장이었다.

반면 19세기 말까지의 미국 기계 엔지니어 집단을 19세기 초 형성된 명문 기계 제작자들이 만든 네트워크에 편입된 엘리트 기계 제작자로 좁혀서 파악한다면, 미국 기계 엔지니어의 작업장 문화는 유럽과 달리 사회의 최상층부에서 출발했다고 할 수 있다. 초기 명문 기계 제작자는 국가의 강력한 지원을 선택적으로 이끌어내면서도 정치권력의 요구에 구애받을 필요가 적었다. 요컨대 미국의 엘리트 기계 엔지니어는 기계 엔지니어라는 사회적 인정을 국가 기구나 공교육과 무관하게 얻었으므로 전문직으로서 정체성을 유럽 엔지니어의 경우와 달리 국가나 사회 제도와의 직접적 관계에서 찾을 필요가 없었다.

19세기 중엽 FI 주도자들이나 19세기 말 모턴과 서스턴 모두 구체적이고 실용적인 과학이 가치 있는 과학이고 엔지니어가 추구해야 할 것이라고 여긴 점은 같았다. 다만 유럽에서 발달한 과학 덕분에 추상과 실용을 가늠하는 기준선이 높아졌다. 이는 기계공학 분야에만 국한하지 않았다. 미분방정식에 기초한 교류 이론을 소개함으로써 미국의 전기공학을 과학화했다고 평가받는 찰스 스타인메츠(Charles Steinmetz)조차 미분의 기초 이론을 삭제했다는 이유로 한 교류 교과서를 상찬하는 서평을 과학 학술지에 실을 정도였다. 19세기 말 미국의 주도적인 공학 교육가들은 이처럼 여전히 추상적인 과학을 높이 평가하지 않았다.

공학을 정착시키는 과정에서, 19세기 말 미국의 학교 문화 지도자는 작업장 문화의 산물이었고, 작업장 문화 내부에서도 나름대로 과학을 높이 평가하고 의지했다. 작업장 문화가 경계했던 것은 특정한 종류의 과학, 즉 실제적 문제 해결에 기여하지 못한다고 여긴 추상적 과학이었다. 이런 면에서 19세기 말의 학교 문화는 작업장 문화에 대항해 형성된 것이라기보다 작업장 문화를 제도화·체계화한 것으로 해석할 수 있다.

19세기 미국 엔지니어의 이상은 어떤 기업이나 조직에 구속되는 것이 아니라 프로젝트를 수주해 일하고, 그 일이 끝나면 또 다른 프로젝트를 수행하는 독립적인 엔지니어였다. 기계 엔지니어의 경우도 자신의 기계 작업장을 지닌 독자적인 소유주 엔지니어가 목표였다. 그러나 현실은 19세기 후반기로 갈수록 대규모 프로젝트나 조직에 묶이는 엔지니어가 주류를 형성했다. 고용주나 독립적 엔지니어가 되기보다 대기업의 피고용인으로 활동하는 엔지니어가 한층 더 증가한 것이다. 그리하여 1890년대에 이르면 소유주-엔지니어보다 대규모 조직에 고용된 월급쟁이가 훨씬 더 많았다. 아울러 1900년에는 공학에 종사하는 사람이 4만 명 가까이 되었으며, 100여 개의 대학에서 공학 교육 프로그램을 운영했다.

20세기 초의 전형적 엔지니어는 대략 중간 계급 출신이었다. 즉, 부유한 농부, 상인, 제조업자, 소규모 사업가 등의 자제들이었다. 또한 주로 미국에서 태어난 백인이자 개신교 남성이었다. 그리고 엔지니어가 하나의 전문직이 된 것은 19세기 말에 이르러서였다. 이 시기에 들어서야 그들은 앞선 세대의 장인들과 확연히 구분되었다.

부록

표 1 1860년 이전에 태어난 미국 엔지니어의 출생지

출생 시기	출생 장소						합계
	미국		유럽		기타 국가		
	인원(명)	비율(%)	인원(명)	비율(%)	인원(명)	비율(%)	
1790년 이전	62	83.0	13	17.0			75
1790~1830	277	86.5	40	12.5	3	0.9	320
1831~1860	1078	84.4	166	13.0	33	2.6	1277
합계	1417	85.0	219	13.0	36	2.0	1672

출처: John B. Rae, "Engineers are people," in Terry Reynolds (ed.), *The Engineer in America* (Chicago: University of Chicago Press, 1991), p. 36.

표 2 1860년 이전에 태어난 미국 엔지니어의 가족 배경

아버지의 직업	출생 시기											
	1790 이전			1790~1830			1831~1860			전체 시기		
	인원 (명)	비율 (%)	불명 제외 비율 (%)	인원 (명)	비율 (%)	불명 제외 비율 (%)	인원 (명)	비율 (%)	불명 제외 비율 (%)	인원 (명)	비율 (%)	불명 제외 비율 (%)
농부	16	21.3	31.3	35	11.0	17.4	80	6.2	13.7	131	8.0	15.7
노동자	1	1.3	1.9	2	0.6	14.0	7	0.5	1.2	10	0.6	1.2
장인	9	12.0	18.2	22	7.0	11.0	33	2.6	6.0	64	3.8	7.7
농장주*	1	1.3	1.9	6	1.9	3.0	20	1.7	3.4	27	1.6	3.2
재력가*	10	13.3	19.6	66	20.6	33.0	181	14.2	31.0	257	15.4	30.8
전문직	5	6.7	9.8	43	13.4	21.4	177	13.9	30.4	225	13.5	27.0
군인	7	9.3	13.7	14	4.4	7.0	32	2.5	5.5	53	3.2	6.3
엔지니어	2	2.7	3.9	13	4.0	6.3	53	4.1	9.0	68	4.0	8.1
모름	24	32.0		119	37.0		694	54.3		837	50.0	
합계	75			320			1277			1672		

출처: John B. Rae, "Engineers are people," p. 37.
* '농장주'는 '농부 또는 장원 소유자'를, '재력가'는 '사업가 또는 재력가'를 뜻함.

주

1. 이들은 모두 인척 관계이며, 리빙스턴 가문과 스티븐스 가문은 18세기 초 이래 각각 뉴욕 주와 맨해튼 건너편 뉴저지 주의 대지주였다. 네덜란드계인 루스벨트 가문은 맨해튼에 기반을 둔 상공업계의 유력 가문이었다.
2. 그러나 공식적으로는 벤저민 라이트가 1969년 미국 토목 엔지니어 협회(ASCE)로부터 '미국 토목공학의 아버지'로 선언되기도 했다.
3. 그는 귀국 직후인 1832년 보스턴과 로웰 철도 건설에 보조 엔지니어로, 1835~1845년 사이에는 수석 엔지니어로 활동했다. 그리고 1845~1860년 사이에는 로렌스를 새로운 공업 도시로 만드는 데 수석 설계자로서 전력을 다했다. 여기서 자신

표 3 1860년 이전에 태어난 미국 엔지니어의 교육 배경

교육적 배경		출생 시기							
		1790 이전		1790~1830		1831~1860		전체 시기	
		인원(명)	비율(%)	인원(명)	비율(%)	인원(명)	비율(%)	인원(명)	비율(%)
독학		16	17.4	40	12.0	42	3.0	98	5.40
도제		12	22.8	60	18.0	203	14.7	284	15.70
중등학교		1	1.1	49	14.6	120	8.7	170	9.40
대학 교육 (비이공계)	미국	8	8.7	35	10.4	124	9.0	167	9.30
	기타	2	2.2			6	0.4	8	0.04
대학 교육 (공학/과학)	미국	3	3.3	43	12.8	606	44.0	652	36.10
	기타	1	1.1	11	3.3	94	6.8	106	6.00
군사학교	미국	6	6.5	53	15.6	79	5.7	138	8.00
	기타	5	5.4			15	1.1	20	1.10
사교육		13	14.1	16	4.8	37	2.7	66	3.60
모름		16	17.4	28	8.4	52	3.8	96	5.30
합계		83		335		1378		1805	

출처: John B. Rae, "Engineers are people," p. 39.

의 특기인 수력과 운하를 다루는 수력공학(hydraulic engineering)을 실천할 수 있었다. 즉, 자연스럽게 프랑스의 수력공학 수준을 미국에 전파한 것이다. 예를 들어, 그가 약관 26세인 1835년에 저술한 수력학 관련 저서는 웨스트포인트에서 토목공학 교재로 사용한 《토목공학 입문》에도 실릴 정도였다.

4. 그가 떠나던 해 웨스트포인트를 졸업하고 민간 토목 엔지니어로 활동한 사람은 불과 15명이었다. 여전히 토목 엔지니어 영역에서 대학 이상의 학교 출신은 극히 제한적이었다.

5. 그는 자신의 관찰을 편지로 남겼다. 다음의 내용을 통해 그가 이 여행에서 얼마나 많은 현장 경험을 했으며, 특히 현수교에 얼마나 많은 관심을 갖게 되었는지 알 수 있다. "나는 약간의 기록을 한 다음, 르와르 강을 가로질러 건설하고 있는 현수교

를 관찰했다. 그리고 이런 교량에 필요한 와이어 케이블(wire cables) 제조 방식을 살펴봤다. ……운하 공사 장면을 본 나는 그것을 그리기 위해 강변으로 나갔다. ……3월 29일 아침 …… 나는 발랑스(Valence)에 도착했다. 그리고 론 강을 가로지르는 멋진 현수교를 점검하러 갔다." Gene D. Lewis, *Charles Ellet, Jr.: The Engineer as Individualist, 1810-1862* (Urbana, Ill., 1968), pp. 23-24.

6. Peter A. Ford, "Charles S. Storrow, Civil Engineer," *Technology and Culture* 34/2 (Apr. 1993), p. 274; Wisely and Fairweather (eds.), *The American Civil Engineer 1852-2002*, p. 27.
7. 흥미롭게도, 그가 미국행 배에서 우연히 알게 된 미국인은 사이먼 버나드(Simon Bernard)였다. 버나드는 미국의 공병감이자 웨스트포인트 교장이던 스위프트 장군의 보좌관이었다. 그는 이런 인연으로 그해 9월 웨스트포인트의 공학 조교수로 임명되었다.
8. Peter A. Ford, "Charles S. Storrow, Civil Engineer," p. 273; Wisely and Fairweather (eds.), *The American Civil Engineer 1852-2002*, p. 27.
9. http://www.rpi.edu/about/history.html
10. 그가 생각하기에 인간의 능력 혹은 재능 중 최하위는 기억력이었다. 그런데 문제는 렌셀러 공대에서는 암기만을 강요했다는 점이다. 그가 볼 때 기억력을 키운다는 것은 "자존심을 약화하는 것 말고도 독창성을 질식시키고, 지적 분석력을 억제하고, 복종적인 모방을 증진할" 뿐이었다. 그는 1854년도 입학생의 3분의 1만이 졸업을 하고 나머지는 모욕을 받으며 쫓겨날 수밖에 없었지만, 20~30년 후에 보니 퇴출당한 동급생 중 많은 친구가 상업적으로 성공하고 인생에서 더 좋은 성과를 거두었다고 평가했다. 그런데 자신이 다니던 렌셀러 공대를 그렇게도 비관적으로 바라보았던 워싱턴 뢰블링은 자신의 아들을 1880년대 후반 렌셀러 공대에 입학시켰다. 이유야 어찌되었건 일반적으로 이해하기 힘든 대목이다. 1887년 8월 7일 로버트 서스턴에게 보낸 편지에서 그는 렌셀러 공대의 교과목이 여전히 편협하다면서 불만을 토로했다.
11. 관건은 서스턴이 맡은 기계공학이었는데, 이 교과목은 다른 대부분의 교과목과 달리 교육 내용을 체계적으로 공지하지 않았다. 재료의 특성부터 기계의 이론과 작동의 주제를 순차적으로 나열하긴 했지만, 각각의 주제를 어떤 순서로 언제 배우는지는 명기하지 않았다.

12. Robert Henry Thurston, *A History of the Growth of the Steam Engine* (New York, NY: D. Appleton and Company, 1878)은 1902년까지 4판을 거듭했다. 이 책은 1837년부터 30년간 6판을 거듭한 Denis Mahan, *An Elementary Course of Civil Engineering* (New York: Wiley, 1837)과 함께 19세기 미국에서 가장 큰 성공을 거둔 공학 교과서였다.
13. "The College Shop," *American Machinist*, June 21, 1906, pp. 813-814, in Monte A. Calvert, *The Mechanical Engineer in America, 1830-1910* (Baltimore: The Johns Hopkins Press, 1967), p. 78에서 재인용.
14. 1964년 개관 당시 명칭이었으나, 1980년 '국립 미국사 박물관(National Museum of American History)'으로 이름이 바뀌었다.
15. Thomas D. Snyder (ed.), *120 Years of American Education A Statistical Portrait* (U.S. Department of Education, 1993), p. 76.
16. Monte A. Calvert, *The Mechanical Engineer in America, 1830-1910*, p. 107에서 인용. 'stationary engineer'는 건물 안의 고정된 장소에 설치한 엔진을 취급하는 엔지니어인데, 당시의 정치(定置) 엔진은 주로 증기 엔진을 의미했다.

참고문헌

Calhoun, Daniel H., *The American Civil Engineer: Origins and Conflict* (Cambridge, Mass.: Technology Press of MIT, 1960).

Calvert, Monte A., *The Mechanical Engineer in America, 1830-1910: Professional Cultures in Conflict* (Baltimore, MD: The Johns Hopkins University Press, 1967).

Clark, Geoffrey W., *History of Stevens Institute of Technology. A Record of Broad-Based Curricula and Technologies* (Jersey City, NJ : Jensen/Daniels Publishers, 2000).

Ford, Peter A., "Charles S. Storrow, Civil Engineer," *Technology and Culture* 34/2 (Apr. 1993), 271-99

Hunter, Robert F. and Dooley, Edwin L. Jr., *Clausius Crozet : French Engineer in America 1790-1864* (Charlottesville: Univ. Press of Virginia, 1989).

Larkin, F. Daniel, *John B. Jervis: An American Engineering Pioneer* (Ames, Iowa: Iowa State University Press, 1990).

Lewis, Gene D., *Charles Ellet, Jr.: The Engineer as Individualist, 1810-1862* (Urbana, Ill.: University of Illinois Press, 1968).

Meiksins, Peter, "Engineers in the United States: A House Divided," in Peter Meiksins and Chris Smith et al. *Engineering Labour: Technical Workers in Comparative Perspective* (London: Verso, 1996).

Meyer, David R., *Networked Machinists: High-Technology Industries in Antebellum America* (Baltimore, MA: The Johns Hopkins University Press, 2006).

Reynolds, Terry (ed.), *The Engineer in America* (Chicago: University of Chicago Press, 1991).

Sinclair, Bruce, *Philadelphia's Philosopher Mechanics: A History of the Franklin Institute, 1824-1865* (Baltimore, MA: The Johns Hopkins University Press, 1974).

______, *Centennial History of the American Society of Mechanical Engineers, 1880-1980* (Baltimore, MA: University of Toronto Press, 1990).

Thomson, Ross, *Structures of Change in the Mechanical Age: Technological Innovation in the United States, 1790-1865* (Baltimore, MA: The Johns Hopkins University Press, 2009).

Wisely, William H. and Fairweather, Virginia (eds.), *The American Civil Engineer 1852-2002* (Reston, Virginia: American Society of Civil Engineers, 2002).

근대 엔지니어 관련 연표

국가 / 연대	프랑스	독일	영국	미국
1710	1716 토목 엔지니어단 결성			
1740	1747 왕립토목학교 설립 1748 왕립공병학교 설립	1743 드레스덴 엔지니어 아카데미 설립	1741 울위치 왕립 군사 아카데미 설립	
1760			1760-1770년대 운하 광풍	
1770		1770 베를린 광산 아카데미 설립	1771 토목 엔지니어 단체 런던에서 결성	1776-1785 미국 혁명
1780	1783 광업학교 설립 1789 프랑스 혁명 발발	1788 포츠담 왕립 엔지니어 아카데미 설립		
1790	1792 제1공화국 수립 1794 에콜 폴리테크닉 설립 파리 고등사범학교 설립 1799 나폴레옹 통령 정부 수립	1799 베를린 바우 아카데미 설립	1790년대 운하 광풍	1790 특허법 제정 1793 미국 최초의 방적 공장 완공
1800	1803 기술공예학교 설립 1804 나폴레옹 1세와 제1제국 수립 에콜 폴리테크닉의 군사화 체제 1808 제국대학교 설립			1802 웨스트포인트 군사학교 개교
1810	1811 파리 대학교 이학부 설립 1814 복고 왕정	1810 베를린 대학 설립 영업자유령 시행	1818 토목 엔지니어 협회 결성	1812 미영 전쟁, 미국 산업혁명 시작 1817-1825 이리 운하 건설

1810		1815 빈 왕립 폴리테크닉 양성 기관 설립		
1820	1829 중앙공예학교(최초의 사립 공학학교) 설립	1821 베를린 실업학원 설립 1824 베를린 건축가 협회 결성 1825–1836 각지에 폴리테크닉 학교 설립	1825 최초의 화물철도 노선 건설 1828 토목 엔지니어 협회 왕실 특허장 획득	1824 렌셀러 공대 개교 프랭클린 인스티튜트 결성
1830	1830 폴리테크닉 협회 결성 7월 왕국 수립		1830–1852 철도 붐, 철도 총 연장 1만 2000킬로미터 건설 1838 킹스 칼리지, 토목 및 기계 공학과 강좌 개설	1832 미국 최초의 상업 철도 영업 시작
1840	1847 기술공예학교 동창회 결성 1848 프랑스 민간 엔지니어 협회 결성 제2공화국 수립		1841 유니버시티 칼리지, 토목공학 강좌 개설 I. K. 브루넬, 대서부 노선 건설 1847 기계 엔지니어 협회, 버밍엄에서 결성	
1850	1852 나폴레옹 3세와 제2제국 수립 1855 파리 세계박람회 개최(1900년까지 5회 개최)	1856 독일 엔지니어 협회 결성	1851 대박람회(최초의 세계박람회) 개최 1855 글래스고 대학 (W. 랭카인) 공학교육 체계화 시작	
1860	1860 토목 엔지니어 협회 결성 1862 중앙공예학교 동창회 결성		1863 가스 엔지니어 및 매니저 협회 결성	1861–1865 남북전쟁 1862 모릴 법 통과 1863–1869 대륙 횡단철도 건설 1867 미국 토목 엔지니어 협회 결성

1870	1870 프랑스-프로이센 전쟁 제3공화국 수립	1870 프랑스-프로이센 전쟁 1871 독일제국 수립 1877-1890 폴리테크닉 학교들이 고등기술학교로 개편됨 1879 베를린 바우 아카데미와 실업 학원, 고등기술학교로 통합	1871 전신 엔지니어 단체 결성 1875 유니버시티 칼리지(A. 케네디) 공학 실험실 교육 정착 1877 기계 엔지니어 협회, 런던으로 이전	1870 스티븐스 공대 개교 1871 미국 광산 엔지니어 협회 결성 1873 카네기, 철강회사 설립
1880	1880 대학교법 제정	1881 독일 기계 엔지니어 협회 결성		1880 미국 기계 엔지니어 협회 결성

찾아보기